SAMAFOU

Fragments biographiques de la vie de Boubou Hama

Collection « Études africaines »
dirigée par Denis Pryen et son équipe

Forte de plus de mille titres publiés à ce jour, la collection « Études africaines » fait peau neuve. Elle présentera toujours les essais généraux qui ont fait son succès, mais se déclinera désormais également par séries thématiques : droit, économie, politique, sociologie, etc.

Dernières parutions

BODO (Bidy Cyprien), COULIBALY (Moussa), KAMAGATE (Bassidiki) (dir.), *Les écritures de l'horreur en littératures africaines*, 2016.
VAUDELIN (Pierre), *Afriquéconomie, Entre défis urbains et émergence économique*, 2016.
BARBET (Clotilde), *Les rébellions touarègues au Nord-Mali*, 2016.
AMBOULOU (Hygin Didace), *Le droit des investissements et l'analyse économique de l'espace OHADA*, 2016.
SOHI BLESSON (Florent), *Sur les traces du premier administrateur colonial du Haut-Cavally (Côte d'Ivoire), Laurent Charles Joseph (1877-1915)*, 2016.
DAMIBA (François-Xavier), *Les Moosé du Burkina Faso*, 2016.
ADAMA (Hamadou) (dir), *Patrimoine et sources de l'histoire du Nord-Cameroun*, 2016.
TARCHIANI (Vieri) et TIEPOLO (Maurizio), *Risque et adaptation climatique dans la région Tillabéri, Niger. Pour renforcer les capacités d'analyse et d'évaluation*, 2016.
TAPOYO (Faviola), *Les règles coutumières au Gabon. Parenté, mariage, succession*, 2016.
AMOUZOU (Esse), *L'Afrique noire face à l'impératif de la réduction des naissances*, 2016
BRACK (Estelle), *Les mutations du secteur bancaire et financier africain*, 2016
RIDDE (Valéry), KOUANDA (Seni), KOBIANE (Jean-François) (éds.), *Pratiques et méthodes d'évaluation en Afrique*, 2016
NKERE (Ntanda Nkingi), *Clitorisation de la fille Mushi : antithèse de la Mutilation, Génitale Féminine*, 2016
UWIZEYMANA (Emeline), *Quand les inégalités de genre modèrent les effets du micro-crédit*, 2016.

LÉOPOLD KAZIENDÉ

SAMAFOU

Fragments biographiques de la vie de Boubou Hama

Introduction et notes de Jean-Dominique Pénel

L'Harmattan

Du même auteur

Souvenir d'un enfant de la colonisation (6 volumes), Porto-Novo (Bénin), Ed. Assouli, 1998 (la première édition a été faite par la Coopération française au Niger en 1992-1993).

Mayaki Tounfalis, gentilhomme sahélien, Imprimerie IBS, Niamey s.d. (1998 ?)

© L'HARMATTAN, 2016
5-7, rue de l'École-Polytechnique, 75005 Paris

http://www.harmattan.fr
diffusion.harmattan@wanadoo.fr
harmattan1@wanadoo.fr

ISBN : 978-2-343-08792-4
EAN : 9782343087924

INTRODUCTION

Les circonstances de la vie sont parfois étonnantes :
- En 1991, on m'avait demandé de donner mon appréciation sur un manuscrit, dont la taille volumineuse m'inquiéta au départ. Cependant, dès le moment où je me mis à le lire, je fus fort intéressé par le texte et je recommandais très vivement sa publication. C'étaient les *Souvenirs d'un enfant de la colonisation* de Léopold Kaziendé, autobiographie qui parut en six volumes (format 21 x 29,7 cm), en 1992-1993, et dont j'eus l'honneur de rédiger la préface du premier volume. Cinq ans plus tard, Léopold Kaziendé eut l'opportunité de le publier, toujours en six volumes, mais en format livre, aux éditions Assouli au Bénin. C'était un an avant sa mort, le 22 mai 1999.
- J'ai quitté le Niger en juillet 1992 et n'y suis revenu qu'en mars 2005 pour une période de deux ans. En 2006, avec l'aide active et efficace de Dioulde Laya, qui fut longtemps directeur du CELHTO, il a fallu convaincre les autorités nigériennes d'organiser une grande commémoration en l'honneur du centenaire de la naissance de Boubou Hama : une journée lui fut consacrée dans tous les établissements scolaires du Niger ; le Musée reçut désormais son nom ; des conférences eurent lieu ainsi que des émissions dans les diverses radios et télévisions ; l'année même fut déclarée officiellement « année Boubou Hama ». Une publication[1] reproduisit le premier séminaire qui lui avait été consacré en 1989 à l'initiative du Directeur de la culture de l'époque, Inoussa Ousséïni. Dans ce sillage d'édition, Dioulde Laya me présen-

---

[1] Dioulde Laya, JD. Pénel, Boubé Namaïwa : *Boubou Hama, un homme de culture nigérien* (Paris, L'Harmattan 2007).

ta un inédit, tapé à la machine à écrire[2], sur Boubou Hama : l'auteur en était... Léopold Kaziendé !

Je me suis donc trouvé, pour la deuxième fois, devant un manuscrit de la même personne. Toutefois, à la différence de 1991, l'auteur n'était plus vivant, ce qui rend toujours un peu délicate l'édition posthume d'un texte qui semble avoir été composé en 1983[3], une année après la mort de Boubou Hama - au sujet duquel il avait, d'ailleurs, déjà fait quelques déclarations et confidences à la radio et à la presse[4]. Que décider quand des détails du texte peuvent être obscurs ou exiger des corrections, quand des noms peuvent être orthographiés différemment, quand des mots ont été mal tapés à la machine ? Mais, surtout, on s'interroge sur les raisons pour lesquelles le texte est resté si longtemps inédit : par manque d'éditeur ? Par une certaine pudeur envers son ami et sa famille ? Pour des motifs politiques, le contexte étant jugé peu ou pas favorable[5] (déjà dans ses *Souvenirs d'un enfant de la colonisation*, il prend souvent des précautions et cache certains noms et faits) ? Est-ce parce qu'en avril 1974, au moment du coup d'Etat militaire, il avait la position rétrospectivement inconfortable de ministre de la Défense et avait manqué de perspicacité comme il l'a reconnu d'ailleurs dans son autobiographie[6] ? On peut aussi se persuader que, selon un ordre

---

[2] Il n'y a donc pas de texte original écrit à la main. Lorsqu'on constate une faute de frappe, on peut la corriger, mais s'il manque des dates ou si des erreurs sont intervenues, la situation n'est pas facile pour l'édition.
[3] Comme le prouvent plusieurs passages du texte de L. Kaziendé.
[4] Cf. José Kagabo *L'Ecole de la tradition*, RFI – Publicontact, Paris, 1989. – rapporté par Abdoulaziz Issa Daouda dans son livre *Boubou Hama, conteur et romancier* (UAM, IRSH, 2009) aux pages 22-25 et 112.
[5] C'est pour une telle raison qu'Ibrahim Issa avait fait retirer de la vente sa brève autobiographie *Nous de la coloniale* (éditée pourtant à compte d'auteur à La pensée universelle en 1982).
[6] « *Personnellement, je m'accuse beaucoup de manquer de perspicacité, d'intelligence. Pourtant, j'aurai dû être éveillé par certains faits parlant d'eux-mêmes, certains signes dignes d'attention* » dit-il au T6 de ses *Souvenirs d'un enfant de la colonisation* et il s'explique assez longuement à ce sujet

de priorité, il avait choisi de publier la même année 1998 – celle de ses quatre-vingt-six ans – d'abord son autobiographie, pour sortir de la confidentialité de la première édition, et la biographie de Mayaki Tounfalis, qui fut son ami à Filingué et dont la personnalité était moins connue : était-il alors trop fatigué pour porter à l'édition son témoignage sur Boubou Hama ? Avait-il du mal à trouver un éditeur ? Laissait-il le choix à d'autres de décider de l'opportunité d'une édition ? Questions bien difficiles à résoudre, mais, quoi qu'il en soit, la lecture du texte convainc facilement le lecteur de la nécessité de le publier, car il contient des informations de première main qui donnent de Boubou Hama une autre image, ou, au moins, qui la complètent utilement. En effet, Léopold Kaziendé avait connu Boubou Hama, son aîné, en septembre 1923, puis, ayant suivi la même filière de l'enseignement (l'Ecole Normale William Ponty à Gorée) et ayant choisi le Niger comme affectation[7] alors qu'il était voltaïque, il a été son ami, de longues années durant (près de soixante ans !), et son témoignage est donc inestimable. De plus, il ne manque pas d'humour et porte des jugements, qui ne sont pas dictés par de mauvais sentiments, mais par l'observation et la fréquentation de Boubou Hama. L'amitié n'exclut pas une certaine objectivité – c'est, parfois, presque une parenté à plaisanterie, ce dont les Nigériens sont coutumiers.

Si le titre *Samafou* a été choisi par Léopold Kaziendé lui-même, le sous-titre (*Fragments biographiques de la vie de Boubou Hama*) a été ajouté par nous pour indiquer la nature du texte à un lecteur non averti. Il ne s'agit pas, en effet, pour Léopold Kaziendé de proposer une biographie complète de Boubou Hama. Ce dernier a d'ailleurs déjà longuement rapporté lui-même des éléments de sa vie dans plusieurs livres : *Kotia Nima* (1969), *L'aventure extraordinaire de Bi Kado, fils de*

---

[7] L. Kaziendé sort de Ponty, en 1932, second sur quarante, avec la mention « bien ». Il est aussitôt affecté au Niger avec E. Wright et Tagnan Batien Il n'y avait aucun Nigérien dans cette promotion.

noir (1971), *Merveilleuse Afrique* (1971), *Cet Autre de l'homme* (1972), *L'aventure d'Albarka* (1972) – pour ne citer que ceux-là, car, dans d'autres livres, Boubou Hama relate des évènements qui lui sont advenus, ici et là, au cours de sa carrière. A ces ouvrages que Léopold Kaziendé devait connaître, il faut ajouter les carnets de prison publiés en 1993, de manière posthume (Boubou Hama meurt en 1982), par Farmo Moumouni[8], le petit fils de Boubou Hama, sous le titre *Boubou Hama, l'itinéraire de l'homme et du militant* 1993 (Editions Hurtubise, Canada). Au demeurant, Léopold Kaziendé et Boubou Hama ont été incarcérés ensemble après le coup d'Etat de 1974, et ils avaient dû encore partager bien des réflexions et des confidences[9] et, peut-être Léopold Kaziendé avait-il eu connaissance de cet ouvrage sous sa forme manuscrite. Mais, si on parle ici de « fragments biographiques », c'est parce qu'il ne s'agit pas d'une biographie complète qui irait de la naissance à la mort du premier instituteur nigérien. En effet, puisque Boubou Hama a longuement décliné des moments de sa jeunesse, il n'importait pas de s'y étendre encore, sous peine de répétitions lassantes. Par contre, Léopold Kaziendé apporte des informations nouvelles qui contribuent à une meilleure connaissance de Boubou Hama, en quoi cette édition est vraiment utile, d'autant qu'elle vient du témoignage d'un ami de longue date. Cependant, il faut le

---

[8] C'est le fils de sa fille. Titulaire d'un doctorat sur la démocratie en Afrique, il est aussi l'auteur d'un roman *L'odyssée d'un tirailleur* (Montréal, 2000), de contes (*Les contes de l'Outaouais*, Thélès, 2007) et d'essais (*La logique du donner*, ACDI, Hull, 1994 ; *Aux sources de la connaissance directe, la parenté entre l'égyptien et le songhay,* Menabuc, Paris, 2008 ; *Penser panser l'Afrique*, Menabuc, 2013).
[9] Toutefois, ni Boubou Hama dans le manuscrit de sa prison ni Léopold Kaziendé dans le présent texte ne portent de jugement sur leur conduite des affaires pendant la période 1960-1974 et sur le pourquoi du coup d'Etat de 1974. Dans ses *Souvenirs* T6, L. Kaziendé fait état des griefs qu'on leur adressa à la radio en avril 1974, mais n'y répond pas. L. Kaziendé, à la fin du présent ouvrage, suggère cependant que la vraie cause du coup relève de l'appétit du pouvoir des militaires et ne peut donc pas être imputée à des erreurs du régime.

préciser, des prises de position et des évènements de la vie de Boubou Hama restent toujours secrets et tus, tant de sa vie publique (l'équilibre subtil entre le président de l'Assemblée nationale, le président de la République et les ministres ; la conduite envers le Sawaba et, plus tard, les exécutions publiques des sawabistes, etc.) que privée (ses rapports avec ses enfants, etc.). En d'autres termes, cela ne signifie pas pour autant que la biographie de Boubou Hama soit achevée, loin de là. Elle reste à faire, car des pans entiers de sa vie restent encore méconnus, mais la présente édition fait avancer les chercheurs et le public d'un bon pas, sans y mettre un terme.

Il est intéressant de relever la manière dont procède Léopold Kaziendé : lorsqu'il rédige ses *Souvenirs d'un enfant de la colonisation*, on est surpris de constater que l'auteur narrateur parle toujours de lui à la troisième personne qu'il nomme Sadio. C'est d'ailleurs le même procédé employé par Boubou Hama qui, selon les textes[10], se désigne sous des appellations diverses : Kotia Nima, Bi Kado, Assa, Albarka, Mogo – et dans un ouvrage comme *L'aventure extraordinaire de Bi Kado, fils de noir*, il va jusqu'à se démultiplier en plusieurs personnages. Or, dans *Samafou*, Léopold Kaziendé apparaît sous deux formes : l'une directe (« je, moi, me »), qui prédomine, et l'autre indirecte (« celui qui écrit ces lignes », « l'auteur de ces lignes »). Comparé à son autobiographie, le ton est délibérément plus familier et intime. C'est donc, en partie sur le mode de la confidence et de la familiarité, qu'il nous entretient de son amitié avec Boubou Hama, en s'efforçant de montrer l'homme, avec ses qualités et ses défauts, au-delà de l'apparence et du masque de l'homme public.

En effet, bien des détails sont révélés dans le récit de Léopold Kaziendé (par exemple : comment se déplaçaient les élèves autrefois ? d'où venait le goût de Boubou Hama

---

[10] Paradoxalement, dans les nombreux livres qu'il consacre à l'histoire, Boubou Hama emploie continuellement le « je » - ce qui est inhabituel dans cette discipline.

pour la pipe ? qui étaient ses condisciples à Gorée ? quel était son rapport à l'argent ? etc.), mais, plus importants encore, des points fondamentaux de son comportement apparaissent désormais clairement :

- Son statut social personnel.

Suite à une altercation avec un camarade de classe, Boubou Hama découvre qu'il est considéré comme socialement inférieur au sein de sa propre société[11]. Cette blessure aura pour effet non pas de le plonger dans la résignation, mais de le stimuler pour prouver qu'il pouvait amplement dépasser, sur le plan de l'intelligence et de la créativité, ceux à qui la société attribuait un rang « supérieur » au sien. A l'école (même s'il y a été envoyé pour éviter à des fils de « grands » d'y aller), on vaut par son travail et non pour des motifs extérieurs comme le rang social[12]. Certes, la réussite dans le domaine scolaire avec, pour corollaire possible, d'avoir plus tard une certaine aisance financière, ne suffit pas pour saper la hiérarchie sociale discriminatoire, mais elle en atténue un peu les effets. En tout cas, elle conduira Boubou Hama à surpasser ses compatriotes en matière de production intellectuelle – en sorte que, jusqu'à présent, aucun Nigérien n'a atteint un tel sommet dans la production de livres et d'articles. On peut d'ailleurs penser que les débats sur l'esclavage et la hiérarchie sociale[13], qui ont secoué récemment la société nigérienne, se situent aussi dans le sillage de la réflexion sur le cas de Boubou Hama.

---

[11] C. Fluchard *Le PPN-RDA* p 53 : Boubou Hama *« est également animé d'une grande ambition, mais son origine sociale – il est de caste inférieure – le handicape dans un pays où les structures traditionnelles conservent toute leur valeur »*.

[12] Amadou Hampâté Bâ dans *Amkoullel* raconte comment, au début de l'année scolaire, certains élèves se plaçaient, en classe, conformément à leur rang social derrière les enfants de leurs chefs, mais comment le maître les obligeait à se placer comme il l'avait décidé, c'est-à-dire sans tenir compte des critères sociaux extérieurs à l'école.

[13] Voir par exemple : Kadir Abdelkader Galy *L'esclavage au Niger* (Karthala, 2010) ; Moustapha Kadi Oumani, *Un tabou brisé : l'esclavage en Afrique, cas du Niger*, (L'Harmattan, Paris, 2005).

- Son art de la dialectique[14].

Boubou Hama semble avoir eu une passion pour l'argumentation et pour la démonstration oratoire et livresque, au point même de frustrer et d'énerver ses collègues, qui le jugeaient quelque peu dictatorial et ennuyeux, dans ses discussions et discours, et qui considéraient parfois certains de ses textes comme manquant d'élégance et de style.

Léopold Kaziendé s'efforce de justifier cette attitude de Boubou Hama par le souci impérieux de parvenir, coûte que coûte, à la vérité – désir plus fort, peut-être que cette nécessité du dialogue, dont il a pourtant souligné le rôle indispensable. Quant au manque de fluidité du style écrit, il le regrette, mais n'y peut rien – au demeurant, rappelons que Boubou Hama a fait précéder plusieurs de ses livres d'un « Avertissement », dans lequel il s'excuse pour son écriture où, selon lui, l'oralité transparaît peut-être trop. D'autre part, comme Léopold Kaziendé le souligne, Boubou Hama aimait nombre de poètes célèbres qu'il connaissait par cœur et qu'il cite volontiers (Lamartine, Musset, Vigny, Hugo – sans oublier La Fontaine, cher aux écoliers) ; et il a lui-même composé des poèmes qui ponctuent plusieurs de ces ouvrages, sans compter qu'il a, quelquefois, de fort belles envolées lyriques.

Par contre, on aurait bien voulu savoir comment Boubou Hama travaillait avec les autres : il a, en effet, publié un livre avec J. Boulnois, deux avec M. Guilhem, plusieurs avec Andrée Clair et il a cosigné un film avec Jean Rouch : quelle est la part des uns et des autres dans ces productions ? En outre, il a suscité la collaboration de nombreuses personnes, qu'il cite, parfois abondamment, dans ses livres et ses volumineux « Journaux de recherche » (dont on trouve des exemplaires

---

[14] Le terme de *dialectique* remonte à la philosophie grecque de Platon et d'Aristote et désigne l'art de raisonner. A l'époque de Boubou Hama, la *dialectique*, revue par Marx critiquant Hegel, est l'apanage des communistes : s'il en connaît les mécanismes et la pratique, Boubou emploie peu le terme de *contradiction* mais beaucoup celui de *synthèse*.

aux Archives nationales et à l'IRSH à Niamey) : quelles sont respectivement sa part et celle de ses collaborateurs[15] ?

- Sa vie affective.

Au-delà de l'instituteur épris de savoir et de morale, au-delà du politicien engagé et de l'infatigable orateur et écrivain, il y a aussi l'homme, comme tout un chacun. Léopold Kaziendé lève un peu le voile sur la vie affective de son bouillant ami. Il nous parle de femmes qui ont voulu le séduire ; il nous parle de son épouse : celle qui nommait son mari *Samafou* – terme moqueur que Léopold Kaziendé a justement retenu comme titre de son livre -, celle qui savait tenir son ménage et qui, bien qu'illettrée, menait sa maisonnée comme il le fallait, celle qui avait défendu sa place contre une éphémère coépouse, celle qui lui a donné trois enfants. Toutefois, sur ce dernier point, on ignore quasiment tout de Boubou Hama comme père, ce qui est étonnant quand on se rappelle combien il exprime longuement dans ses livres l'affection qu'il avait pour ses parents et grands-parents.

Alors que Léopold Kaziendé dans ses propres *Souvenirs* parle volontiers de son épouse et de ses enfants, au contraire, en ce qui concerne son ami, il respecte la « pudeur nigérienne » pour ce qui touche à la vie privée de Boubou Hama.

- Son combat politique

Puisqu'il s'agit d'une biographie amicale et non d'une justification politique, on ne peut s'attendre ni à une histoire exhaustive de l'époque ni à des jugements défavorables à la politique du PPN-RDA et aux diverses prises de position de Boubou Hama au cours de sa carrière publique de militant,

---

[15] Dioulde Laya, qui a longtemps travaillé pour Boubou Hama, s'est expliqué un peu à ce sujet dans le T3 de *Rencontre* (L'Harmattan, 2010) à propos d'une pièce de théâtre *Soni Ali Ber* (p 47) et du scénario du film *Babatu* (p 56). On voit que ses collaborateurs étaient mis fortement à contribution, mais on ne sait pas comment Boubou Hama fonctionnait avec des gens comme Boulnois et Guilhem. Pour André Clair, on peut supposer qu'il apportait le contenu et que sa collaboratrice travaillait le style.

de responsable de parti et de président de l'Assemblée nationale, ni au récit de ses antagonismes et péripéties diverses avec certains leaders comme Issoufou Saïdou Djermakoye, Djibo Bakary et d'autres comme Adamou Mayaki. En effet, Léopold Kaziendé, qui fut ministre tout au long de la première République, était embarqué dans le même bateau et solidaire de son ami : il témoigne d'une époque dont il fut lui-même acteur[16] et pas seulement observateur. Le propos du texte n'est donc pas essentiellement politique : l'évaluation de la pratique de gouvernement est un autre sujet que des historiens nigériens pourraient mener - mais qui n'est ni le motif de ce texte ni, encore moins, l'intention de l'édition. Dans le texte de Léopold Kaziendé, le combat politique est traité seulement pour la période qui précède l'indépendance et qui touche aussi bien à l'antagonisme avec l'administration coloniale, qui l'a longtemps taxé d'antifrançais, qu'au refus de l'assimilation au profit du dialogue entre égaux, ou qu'aux liens créés puis distendus avec le parti communiste français et l'accord ultérieur avec l'UDSR, ainsi qu'aux tensions avec les autres partis nigériens (UNIS, Sawaba…). La période de l'indépendance n'est pas abordée, sauf une allusion aux évènements violents avec le Sawaba en 1964, attribués, en partie, à la mauvaise gestion de la propriété des terres, due au manque de connaissances historiques du problème. Plusieurs mauvais comportements de certaines personnes sont rattachés à la nature humaine en général

---

[16] Dans son ouvrage sur le PPN-RDA, C. Fluchard évoque la période 1958-1960 et parle des décisions politiques prises plutôt par le bureau politique que par le conseil des ministres ; il suggère, sur la foi de témoignages, que « *Léopold Kaziendé, homme de confiance de Diori Hamani, siège parfois en qualité de conseiller technique mais n'a pas voix délibérative. Selon Issoufou Saïdou, Diori Hamani qui ne parlait pas beaucoup, faisait dire à Kaziendé ce qu'il ne voulait pas dire lui-même devant ses camarades* » (p 274). Ce jugement, à tort ou à raison, fondé ou non, montre cependant la place importante de L. Kaziendé à la fois ministre du gouvernement et conseiller du bureau politique.

(égoïsme, goût de l'argent et des honneurs), ce qui dédouane la responsabilité des autorités politiques.

- A la croisée des cultures.

Si fier qu'il soit de sa culture songhaï, Boubou Hama pratique un respect et une curiosité constante pour les autres cultures, lui dont les parents lointains et l'épouse ont des origines variées. A chaque étape de sa vie d'élève, d'enseignant et d'homme politique, il rencontre des gens dont les langues et les modes de vie diffèrent des siennes. Il tient en compte la diversité et perçoit en même temps la réelle unité de l'espèce humaine – la couleur de peau comme la différence culturelle n'étant jamais des barrières infranchissables. Il en va de même pour la religion : s'il qualifie Léopold Kaziendé de « mécréant », c'est bien sûr de manière affectueuse, car il a pour son compagnon de l'estime. Chacun croit en Dieu à sa manière et la base est commune.

*

Si le texte de Léopold Kaziendé éclaire des aspects jusqu'ici méconnus de Boubou Hama, il arrive parfois que certaines informations soient différentes de celles fournies par l'intéressé lui-même. C'est le cas, notamment, sur la question de l'âge réel de Boubou Hama et de certaines dates. C'est aussi le cas, par exemple, pour un évènement comme la maladie du jeune Boubou à l'école primaire supérieure (EPS) à Ouagadougou. Ces décalages sont indiqués en notes de bas de page, mais ils ne mettent pas en question la contribution du texte. De même, il arrive que des dates ou des références manquent dans le manuscrit, qui sert à cette édition : pour autant qu'on en a connaissance, ces absences sont indiquées.

Une erreur de date concerne le docteur Jean Boulnois, avec qui Boubou Hama rédigea *L'Empire de Gao*. Léopold Kaziendé parle à trois reprises de ce docteur, avec qui il a même fait un voyage. Or, il donne comme date 1938, ce qui est impossible, car le docteur Boulnois est affecté au Niger le 3 janvier 1941. Il est médecin-chef de la circonscription de

Niamey à partir du 26 février 1941, puis de Dosso le 13 octobre 1942. Il quitte le Niger le 10 juin 1943 pour raison de santé. En 1938, ce docteur est médecin-chef de l'hôpital de Fort-Lamy (Ndjamena) et ne peut se trouver à Niamey.

D'autre part, il importe que des informations, souvent d'ordre historique, fournies par Léopold Kaziendé soient étayées, complétées et confirmées, voire nuancées, par des notes. Il va de soi qu'il n'est pas possible de donner des indications, mêmes sommaires, sur l'ensemble des personnes et des lieux cités dans le texte, mais on s'est efforcé d'informer pour donner suffisamment d'éléments sur le contexte de l'époque, que les jeunes Nigériens, et bien sûr, les non-Nigériens ignorent aujourd'hui.

Afin d'éviter de surcharger les notes de bas de page par l'intitulé complet des livres cités, on utilisera les abréviations suivantes :

* Pour Boubou Hama (1906-1982) :
- *Enquête sur les fondements et la genèse de l'unité africaine,* 1966, Présence Africaine – abrégé en *Enquête.*
- *Essai d'analyse de l'éducation africaine,* 1968, Présence Africaine/République du Niger – abrégé en *Essai.*
- *Kotia Nima* (T1, 2, 3) 1969, Publication de la République du Niger – abrégé en *Kotia.*
- *Histoire traditionnelle d'un village songhay, Fonéko,* 1970, Présence Africaine/République du Niger – abrégé en *Fonéko.*
- *L'aventure extraordinaire de Bi Kado, fils de Noir,* 1971, République du Niger/Présence africaine – abrégé en *Bi Kado.*
- *Cet Autre de l'homme* 1972, Présence africaine, abrégé en *Cet autre.*
- *L'aventure d'Albarka* 1972, (T1 et 2) Juliard – 2ème édition utilisée ici NEA-EDICEF – abrégé en *Albarka.*
- *Boubou Hama, l'itinéraire de l'homme et du militant* 1993, Editions Hutubise, Canada (carnets de prison[17], édités par Farmo Moumouni) – abrégé en *Itinéraire.*

---

[17] Le texte est daté du 25 juin 1975 à Agadez.

* Pour Léopold Kaziendé (1912-1999) :
- *Souvenirs d'un enfant de la colonisation* (T1, 2, 3, 4, 5 et 6) 1992, première édition Coopération française au Niger ; 2ème édition en 1998, éditions Assouli, Bénin – abrégé en *Souvenirs*.
- *Mayaki Tounfalis, gentilhomme sahélien*, Niamey, s.d. (1998 ?) – abrégé en *Mayaki*.

* Pour Amadou Hampâté Bâ (1901-1991) :
Amkoullel, l'enfant peul, Paris, Babel, Actes Sud, 1992 – abrégé en *Amkoullel*.

* Pour les journaux :
Bulletin de l'enseignement de l'AOF - abrégé en *BEAOF*.
Bulletin du Comité d'études historiques et scientifiques de l'AOF – abrégé en *BCEHS AOF*.
Bulletin de l'IFAN (devenu *L'Education africaine*) – abrégé en *BIFAN*.

* Pour Claude Fluchard :
Le PPN/RDA et la décolonisation du Niger 1946-1960 – Paris, L'Harmattan, 1995 – abrégé en *Le PPN/RDA*.

*

Je remercie la famille de Léopold Kaziendé d'avoir permis l'édition de ce texte si utile à la connaissance de Boubou Hama et de la longue amitié qui liait ces deux hommes.
Mes remerciements s'adressent également :
à Inoussa Ousseïni, Ambassadeur du Niger auprès de l'UNESCO et chantre indéfectible de la culture nigérienne,
à Daniel Mallerin, qui a lu le « tapuscrit » pour une première lecture critique,
à François Martin qui a bien voulu me communiquer des informations pour éclairer le texte, relire le travail définitif et apporter ses utiles remarques et suggestions.

Jean-Dominique Pénel

I

LE CRAYON ET LA PIPE

En septembre 1924, quelques jours après l'entrée de Monsieur Aloys Pitroïpa[18] à Kaya, porté par quatre hommes en hamac (il remplaçait M. Diadié Tounkara, remis à son cadre d'origine de commis interprète), arrivèrent les élèves de Dori fréquentant l'Ecole Primaire Supérieure de Ouagadougou. Leur logeur, M. Hamma Mamma Passam[19], commis expéditionnaire travaillant à l'Agence Spéciale, fit diligence pour le renvoi des porteurs de Dori et leur remplacement par des jeunes gens de Kaya. Et voilà le groupe partant un matin pour le premier campement : Loudo. Parmi les étudiants, les grands comme Mamadou Djibrilla Maïga, Arba Aldiogo[20], dépassaient bien les vingt ans : c'était des hommes faits. D'autres étaient simplement des adolescents. Parmi ceux-là, un garçon dodu, joufflu, fessu, roulant comme une boule quand il marchait : ce jeune homme-là s'appelait Boubou Hama. Il se rendait pour la première fois à l'Ecole Primaire Supérieure de Ouagadougou. Il aurait dû y être depuis octobre 1923, mais des circonstances, que je raconterai plus tard, perturbèrent sa scolarité. On verra qu'il rattrapera d'ailleurs l'année perdue grâce à son intelligence et à sa mémoire prodigieuse.

*

---

[18] Aloys Pitroïpa (1891-1986), instituteur voltaïque très lié avec l'Eglise catholique qui le considère comme « le véritable fondateur de l'Eglise de Fada ».
[19] Boubou Hama en fait l'éloge : « *Mama était le père des gens de Dori* » in *Bi Kado* (p 523).
[20] « *Autour de Mama Passam vinrent se grouper par la suite de jeunes fonctionnaires de Diori : Arba Aladiogo, dit Arba Diallo ; Mohammadou Djibrilla Maïga de Kolma (Gorouol-Téra)* » in *Bi Kado* (p 523).

Boubou, fils d'Hama, né à Fonéko vers 1907[21], d'après son jugement supplétif tenant lieu d'acte de naissance, avait donc, en 1924, dix-huit ans bien sonnés[22]. Malgré la malnutrition de cette époque, qui entravait la croissance normale des enfants, c'était bien un garçon en train de tourner le cap de l'adolescence.

La corpulence naturelle ne l'alourdissait nullement : il était aussi alerte que n'importe lequel de ses camarades. Il rivalisait avec eux aussi bien à la course qu'à la marche, longue ou rapide, et n'avait jamais accepté la dernière place.

Son père, Hama[23], du quartier Fonéko de Téra, faisait partie de ceux qu'on appelait alors les gens *castés*[24]. Homme solide, plutôt petit, sans cicatrices raciales, costaud, habitué à tous les durs travaux champêtres, d'une santé de fer, il semblait être vacciné contre toutes les maladies transmissibles. Il était de son temps et vivait ce temps intensément. Plus animiste qu'adepte de l'Islam, il pratiquait les signes extérieurs comme tous les adultes de sa génération, (un vernis[25] super-

---

[21] Les biographies officielles mentionnent toutes 1906 (par exemple la notice des huit volumes de *Les problèmes brûlants de l'Afrique*), mais, à trois reprises au moins, Boubou Hama déclare qu'il est né en 1909 : « *vint au monde au début de 1909* » in *Bi Kado* (p 35) ; dans *Kotia* : « *Je naquis aux environs de l'année 1909* » (T1, p 11) ; dans *Albarka* : « *J'étais né en 1909* » (T1 p10). Cependant, si L. Kaziendé a vu le jugement supplétif dont il parle, on peut dire alors qu'il s'agit de son âge légal et administratif.

[22] « *Ainsi, j'avais quinze ans, quand, avec d'autres élèves de Dori, je pris, à pied, la route vers Ouagadougou* » lit-on dans *Albarka* T2 (p 91).

[23] Hama Tandaké. Il était l'aîné de quatre garçons ; Birdji Tandaké, Abdou Tandaké et Kanga Tandaké étaient ses frères. Tandaké, le père des quatre enfants, avait échappé au massacre de tous les hommes de Fonéko, à la fin du XIX° siècle, parce qu'il était absent du village à ce moment.

[24] Cette remarque est fondamentale pour la société nigérienne. Elle explique beaucoup de choses dans le comportement des gens vis à vis de Boubou Hama et réciproquement. Dans *Essai*, Boubou Hama étudie la notion de caste et il souligne : « *L'individu casté n'est pas un esclave* » (p 344).

[25] Dans *L'empire de Gao*, Boubou Hama note : « *L'islam, lorsqu'il a été imposé ou accepté par la moitié environ des populations sonraï du moyen Niger, ne se montre souvent que comme un simple vernis à travers lequel transparaît la vieille magie* » (p 132) ; « *un vernis islamique mince et transparent* » (p 68).

ficiel), il se familiarisait avec la brousse et ses secrets. Il connaissait à la perfection les plantes médicinales et leurs vertus, les habitudes de tous les habitants des halliers, des collines, des bas-fonds, des grottes ; les visibles pour tout le monde et les invisibles, que lui et quelques initiés pouvaient découvrir sous les grands arbres, dans les creux des fûts de ceux-ci, sous les grosses pierres meulières tabulaires apparues çà et là dans cette lande sahélienne, dans cette garrigue pierreuse abondamment giboyeuse. L'herbe rase et succulente appelait les gros et moyens ruminants sauvages, les buffles et toutes les espèces de gazelles, les grands herbivores pachydermes ne s'éloignant jamais des zones fraîches autour des mares peuplées d'hippopotames et de crocodiles le long du Gorouol et du Dargol, deux grands affluents du Niger éternel. Ces bêtes, à leur tour, attiraient les mangeurs de viande, les puissants et les faibles, les nocturnes et les diurnes : le lion plein de dignité et de noblesse, l'hyène vorace, la panthère câline, le lycaon aux grandes oreilles, le léopard à la frimousse méchante, la civette porteuse de poches anales odoriférantes. Hama s'était singulièrement familiarisé avec le porc-épic, le fennec, et le vulgaire petit mulot qui prédisait, pour lui, l'avenir. Selon la direction, la forme, le nombre des traces que chacune de ces bêtes laissait au bord du terrier, préalablement nettoyé et préparé d'avance par le tracé de signes cabalistiques, le bon père de Boubou tirait des conclusions frisant souvent la vérité. Devenu célèbre dans le pays, il était souvent consulté par des gens aussi importants que le chef de Téra ou celui de Dargol, deux des multiples descendants directs d'Askia Mohamed de Gao.

Boubou, un jour, m'avait dit :

« Vers la fin du XIXe siècle, au cours d'une des nombreuses rencontres entre guerriers de Téra et ceux du Yaga, venus en pillards, mon père fut enlevé comme captif et amené dans les environs de Sebba (Haute-Volta). Il y resta longtemps. Un matin, quelques années avant l'arrivée en force des Blancs (car il y avait bien eu aussi les randonnées des explorateurs), il aperçut un mouton blanc à la porte de la concession où il logeait, le matin de bonne heure. Cet évènement l'intrigua. Aussi s'habilla-t-il en hâte et sortit-il de sa hutte. Le mouton s'éloigna un peu et s'arrêta. Dès que Hama se dirigea vers lui, il partit plus loin. Il le suivit, des jours et des nuits. L'animal le conduisait toujours à un hameau, à un village au crépuscule puis disparaissait. Le lendemain, de bonne heure, il reparaissait et l'attirait vers la brousse, dans la direction du Nord. Il ne suivait jamais de pistes, traversait les fourrés, les futaies, les gués quelques fois à la nage. Aucun fauve, aucun danger ne l'arrêtèrent en chemin. Un jour, il fit son entrée à Fonéko-Téra et disparut. Hama était revenu dans son village natal, plein des sciences occultes pratiquées par les Peuls et les Gourmantchés du Yaga ».

Ce qui précède ressemble bien à une légende[26]. Boubou, pourtant, croyait à sa véracité, d'accord, ainsi, avec sa propre philosophie qui ne rejette jamais a priori ce dont il ne peut pas prouver la fausseté[27].

---

[26] Boubou Hama utilise constamment, lui aussi, le terme *légende* qui recouvre plusieurs sens – ici, ce qui est retenu, c'est la notion d'irrationnel. Une analyse mérite d'être conduite pour clarifier les significations de ce mot.

[27] Ce jugement est bien fondé, car cette attitude se manifeste à travers toute l'œuvre de Boubou Hama, quels que soient les domaines. Un cas le concerne directement. Dans *Essai*, Boubou Hama rapporte qu'un devin avait annoncé que si Fonéko était reconstruit, malgré le mauvais vouloir des gens de Téra, « *il y naîtra un enfant dont le nom sera connu du monde entier* » (p 193). Une autre prédiction confirma à Hama la première, tout en précisant que, lorsque le nom de l'enfant serait connu du monde entier, « *ou son père ou sa mère ne sera plus de ce monde* » (p 194). « *Mon père était convaincu (…) Il crut lui aussi que j'étais l'enfant prodige qui devait rehausser le nom de Fonéko pour lui redonner sa juste place parmi les villages songhay* » (p 194). Hama mourut en 1925, sa mère un peu avant l'indépendance. L'histoire est racontée différemment dans *Kotia Nima* T1 p 135 où il ne parle que de la deuxième prédiction. Dans *Fonéko*, le devin (p 53) dit que la cité reprendra sa splendeur ancienne et ne parle pas d'enfant prodige.

Pour ma part, je pense que le brave Hama a dû s'évader et, à travers monts et vaux, exposant sa vie à toutes les vicissitudes de cette époque très anarchique de l'histoire du Liptako - Gourma, fort de ses connaissances et de ses amitiés avec les habitants ongulés et griffus de la savane à clairières, fort de la boussole innée qu'il portait en lui et qui l'orientait automatiquement dans la bonne direction, fort surtout de sa capacité d'enrayer tout danger dans sa progression vers son Téra natal. Intrépide, sans peur, il marchait, marchait d'un pas rapide, couchant sous les grands arbres, mangeant ce qu'il cueillait des plantes, flairant les écueils, les évitant et, enfin, un beau jour, déboucha sur Fonéko -Téra, sain et sauf, heureux et épanoui parmi les siens qu'il avait quittés depuis vingt ans auparavant peut-être.

En tout état de cause, Hama réintégra sa société et se maria à une fille de sa caste[28], originaire de Bégourou - Tondo. La bonne Zourouwey[29], plus grande que son mari, mais aussi entreprenante au labeur que lui, aussi solide, aussi vaccinée contre les maladies tropicales transmissibles, s'occupait de son ménage à souhait, épaulait son mari en toutes circonstances, l'écoutait, le respectait, l'aimait. Elle portait les cicatrices raciales sonraï sur les deux joues, celles que les Mossi appellent le *marandé*.[30]

Le ménage d'Hama, exemplaire, envié dans le quartier Fonéko, donna naissance, - un an avant le passage rapide,

---

[28] Précision utile, quand on connaît le rôle majeur de la hiérarchie sociale.
[29] Dans *Fonéko* : « *La femme de Hama Tankaké, Zourouweï Doulo* » (p 24) et, en note, Boubou Hama précise : « *La mère de l'auteur de ce livre* ». Dans *Contribution à la connaissance de l'histoire des Peul,* Boubou Hama (p 330, note 1) rapporte que sa mère parlait le Peul et récitait le « Kâbi-Tawidi », le Livre de la connaissance de Dieu, rédigé en peul par Alfa Issa. Rappelons que *Kotia Nima* est dédié à son père et à sa mère.
[30] « *Le Marende : ce sont des cicatrices de la beauté, de l'élégance qui consistent à faire deux ou trois traits horizontaux sur la tempe. Ce terme Marende renvoie aux marense (teinturiers d'origine Sonrhaï) qui sont une catégorie socio professionnelle des Moose* ». (www.bf.refer.org/sissao/html/p2chap16.html).

mais meurtrier d'Ahmadou Sékou, fils d'El Hadj Omar[31] dans le Yaga et le Songhoï (1894) -, à un premier fils baptisé sous le nom de Saïdou, suivi bientôt d'un second, né vers 1897. Cette année-là, le futur Sara-Sara[32] venait de conquérir les pays mossi, gourounsi koussassi, boussansé. Ce second fils, baptisé Dagada[33], recruté comme tirailleur en 1923, après ses études coraniques, fit la guerre du Rif[34]. Démobilisé en 1926, il fut rappelé en 1938 et participa à la guerre de 1939 – 1945. A la fin de la guerre, il s'installa à Fonéko.

Au début du siècle, naquit le troisième fils d'Hama, quelques mois après le passage de Sara-Sara en chaland[35] à Doulsou –Ayérou – Karma - Boubon. Il fut nommé *Boubou.*[36] Ce prénom était la providence elle-même pour le bébé.

---

[31] El Hadj Omar Tall meurrt en 1864. Ahmadou Sékou, après une période florissante, fut poursuivi par le général Archinard et c'est en 1894 qu'il traverse la région de Dori et arrive à Say en 1895. Il meurt en 1898.

[32] *Sara-Sara* désigne le passage de la colonne Voulet Chanoîne (1898). Voulet participe à la prise de Ouagadougou en septembre 1896 et du Gourounsi en mars – avril 1897. Dans *Mayaki*, L. Kaziendé rapporte : « *Or, Sar-sar (colonne Voulet-Chanoine, 1899-1901) passa le Kourfey* » (p 155). Dans *Souvenirs*, T3 : « *quelques dizaines d'années avant l'arrivée de Sara-Sara (Voulet et Chanoine)* ». De son côté, Boubou Hama écrit : « *Sara-Sara jiré, l'année de « Sara-Sara » ou en Songhay « qui gâte, qui gâte » désigne la Mission Voulet et Chanoine, 1896-1897* » p 460-461 et 516 de *Recherche sur l'histoire des Touareg sahariens et soudanais* (1967).

[33] Boubou Hama raconte dans *Cet autre* comment avec son frère Dagada ils allaient à la chasse (p 63-70) et comment ce dernier fut mordu par une vipère et comment on le soigna (p137) ; comment Dagada fut enlevé par des Bella, vendu à des Peul et libéré en 1918 (p 138-139) ; comment lui et Dagada durent traverser une brousse infestée de lions (p 139-141) ; comment, à la chasse, il blessa son frère sans le vouloir (p 143).

[34] Au Maroc, la guerre du Rif vit l'alliance des Espagnols et des Français contre Abdelkrim qui se rendit fin mai 1926.

[35] Bateau à fond plat.

[36] On lit dans *Bi Kado* à propos de la signification « des noms de personnes (p 386) : « 'Boubou' *pour désigner un enfant pour lequel on souhaite la bravoure, l'instruction et un renom à l'échelle de sa tribu ou de son pays* ». Dans *Essai*, Boubou Hama donne les sobriquets attachés à chaque nom : pour Boubou, c'est « *Déan (le warech)* » (p 155). Déjà dans *L'Empire de Gao* (1954), on parle de Zoa et de « *Boubou son lutin favori* » (p 99).

J'ai déjà dit que l'acte officiel, le jugement supplétif tenant lieu d'acte de naissance, a consacré 1907 comme date de naissance. A en croire M. Alou Himadou, son promotionnaire à l'Ecole de village de Téra du recrutement de 1916[37] (et non 1913, comme certains l'ont écrit), Boubou avait au moins 15 ans au moment de son recrutement[38]. L'école de village de Téra, comme celle de Kaya (village natal de celui qui écrit ces lignes) a été ouverte en 1913. Un des premiers élèves, encore vivant,[39] est le facteur retraité des PTT, M. Faran Maïga de Fambita. Téra, comme Kaya, faisait partie de la colonie du Haut-Sénégal-Niger, dont la capitale fut transférée de Kayes à Bamako en 1907. Les deux villages restèrent ensemble dans la nouvelle colonie de la Haute-Volta, créée en 1919, et ce, jusqu'à la seconde délimitation de la frontière, intervenue en 1926, à la demande du « puissant » gouverneur, M. Jules Brévié[40], de la Colonie du Niger créée, elle, en 1922.

---

[37] Dans *Bi Kado*, Boubou Hama parle de ses premiers camarades de classe à Téra dont Alou Himadou à propos duquel il mentionne en note (p 227) : « *Alou Himadu est de Touri-Koikeye. Il devint commis expéditionnaire à Tillabéry. Il est en ce moment [1969] inspecteur d'Etat à Niamey. Il est, en outre, l'un des douze membres du bureau politique du PPN/RDA dans cette ville* » (p 271). Il sera ministre de la fonction publique sous Kountché.

[38] De manière différente, dans *Kotia Nima* (T1), Boubou Hama répète plus de dix fois que c'est à l'âge de huit ans qu'il est emmené à l'école de Téra par son père ; dans *Bi Kado*, Boubou Hama déclare : « *Pendant la révolte de 1916 à 1917, l'école fut fermée. On ne reprit les anciens élèves qu'en octobre 1917, année où à huit ans, je crois, je fus recruté à l'école de Téra* » (p 266). Quand il quitte Téra, en juillet 1918, il dit « *j'ai maintenant neuf ans* » (*Bi Kado*, p 314) et quand il arrive à Dori : « *en octobre 1918, à l'âge de dix ans* » (p 325). Par contre, dans *Albarka* T2 (p 40), arrivant à Dori, il assure : « *C'était en octobre 1918. J'avais neuf ans* ».

[39] Le texte date de 1983. De son côté, Boubou Hama, dans *Bi Kado* écrit : « *Faran Boukary de Farambita (Kokoro). A Dori, le directeur de l'école, un Blanc, lui donnera le nom de Faro* » - et d'ajouter en note : « *Faran Boukary, dit Faran Bita, est vivant* [en 1969]. *Surveillant des postes, il fut longtemps en service à Filingué. Aujourd'hui, il est à la retraite à Niamey où il s'est retiré* » (p 266).

[40] Jules Brévié (1880-1964) : premier Lieutenant gouverneur du Niger de 1922 à 1929, puis gouverneur général de l'AOF de 1930 à 1936 – (c'est en

Le jeune Boubou, tout rondelet, aux traits fins, à la peau lisse et extraordinairement douce, ne manquait donc pas de sang « blanc », bouzou ou peul[41], dans ses veines. Il me l'a affirmé à plusieurs reprises. Ce devrait être du côté paternel, car Hama, sans cicatrices raciales, n'avait rien du sonraï, généralement d'un noir foncé avec un nez imposant, épaté, malgré une base stylisée. Le Sonraï, qu'il soit du fleuve ou de l'hinterland, de cette région du beau marbre de Hombori, a une stature, une allure, un verbe qui lui sont propres. On la reconnaît : ce n'est pas un Bouzou, ce n'est pas un Peul, c'est un Sonraï.

Dès le jeune âge, Boubou suivait son père partout, ne le quittait pas d'un pouce dans la journée. Il se collait à ses talons dans la brousse, dans les champs, sur le flanc des collines, partout, sauf quand il allait en voyage dans les villages éloignés, à Bégorou ou à Dargol par exemple. Ainsi, Hama, l'homme typique du terroir soudano-sahélien, lui enseignait, au jour le jour, ce qu'il savait des secrets de la brousse tigrée de combrétacées, ou plantée d'acacias épineux rabougris, friandises des proboscidiens[42] énormes, des gazelles de toutes tailles, des cobas, des cobes de Buffon, des kobus kob[43], des buffles au mufle ratatiné, humide et à l'œil méchant, celle des carnassiers puissants tels le lion, le léopard et la panthère. Hama n'était pas spécialisé dans la chasse, mais il savait quand même fabriquer des trappes, des pièges qu'il

---

août 1936 qu'il prend l'arrêté créant l'IFAN, institut dont Th. Monod sera le premier secrétaire général). De 1936 à 1939, gouverneur général de l'Indochine ; puis, de 1942 à 1943, ministre des colonies sous le régime de Vichy. Parmi ses publications : *Monographie du cercle de Bamako*, 1904 ; *Islamisme contre naturisme au Soudan français : essai de psychologie politique coloniale*, préfacé par Maurice Delafosse (Leroux, Paris, 1923). Boubou Hama critique très sévèrement ce dernier livre aux p 368, 447-449 d'*Enquête*.

[41] Dans *Contribution à la connaissance de l'histoire des Peul*, Boubou Hama affirme que « *ses deux arrière-grand-mères paternelle et maternelle sont d'origine peule* » (p 360).

[42] Eléphants.

[43] Nom latin du cobe de Buffon, de la famille des antilopes.

posait aux innombrables pintades, perdrix, outardes foisonnant en toutes saisons. Car, quand même, on mangeait de temps à autre de la matière carnée réclamée par l'équilibre métabolique de l'organisme. Boubou m'a confié que « manger de la viande » n'était pas du tout journalier dans la famille. Cette situation, à l'époque, était générale dans toute l'Afrique de l'Ouest, où l'on ne se rassasiait de chair que les jours fériés ou lors de cérémonies religieuses nécessitant des sacrifices d'animaux domestiques carnassiers (chiens) ou herbivores. Certes, à l'époque, on ne jetait pas non plus les cadavres d'animaux morts de maladies, égorgés ou non, malgré l'insistance et les prédications des marabouts néophytes, pourtant d'un prosélytisme exacerbé et même souvent provocateur. L'organisme des gens avait besoin de protéines, et ce désir, tout naturel, éclipsait les interdits. « *Le paradis*, disait-on, *c'est bon ; mais il faut vivre d'abord pour le mériter* ». On tenait le même raisonnement chez moi, à Ouemtenga de Kaya, à quelque 260 kms dans le sud-ouest, en pays mossi.

Hama avait appris à son fils à dénicher les jeunes toucans dans les creux des baobabs, ceux des corbeaux méchants et fonceurs nichant dans les mêmes endroits. Il lui a enseigné la manière de distinguer et de suivre à la trace le passage d'une gueule tapée[44], d'un varan à longue queue prête à cingler son ennemi ; à reconnaître les flaques d'eau où coassent les grosses grenouilles qui remplissent leurs corps d'air, ouvrent une grande gueule, jurent et crachent pour éloigner les attaquants, et dont la chair délicieuse est appréciée ; à découvrir dans les buissons touffus les œufs des pintades ; des perdrix mangées à la coque, le soir, quand la lune éclaire les seccos et les toits de paille des concessions ; à cueillir les feuilles et à déterrer les bulbes comestibles pendant l'hivernage. Il lui avait enseigné la fabrication et l'entretien des trappes, des

---

[44] Voir dans *Cet autre* (p 146-148) le poème : « Le tragique destin d'une gueule-tapée ».

pièges qu'il savait poser aux endroits propices, c'est-à-dire aux lieux de passage du gibier à poils ou à plumes[45].

De tous les animaux sauvages qu'il côtoyait journellement, le rat palmiste l'irritait parce que la légende dit qu'il l'insulte lorsqu'il se lève sur ses pattes de derrière à sa vue en disant : « *Ton père ne vaut pas le mien* » ou « *Mon père est plus que le tien* ». Boubou n'encaissait pas une injure à l'endroit d'Hama qu'il plaçait au rang des géants, des grands, de ceux qui peuvent, de ceux qui connaissent tout ce qui se passe ici bas et dans le ciel. Donc, il pourchassait le rat palmiste, l'acculait à s'engloutir dans un terrier qui souvent, ne lui appartenait pas. Alors, le jeune homme s'ingéniait à en fermer l'ouverture avec de lourds cailloux et allait chercher l'aide d'autres camarades pour déterrer à la pioche et à la daba l'insolent qui insulte le père des autres. Ce travail, harassant, vraiment pénible, ne s'exécutait pas toujours sans danger. Le terrier, des fois, était occupé par un cracheur ou par une vipère heurtante, aux crochets mortels… Boubou et ses compagnons, en garçons bien avertis, creusaient avec précaution, longtemps, et arrivaient, la plupart du temps, à prendre le rat palmiste qu'ils croquaient à belles dents en grillade, après avoir fait le feu, par frottement, comme les premiers descendants d'Adam et Eve chassés du paradis terrestre.

Boubou avait appris aussi à suivre à la trace et à retrouver le repaire du gros lézard, appelé communément dans la savane et le Sahel, "la gueule tapée". Inoffensif, mais soufflant de tous ses poumons pour éloigner ses ennemis, ce reptile, plus gros que le rat palmiste, dépecé en gros morceaux et cuit avec l'oseille de Guinée, cet hibiscus bien connu, est agréable au goût. Boubou le savait. Aussi, au début de l'hivernage, au moment de la ponte de tous ceux qui ram-

---

[45] Dans *Bi Kado* (p 120-125 ; 152-160) descriptions de pièges aux oiseaux, (p 176) de piège à rats. Dans *Bagouma et Tiégouma* (Présence africaine, 1973), de nombreux chapitres sur la chasse. Dans *Albarka* T1, le chapitre 2 s'intitule « Albarka, chef des chasseurs » ; au chapitre 6, Boubou Hama raconte comment son père lui a appris la chasse aux rats (p 42-45) et au boa.

pent, s'évertuait-il à les retrouver à la trace et à ramener des couples à la maman qui les apprêtait sans conteste avec art, car elle possédait toujours un peu de sel gemme de Taoudénit dans une des nombreuses calebasses placées les unes dans les autres dans les suspensoirs en feuilles de doum, balançant sous le toit de sa paillote, dont le sol au sable blanc et fin, restait d'une propreté irréprochable. C'était plaisir pour Boubou de se coucher à même la terre, de s'y tourner, de s'y retourner, pour sentir la fraîcheur de la case maternelle, surtout quand la gueule tapée mijotait dans le canari avec les feuilles fraîches d'hibiscus et que les petits frères et sœurs jouaient, là-bas, devant la porte, à la construction de leurs concessions imaginaires. Car Boubou avait un aîné Saidou, deux petits frères Djingarey et Alassane, et une petite sœur, Kadi.

Saidou, le grand frère[46], un adolescent déjà, toisait de haut la marmaille, c'est-à-dire Boubou et ceux qui le suivaient. Pour lui, c'étaient des enfants. Lui, circoncis, portant un cache-sexe, possédait sa propre hilaire au champ. C'était un grand, le premier fils d'Hama. Et comme, dans la savane et au Sahel, on ne s'occupe pas de son premier fils, on ne l'appelle même pas de son propre nom, l'éducation de Saidou était confiée à son oncle. A la mort de son père, il devint le chef de Fonéko.

Bakkaï vient après Boubou. Il serait né en 1913, garçon costaud, bien en chair, musclé, aux traits fins, plus noir de teint que ses autres frères et sœurs, velu, il se défendait énergiquement contre ses aînés avec lesquels il rivalisait déjà en force physique. Tôt d'ailleurs, à l'âge de 15 ou 16 ans, il fit partie des manœuvres saisonniers allant louer la vigueur de leurs bras en Gold Coast[47]. A l'allée comme au retour, il sé-

---

[46] Dans *Enquête*, Boubou Hama parle de la façon dont son grand frère fut guéri après avoir été piqué par une longue épine (p 75).
[47] Gold Coast, Côte de l'Or : nom donné par les colons britanniques au pays qui devient Ghana, le 6 mars 1957. Ces migrations saisonnières vers

journait longuement en pays mossi et finit, à la longue, par parler le moré. Bakkaï, à sept ans, fut envoyé à l'école coranique. Son père voulait qu'il devienne marabout. Il termina très rapidement le Coran, car, comme Boubou son grand frère, il était doué d'une mémoire prodigieuse. L'auteur de ces lignes l'appelle « Grand Marabout », titre qu'il mérite bien, malgré qu'il ne comprenne pas l'arabe. Il a emmagasiné dans sa tête des milliers de proverbes et sentences de la savane et du Sahel ; il a entendu et retenu ce que les sages du pays ont dit et enseigné. Il connaît l'histoire du pays sonraï parce qu'il a écouté les vieillards et les griots. Ainsi, il fait figure d'homme instruit et de sage dans toute la région de Fonéko[48].

Djingarey qui suit Bakkaï n'avait pas eu la carrure de ses aînés. Il était plutôt frêle, et Boubou ne s'explique pas pourquoi il est le seul de la famille, tatoué à la sonraï. Attiré assez tôt par le métier de dioula, il parvint à une certaine aisance avant sa mort, survenue assez tôt en 1979.

La seule fille de la famille, la mignonne Kadi, parce qu'elle était unique, était choyée par père et mère qui la gâtaient en toutes occasions. Elle avait le teint de sa maman, mais le visage qui portait une balafre sur la joue droite ressemblait plutôt à celui de papa. Elevée dans la douceur, Kadi grandit rapidement. Tôt, elle se maria à un jeune homme du village de ses oncles. Parmi ses enfants mâles, on compte un parachutiste de l'armée nigérienne.

Enfin, le benjamin, Alassane, moins éveillé que ses trois frères et sa sœur, avait mis du temps à parler. L'élocution restée assez lente en fit un homme silencieux. Mais il n'était pas du tout bête et sa mémoire valait bien celle des autres.

---

le Ghana sont anciennes. On dit : aller à Kumassi. Le film de Jean Rouch *Les maîtres fous* (1955) se déroule à Accra dans la communauté nigérienne.
[48] Dans *Essai*, Boubou Hama parle de son frère Ibrahim avec sa femme Aminata (p 59-60) ; idem dans *Histoire des Songhay* p 347. A la fin de son petit livre *Fonéko* Boubou Hama déclare : « *Cette histoire de Fonéko m'a été racontée par mon petit frère, Ibrahima Hama, dit Bakey. Il est aujourd'hui (5 mars 1969) le Chef de ce village* » (p 77). Il parle de lui aussi dans *Contribution à la connaissance de l'histoire des Peul* page 149, note 1.

Curieux, de bonne heure, il s'intéressa aux médicaments des « Blancs », dès qu'il put se rendre au dispensaire de Téra, unique dans la région pendant des décennies. Il trouvait toujours le moyen de lier amitié avec les « gens qui soignent » et ainsi, connut et distingua la quinine, la nivaquine, l'aspirine et même certains remèdes compliqués de « *Lokoroto kwara*[49] », le dispensaire. Ainsi, devint-il le dépositaire, à Fonéko, de la pharmacie populaire créée en 1973[50] à Téra. Les gens de Dibilo, de Doungouro et d'ailleurs viennent présentement s'approvisionner en médicaments de première nécessité dans sa concession de Fonéko. En la matière, il est devenu un spécialiste. Aussi s'est-il taillé une certaine notoriété dans la région.

Boubou respectait son aîné et aimait ses petits frères et sa sœur auxquels il racontait avec beaucoup de ferveur ce qu'il avait vu et entendu dans la brousse. Grâce à lui, ils connurent les baobabs au-dessous desquels les nains, invisibles aux hommes, se groupaient pendant les heures chaudes de la journée, en toutes saisons. Gare à l'humain qui les dérangeait alors ! Ce dernier rentrait chez lui avec une céphalée des plus cruelles, des vertiges des plus étourdissants, ou une diarrhée profuse, cholérique, qui ne pardonnaient que très rarement aux enfants et adolescents, frères et sœur ne passaient jamais sous ces arbres, même aux heures fraîches du matin et du soir.

Il leur décrivait aussi les lutins[51] que lui-même avait aperçus dans les nombreuses clairières de la contrée. C'étaient des hommes comme tout le monde, mais tout petits, portant des vêtements bizarres, armés d'arcs et de flèches lilliputiens, montés quelques fois sur des poneys, et capables de marcher dans toutes les directions sans changer de position. Il ne les avait jamais rencontrés en dromadaires. (C'est important à signaler, car les lutins sont des Nègres purs de la savane et

---

[49] Littéralement : la maison du docteur.
[50] Un an avant le coup d'Etat d'avril 1974 qui allait renverser Boubou Hama et le régime de Hamani Diori. Quand, L. Kaziendé dit « *présentement* », il s'agit donc de 1983 (après la mort de Boubou Hama).
[51] Les *Atakourma*, dont Boubou Hama parle longuement dans ses livres.

du Sahel). Il s'agissait d'hallucinations bien sûr, du jeune Boubou, après les récits de la mythologie rapportés par son père, lorsqu'à grandes enjambées, ils parcouraient la brousse à la recherche d'une plante médicinale, de poutrelles de hangar, de gaulettes de greniers, de chaume pour les toitures, ou, tout simplement pour le plaisir de marcher, de prendre de l'air, de s'évader du village pour se retremper, se réintroduire dans cette société constituée d'êtres visibles et invisibles, celle des plaines herbeuses, des pentes caillouteuses, des grottes, des ravins, des terriers, des termitières vivantes ou mortes, de ces émergences tabulaires du socle cristallin datant du paléozoïque[52], sur lesquelles dansaient et s'amusaient ceux qui dirigent tout en brousse, qui règlent la vie dans cette jungle où l'on se détruit mutuellement pour vivre. Ecologie, ô écologie, comment t'arrangeais-tu pour que chacun, depuis l'homme jusqu'à l'insecte, la plante jusqu'au champignon, se maintînt et prospérât en cette latitude et sur cette longitude ? La nuit, Boubou contait, contait. Il avait retenu toutes les fables de sa grand-mère maternelle[53] et les resti-

---

[52] Ere géologique qui va de 541 à 252 millions d'années avant notre ère.
[53] Dans *Kotia* T1 (p 13-21), Boubou Hama relate les légendes et les récits historiques rapportés par Diollo Birma. Dans *Bi Kado*, (p 91) : « *ma grand-mère, Diollo Birma* », dont il rapporte des proverbes ; « *j'étais sous la protection généreuse de mon père, de ma mère et surtout de ma grand-mère Diollo Birma* » (p201) ; « *Diollo Birma, à l'âge de cent trois ans est morte, lors de la grippe espagnole qui a suivi la première guerre mondiale en 1919* » (p 204). Dans *Fonéko*, Boubou Hama dresse la généalogie de Diollo Birma, sa grand-mère paternelle (p 70-71). La grand-mère maternelle est Fadi Hama (p 66-67). Dans *Essai*, on lit : « *Notre grand-mère paternelle, Diollo Birma, morte à Fonéko en 1919 au moment de la grippe espagnole qui a suivi la Première guerre mondiale (1914-1918) avait, d'une façon permanente du lait dans ses seins. La chose paraît extraordinaire quand on sait que notre grand-mère est morte à l'âge de cent ans passés. Depuis son dernier fils, elle n'a jamais cessé d'allaiter un enfant jusqu'à son décès en 1919 (...) Elle eut donc toujours à donner son lait à un petit-fils dont le dernier qu'elle allaita, Hamidou Abdou, est mort au cours de l'année 1965. Lorsque ma grand-mère mourut, j'étais au cours préparatoire de l'école régionale de Dori* » (p 153). Dans *Kotia Nima* T3, il parle de « *la voix magnétique* » de sa grand-mère (p 225 et les pages 235 et suivantes sont consacrées à « *la philosophie de ma grand-mère* », c'est-à-dire à la conception de l'homme selon les

tuait à ses jeunes frères et à sa sœur qui ne se fatiguaient pas de l'écouter, de lui poser des questions. Les réponses, toujours pertinentes, instruisaient ceux qui l'interrogeaient. Excellent, malgré son jeune âge, en mythologie, il connaissait aussi les contes et légendes et même des épopées et surtout les chantefables. Sa voix n'avait rien de délicieux, mais très fort en mimique, il captivait son auditoire. Sans le savoir, il développait déjà ses qualités d'éducateur qu'il fût et restât sa vie entière.

Pour Boubou, adolescent, son père et sa mère étaient des dieux. Sa confiance en eux était totale. Il leur accordait la qualité d'infaillibilité. Ainsi, obéissait-il sans discuter à leurs ordres. Bon fils, il se mettait en quatre pour plaire à ses parents, malgré sa répugnance pour les travaux réclamant un effort physique assez prononcé. Il aimait parler, apprendre aux autres ce qu'il avait appris de son père ou de tout autre vieillard. A cette époque, il fréquentait l'auditoire des trois ou quatre personnes âgées du village. Et tous racontaient des choses vécues ou apprises, et lui les retenait, les emmagasinait, les restituait les soirs, au coin du feu de la case traditionnelle, à ses jeunes frères.

En 1916, Boubou, déjà circoncis[54], entrait peut-être dans sa seizième année[55] quand il vit passer les cavaliers accompagnant la troupe d'un Blanc remontant vers le nord, à la rencontre des Touaregs révoltés dans le Gorouol. Cette année fut aussi terrible pour lui. En septembre en effet, le commandant de la subdivision de Téra demanda à Fonéko un élève. Hama, qui en était le chef, emmena au poste son fils

---

Songhay. Dans *Fonéko*, Boubou Hama donne la généalogie de Diollo Birma (p 70-71).
[54] Boubou Hama ne rapporte jamais cet événement important. Il parle de la circoncision en général, par exemple dans *L'empire de Gao* (p 164-165), dans *Bi Kado* (p 397-398), dans *Essai* p 259-262), mais pas de son vécu personnel.
[55] Si c'était le cas, il serait né en 1900 !

Boubou[56], car Saïdou était déjà grand et s'apprêtait au mariage et Bakkaï n'avait que trois ans. Il fût inscrit sur le registre matricule et sur le registre d'appel journalier, en même temps qu'un enfant de Toûrikoukeï, du nom d'Alou Himadou[57], d'un autre de Dibilo, Kélessi[58] ; tous deux, de même taille, devaient être du même âge. C'était déjà de grands garçons, circoncis, des adolescents en train de friser l'état de jeunes hommes. Ils trouvèrent à l'école les recrutés de 1913[59], des gaillards aux duvets sur la lèvre supérieure et au menton : Djibrilla Maïga du Gorouol, Faram Maïga de Fambita, et une bonne dizaine d'autres encore. Boubou passa deux années (1916-17, 1917-18) à l'école préparatoire de Téra[60]. Admis à l'Ecole Régionale de Dori avant Alou Himadou, en octobre 1919, il vit s'écouler les années scolaires 1919-20, 1920-21 (CE), 1921-22, 1922-23 (CM).

C'est au milieu de cette année 1922-23, alors qu'il se préparait au Certificat d'Etudes Primaires *Indigènes*, que son maître, M. Allard, un éthylique invétéré, qui fût d'ailleurs plus tard rapatrié sanitaire, le gifla pour je ne sais quelle raison[61]. Cela se passait en février-mars 1923[62]. Boubou

---

[56] Boubou en fait le récit dans *Kotia Nima*, *Bi Kado* et *Albarka* au T1 chapitre 8 : « Le jour fatal ».
[57] Dans *Enquête*, il y a, p 93, une photo de Boubou Hama avec Alou Himadou au début des années soixante.
[58] Parmi ses condisciples à Téra, Boubou Hama cite en effet : « *Kelessi Moussa, de Dibilo, qui alla jusqu'à l'EPS de Ouagadougou. Il est* [en 1969] *fonctionnaire à Zinder* » in *Bi Kado* p 271.
[59] « *L'école de Téra avait été construite vers 1913. Elle fut fermée pendant le soulèvement touareg de 1916-1917. Quand j'y entrai, en octobre 1917, elle rouvrait.* » in *Albarka* T1 p 82.
[60] Boubou Hama dans *Bi Kado* déclare : « *J'ai passé une année scolaire à Tera (1917-1918)* » (p 443). Dans *Cet Autre*, il mentionne le nom de son maître, Kolado Haria.
[61] Il fut plus que giflé : frappé longuement par le maître. Boubou Hama dit que c'était injuste, sans préciser, nulle part, le fait lui-même.
[62] Dans *Albarka* T2 (p 64) : « *Nous partîmes donc un samedi matin de ce mois d'octobre 1922* ». Il faut toutefois avouer qu'*Albarka* contient des erreurs.

n'aimait pas du tout les punitions corporelles et les douleurs physiques. Aussi s'évada-t-il en compagnie d'un autre[63] : il prit la route du nord, celle des caravanes mossies allant à la recherche du sel gemme à Gao, ville célèbre au bord du fleuve Niger[64]. Il y arriva après plus de dix jours de marche[65], à travers une brousse inconnue, peuplée de bêtes fauves et de coupeurs de route sanguinaires[66]. Il y retrouva une parente éloignée, du nom de Zara (je crois) qui l'hébergea et s'occupa de lui pendant plusieurs mois[67].

En mai-juin 1923, l'hivernage étant précoce cette année-là, il traversa le fleuve, le longea à pied en le descendant jusqu'à la hauteur de Fonéko. Cette fois, il était seul[68]. L'herbe étant haute et les buissons devenus touffus, il risquait à tout moment de rencontrer à l'improviste un lion, ou un léopard, égaillé à travers les vastes plaines et les plateaux zébrés du Liptako-Gourma.

Ainsi, au T2 (p 59) : « *En juin 1911, à treize ans, je fus reçus au certificat d'études indigènes, mais fut refusé à l'EPS de Ouagadougou* » - ne faut-il pas lire 1919 ?

[63] Il s'agit d'Ousmane Bello, originaire de Say. Boubou Hama raconte longuement cette affaire dans *Bi Kado* (p 451-481) ; le nom du maître est graphié « *monsieur Ala…* » Boubou Hama ne donne pas d'autre raison au châtiment que lui infligea l'enseignant que l'alcoolisme. Selon lui, également, d'autres élèves quittèrent l'école de Dori – il le redit dans *Albarka* T2 (p 61).

[64] Ibrahim Issa a publié un poème « Gao, cité royale » dans *La Vie et ses facéties*.

[65] Léger décalage avec Boubou Hama : « *Nous avons vécu pendant six jours, souvent dans la pleine brousse* » (*Bi Kado* p 505). Même chose dans *Cet autre* : « *vous avez mis six jours* » (p 72).

[66] D'après le récit qu'en fait Boubou Hama dans *Bi Kado*, le voyage se déroula assez bien, d'autant que les deux « fugitifs » étaient accompagnés d'autres enfants qui les croyaient affectés à l'école de Gao.

[67] « *Gao où j'ai vécu chez Kanté pendant huit bons mois* » *Bi Kado* (p 462)- « huit mois » est répété trois fois (p 468 et 505). Boubou Hama parle de sa parente Tinno, une des deux épouses de Bilali Kanté qui l'hébergea. Dans *Essai*, on lit : « *cette ville où je vécus pendant huit mois chez des parents, dont l'ancien mari de Kodo-Tori, Seïdou Samsou* » (p 194).

[68] Le début du voyage se fit en compagnie de deux Zarma, qui partaient sur Niamey, puis il continua seul.

Boubou marcha le jour, se coucha la nuit dans les campements bouzous essaimés entre le fleuve et le pays des Peuls, à l'ouest, là-bas d'où viennent les eaux terreuses du Gorouol. Solitaire, mais sûr de lui-même grâce à la culture reçue de son père le savant Hama ; rapide, il se faufilait entre les épineux verts, se contentait le plus souvent de tromper sa faim en mâchant des plantes parasites (des espèces tropicales de gui), des acacias et mimosacées si beaux, parce que parés de leurs vêtements de fête. Les déplacements pendant les journées, qui succédaient aux nuits de pluies, étaient supportables, merveilleux même. Le soleil restait, caché dans les altocumulus, là-bas, en haut du ciel. Et sur terre, c'était la fraîcheur, la douceur qui aidait le voyageur à parcourir de longues distances sans se fatiguer, sans avoir soif, ni faim. D'ailleurs, pouvait-on parler de soif en cette saison, dans cette région de dunes fixées, de vallons boisés du bord du Niger ? Non, absolument non, parce que toutes les mares étaient pleines à craquer et les animaux aquatiques, depuis la simple nèpe striant la surface des étangs aux nénuphars épanouis, en passant par les myriades de grenouilles et crapauds, les colonies de canards sauvages armés ou non, les ibis, les flamants roses, les grues couronnées, pêchant entre les varans filiformes, les crocodiles aux énormes gueules extraordinairement dentées, les couples d'hippopotames aux énormes et vilaines têtes hors de l'eau, bref, tous les amphibies, heureux de vivre, amoureux, prenaient là leurs ébats. Boubou les côtoyait, les évitait, se remémorait ce que son père lui avait dit au sujet de chacune de ces bêtes. Et souvent, très souvent, son ennemi juré, le rat palmiste, se levait sur ses deux pattes de derrière et lui l'entendait dire « *Ton père ne vaut pas le mien* ». Mais le jeune voyageur n'avait pas le temps de l'écouter, de le chasser, de le contraindre à s'enfermer dans un terrier, d'où il pouvait le sortir en creusant le sol. Ici, ce n'était pas Fonéko ; les camarades chasseurs étaient loin, là-bas, dans le sud, chacun dans le lougan[69] de son père, la hilaire à la main, la sueur sur le corps, peinant la journée pour que la récolte prochaine fût bonne. L'insulteur rentrait tranquillement dans les taillis, sûr de son impunité et le jeune voyageur serrait les lèvres de dépit, et accélérait sa marche. Il sentait qu'il n'était plus loin du Gorouol. Il pressa encore le pas. A seize heures, ce jour-là, il atteignit Kolman, le village de Mamadou Djibrilla, son devancier de trois ans à l'Ecole de Téra. C'est là que le père de ce dernier, Djibrilla, en 1916, alors chef de canton, fut tué par les Touaregs du nord dans une bataille sanglante. Six années avaient passé. Sourghia, le nouveau chef de canton, avait abandonné Kolman pour s'installer à Yatakala où les Français, nouveaux maîtres du pays, avaient construit un poste militaire pour surveiller les nomades du nord, capables de monter de nouveaux rezzous sanglants. Mamadou Djibrilla était élève de l'Ecole Primaire supérieure de Ouagadougou depuis 1922 (troisième promotion, car l'EPS date de 1920 et ses premiers élèves sont les Krisyamba ; Dagnoudou y entra en 1920 et rejoignit Krisyamba à Gorée en 1923. Ce dernier ayant redoublé la troisième année, tous deux sortirent ensemble en 1926). Mamadou et Boubou avaient passé les années 1918 à 1922 ensemble à Dori. Ils se connaissaient très bien, avaient souvent fait Téra-Dori et Dori-Téra, à pied, accompagnés de leurs porteurs de bagages respectifs.

A Kolman, plusieurs chefs de famille connaissaient Hama de Fonéko, leur camarade de baroud contre l'envahisseur touareg, vivant exclusivement de rapines en ce début du XX° siècle. Boubou, bien reçu, y passa quelques jours pour reposer ses pieds un peu enflés à cause des longues étapes passées. Ayant repris ses forces, il se mit en route vers le sud, à travers monts et vaux d'une beauté exceptionnelle. Les pluies, abondantes et bien réparties, cette année-là, permirent à toutes les essences végétales de s'épanouir tôt. Aussi, les

---

[69] Champ dans une zone défrichée.

animaux domestiques herbivores, les quadrupèdes ruminants de la brousse et même les fauves remplissaient leurs peaux dont les poils luisants respiraient la santé. Quant aux phacochères dodus, ils fouissaient à cœur joie les racines des nombreuses euphorbiacées et s'en régalaient. Il pleuvait en mai - juin 1923. Le jeune voyageur marchait souvent des heures entières sous la pluie, mouillé, transi jusqu'aux os, claquant des dents comme un paludéen au moment d'une crise. Il fallait bouger quand même, car les pluies se faisaient fréquentes et les rivières tributaires du Gorouol et du Dargol risquaient de s'enfler démesurément pour couper les gués pendant quelques semaines. Transi, oui, mais bien portant, il arriva dans les environs de Bankilaré, où il tomba, comme par hasard, sur le campement d'un ami de son père, qu'il connaissait bien. Ce Bellah n'était pas rare dans les marchés de Doungouro, Dibilo, Kokoro où il venait vendre des bêtes et acheter du mil et des condiments. Relativement aisé, il possédait bien une centaine de chèvres et quelques brebis. Ses bêtes s'étaient régalées d'herbe fraîche et se présentaient toutes grassouillettes et lisses de poils au visiteur. Boubou passa deux jours et deux nuits en ces lieux, retenu malgré lui par le maître de céans qui voulait « bien recevoir le fils de son ami ». Il se régala de lait frais de chèvre, ce lait qui a son goût propre et qui nourrit mieux que celui de la vache, d'après les connaisseurs.

Un matin, quand même, il reçut la permission de repartir et s'en alla, toujours vers le sud, vers Fonéko, en suivant des pistes qu'il ne connaissait pas, mais qu'il empruntait sur le conseil de son logeur qui lui donna les indications nécessaires. Il marchait, marchait, marchait, le jarret tendu, l'œil aux aguets, les oreilles attentives, l'odorat en éveil, un bâton de combretum à la main. C'était un jeune homme, il n'avait peur de rien, car il était sûr que rien ne pouvait lui arriver, parce qu'il n'avait pas enfreint les lois de la brousse qu'Hama lui avait enseignées, pas même pendant les séjours qu'il fit à Dori.

Or, Dieu sait que la tentation fût forte dans cette capitale du Liptako où les jeunes filles de son logeur, Makan Touré[70], étaient belles et fort attirantes. Il passa quelquefois des nuits entières assis, avec d'autres camarades près de ces grandes demoiselles. Ils causaient ainsi jusqu'au troisième chant du coq, se levaient, époussetaient boubous et pagnes (le sable de Dori ne salit pas) et s'en allaient. C'était de l'amour platonique. « Personne, me dit Boubou, personne, entends-tu, ne pensait au contact charnel. On devisait, on faisait de l'esprit, on s'exerçait l'intelligence, le cœur, mais on n'allait pas plus loin ». Or, Boubou avait bien ses vingt ans à l'époque[71], malgré sa courte taille, et les demoiselles étaient bien mobiles. Mieux, chez Makan Touré, on ne parlait pas de « caste »[72] comme en ville, car il m'avait dit aussi : « le contact avec les filles de Dori-ville présentait de grosses difficultés. Il fallait qu'elles sachent d'abord qui vous étiez avant de vous aborder. Le plus souvent, elles vous toisaient de loin, fières et orgueilleuses comme pères et mères ».

Boubou, fort du respect qu'il avait pour tous les interdits, voyageait sans peur, sûr du sort que lui réservaient les êtres visibles et invisibles de la Brousse avec un grand B. Il côtoya, ce matin-là, la mare de Bankilaré et parvint à Doungouro. Il ne lui restait plus que sept kilomètres à faire. Il coucha chez Moussa, un autre ami de son père, qui le reçut d'une manière irréprochable. Le matin, il se réveilla avec les cultivateurs allant au champ et se mit sur le chemin de Fonéko, où il arriva peu après le lever du soleil, un matin du début du mois de juin 1923[73].

---

[70] Boubou Hama consacre deux chapitres de *Bi Kado* à « *Makan Touré, le grand interprète du grand commandant* ». C'est Sanda Touré, le camarade de classe de Boubou Hama à Dori, qui l'avait conduit chez son père, où il résida trois ans.
[71] Toujours la question de l'âge.
[72] Parce que Makan Touré était lui-même de la caste des forgerons ?
[73] Le récit du voyage de Gao à Fonéko diffère un peu dans *Bi Kado*.

Or, le Commandant de Dori[74] avait signalé à Téra son évasion de l'Ecole Régionale de Dori. Etant un des meilleurs candidats au Certificat d'Etudes Primaires Indigènes et à l'examen d'entrée à l'Ecole Primaire Supérieure, il fallait le récupérer le plus tôt possible, avant les examens, les dispositions étaient prises pour son retour immédiat. D'ailleurs, entre-temps, le Directeur de l'Ecole Régionale, M. Allard, maître du Cours Moyen 2ème année, devenu de plus en plus hargneux, montrait des signes indiscutables de *delirium tremens*, la fameuse folie des éthyliques invétérés. On l'affecta à Ouagadougou pour observation.

Dès le lendemain de l'arrivée de son fils[75], au grand étonnement de ce dernier, Hama le mit à la croupe de sa jument et l'emmena à la subdivision de Téra. Aussitôt, un garde le prit en charge et le ramena en deux étapes (il y a 90 km entre Dori et Téra) à Dori. Un matin du début de juin, ses camarades d'Ecole le virent apparaître dans la cour, son petit bagage à l'aisselle.

« Reprends ta place ! », lui dit M. Kola Tamboura[76], devenu Directeur de l'Ecole par intérim et chargé du Cours Moyen 2ème année.

Absent pendant quatre mois[77], il avait beaucoup perdu et avait des lacunes sur le programme du CM2. Quinze jours

---

[74] Makan Touré, renseigné par son fils Sanda (l'ami de Boubou Hama) avait informé le commandant de Dori.

[75] Boubou Hama parle de « *quelques jours* » (*Bi Kado*, p 475).

[76] Boubou Hama, dans *Essai*, parle de Kola Coulibaly (est-ce le même ?) : « *J'ai connu Hampâté Bâ, dès ma tendre enfance, pour la première fois à Dori, où il était l'ami de notre professeur d'alors, Kola Coulibaly* » (p 380). Dans *Cet Autre*, il cite Kola Tambura parmi ses maîtres à Dori.

[77] Il y a un décalage avec le récit de Boubou Hama dans *Bi Kado* sur les durées et, même, sur les personnes. Boubou Hama assure retrouver les camarades qu'il avait « *quittés depuis une année scolaire* » (p 480) et il parle du nouveau directeur blanc monsieur « *J.G. Man…* » (Manson), omettant Kola Tamboura, qu'il mentionne ailleurs. Dans *Essai d'analyse de l'éducation africaine*, on lit : « *Nous étions alors à l'année 1924, au mois d'octobre, je crois. Je vins donc à l'école où je ne retrouvai pas Mr. Allard. Le directeur de cette époque était un beau jeune homme, Mr. Jules Manson, qui me prit en amitié* » (p 194).

après, il lui fallut, quand même, subir l'examen du Certificat d'Etudes Primaires Indigènes et le concours d'entrée à l'Ecole Primaire Supérieure. L'Ecole Primaire Supérieure prépare l'entrée à l'Ecole Normale William Ponty en trois ans, et le diplôme de commis expéditionnaire, d'agent des douanes, des PTT après cinq années d'études, les deux dernières années étant consacrées à très peu d'enseignement général et à beaucoup d'apprentissage du métier. Remarquons que les premiers fonctionnaires locaux formés dans cet établissement sont sortis en juin 1927. C'était la promotion des Arba Aldiogo, Tandaogo Ouédraogo dit Guillaume Ouédraogo, Hima Youngo dit Alexandre Youngo, Pourbié Zio dit Emile Zio (le major), Dougaou Barry, Paba Ira, Mamadou Djibrilla (le major général de l'Ecole durant l'année 1926-1927). Ces jeunes fonctionnaires, après cinq années d'études, n'étaient pas loin du niveau général des instituteurs sortis de Ponty à Gorée. Aussi les différents services administratifs se les disputèrent-ils. Le Gouverneur, parce qu'il était le Grand Chef, se tailla la part du lion : Pourbié Zio et Mamadou Djibrilla furent affectés à ses bureaux et côtoyèrent dès l'abord des commis de grand renom, tel Dim Dolobsom[78], celui qui avait écrit des livres et qui avait l'accent du Parisien lorsqu'il parlait. Guillaume Ouédraogo avait fait les Douanes et y était affecté. Son bureau se trouvait à la poste. Alexandre Youngo Hima, lui, fut mis à la disposition de Monsieur l'Administrateur Troupeau au Garage Central. Il ne tarda pas à demander sa disponibilité pour exercer le métier de transporteur. Quant au vétéran Arba Aldiogo, qui

---

[78] A. A. Dim Dolobsom (1897-1940) est le premier écrivain voltaïque. Il publie en 1928 un article sur le Morho-Naba dans le *BCEHS AOF*, puis des livres : *L'empire du Mogho-Naba* (1933 et 1934), *Les secrets des sorciers noirs* (1934). Boubou Hama écrit dans *Bi Kado* : « *Une concession presque solitaire, celle de Dim Dolobsom, l'écrivain moga bien connu, qui écrivit des livres importants sur les traditions du pays mossi. Je cite en passant 'La cour du Moro Naba'* » (p 524). Dans *Cet autre*, Boubou Hama écrit : « la maison de Dim Delopso, le grand historien mossi » (p 73).

serait, disait-on, promotionnaire de M. Hama Yobi[79], le premier instituteur du cadre supérieur de la Haute-Volta (promotion 1921-1924 de l'Ecole Normale d'Aix-en-Provence), il se fixa à l'inspection de l'Enseignement Primaire dirigée par son ancien maître, M. Arnaud[80]. Il y resta jusqu'à sa retraite. Aux PTT, Paba Ira faisait merveille : déjà il recevait au « son », ce qui était une spécialisation hautement appréciée, car presque tous les postiers lisaient le morse sur la bande[81].

Un jour de juin 1923, Boubou se présenta donc à l'examen et au concours. Son escapade de quelques mois constituait, pour lui, un handicap. Il avait abandonné ses études, juste quand on commençait le chapitre des fractions et des nombres fractionnaires. Le sort voulut que les épreuves de calcul fussent des applications de ces connaissances. Il les traita plutôt mal. Par contre, en histoire, en géographie et même en sciences naturelles (leçons de choses), sa prodigieuse mémoire l'aida quand il lut les résumés sur les cahiers de ses camarades. Il lui suffisait de lire deux fois un texte pour le posséder mot à mot.

Les vacances arrivèrent ; l'Administrateur commandant le cercle de Dori mit à la disposition des élèves « boursiers » de Téra le nombre de porteurs nécessaires et de gardes réglementaires. Ils prirent la route de l'est qu'ils connaissent tous bien pour l'avoir parcourue plusieurs fois à l'aller comme au retour. Tous appréhendaient la fameuse brousse de la mare d'Ossolo, où les lions dormaient, non loin de la piste, à l'affût de voyageur isolé, de bête de somme égarée, de vieux gibier ou de gibier malade aux pattes gourdes ne pouvant plus suivre le gros du troupeau. On avait aussi la hantise du

---

[79] Boubou Hama orthographie : Hamma Yobi (*Bi Kado* p 490).
[80] A. Arnaud publie des articles dans le *BEAOF* : « L'éducation agricole dans l'enseignement primaire élémentaire » ; après avoir été inspecteur, il deviendra directeur de l'Ecole William Ponty.
[81] Le morse, inventé en 1835 et utilisé pour le télégraphe, s'écrit avec des points et des traits, qui transcrivent les deux sons : impulsion brève et impulsion longue. Déchiffrer le morse à l'oreille est plus rapide, mais plus difficile, que le déchiffrer à la vue.

passage à gué de la rivière de Tabo, un important affluent du Gorouol qui, après des fortes pluies dans le Yaga, coulait souvent en juin et en septembre à pleins bords et empêchait le passage. Alors, il fallait attendre que son niveau baissât, que son courant faiblisse pour le traverser à gué, là où s'élevait le gros gonakier ombragé, secours éventuel des postulants à la noyade. Les habitants de la région sont des Peuls Gaôbés, Gorgâbles, et leurs esclaves, habitants des dunes de sable quaternaire fixé recouvrant le socle granitique peu profond. Ils élevaient surtout de gros troupeaux de petit bétail, chèvres et moutons et se servaient de bœufs porteurs et d'ânes comme bêtes de somme. Pendant la saison sèche, l'eau devenait rare à des centaines de kms alentour. Alors, tous se groupaient autour d'Ossolo, la seule mare pérenne de la contrée[82]. En cas d'épizooties, les pertes étaient énormes à cause de la concentration des animaux : c'était le problème insoluble des éleveurs à cette époque qui subissaient le sort, incapables de réagir. Ils ne pouvaient que se confier aux rares marabouts ambulants, aux féticheurs rebouteux qui n'arrivaient pas, la plupart du temps, à conjurer le mal.

Ce qui était certain, c'était qu'en juin comme en septembre, ces épizooties ne sévissaient plus et les chefs de village, chargés de nourrir les élèves de passage, leur servaient beaucoup de lait frais qui déclenchait, en juin surtout, chez certains individus des diarrhées qui s'arrêtaient toutes seules au bout d'un ou deux jours.

Mais, qui étaient ces élèves « boursiers » de Téra ? Ils étaient originaires des cantons de Yatakala, de Kokoro, de Téra, de Dargol, deux de Yatakala piquaient droit par la piste caravanière du nord, passaient au grand marché de Markoy et rentraient chez eux. Les autres, les Kélessi Moussa, Kallam Hama, Alou Himadou, Param Maïga, Boubou Hama et ceux dont les noms échappent à ma mémoire suivaient la route « carrossable » construite par les gardes cercles entre

---

[82] Dans le T1 de *Bagouma et Tiégouma*, le chapitre XIV est consacré à la mare d'Ossolo (p 221-231).

Téra et Dori, dès l'installation du poste. A ces élèves de Téra, il fallait ajouter les Koudiagou Diawara, Ousmane Bassarou[83], Gamatié Hamidou[84], Boubacar Ali (futur chef de canton de Lamordé), Diamballa Yansambou Maïga[85] du cercle de Say dépourvu d'Ecole Régionale. N'oublions pas que jusqu'en 1926, la rive droite du fleuve servait de limite entre la Haute-Volta et le territoire Militaire du Niger, transformé en Colonie du Niger en 1922. N'oublions pas non plus que le premier Gouverneur de cette nouvelle colonie, très écouté Rue Oudinot[86] à Paris, avait obtenu le détachement de Say et de Téra de la Haute-Volta pour donner à la future République du Niger ses limites actuelles.

Au début des vacances, donc, comme à leur fin, c'était bien un groupe de près de vingt jeunes gens qui marchaient ensemble sur cette route aux ponts soutenus par des fourches en bois. En 1970, une de ces fourches existait encore au milieu de la rivière qui passe à Ossolo. C'était un témoin vétéran qui devait dater de 1926 au moins. Et ce monde causait, parlait de filles, discutait bruyamment, formait des sous-groupes qui s'invectivaient parfois et pouvaient même en venir aux poings. Les disputes étaient jour-

---

[83] Il deviendra président de la Cour suprême à l'époque de Diori, comme le rappelle Boubou Hama, lui-même, dans *Albarka* T2 (p 111).
[84] Il publia un article dans le n°31 de juillet 1946 de *Notes Africaines*. Il devint vétérinaire ; en 1968, il était directeur de cabinet du ministre de l'Economie rurale. Boubou Hama dans *Merveilleuse Afrique* (p 206-208) relate son aventure avec l'homme « *qui avait des oiseaux dans le ventre* » (en fait un ventriloque). Dans *Essai*, Boubou Hama rapporte deux cas de pouvoirs « magiques » (p 54-56) et un conte bambara (p 250) cités par Gamatié Hamidou Maïga. Dans *Contribution à la connaissance de l'histoire des Peul*, il le cite également ainsi que dans *Histoire des Songhaï*.
[85] Diamballa Yansambou Maïga, (1910-1976), chef de canton de Namaro, secrétaire général du PPN, élu en 1957 Conseiller territorial de Tillabéri, réélu en 1958 (UCFA), ministre de l'Intérieur de Diori de 1958 à 1974. A cause de son âge, il ne fut pas incarcéré lors du coup d'Etat du 15 avril 1974.
[86] Rue Oudinot : le ministère des Colonies. Le gouverneur en question est Jules Brévié.

nalières. En pareils cas, les langues, déliées, disaient tout, même le faux, pourvu que cela fit mal à l'adversaire. Boubou, s'étant vu traité d'homme de clan par un de ses camarades de Kokoro, dès son premier voyage en 1913-1919, évitait à tout prix les querelles. Il avait beaucoup souffert, cette année-là, quand son camarade de classe[87] lui avait dit : « Après tout, tu es *captif*, toi, tu peux être l'argent de mon cheval ! [88] » Hama, son père, ne lui avait pas révélé ce côté ayant trait à son origine. Jusque-là, personne ne l'avait traité de la sorte. Il se replia sur lui-même, supporta l'injure, vécut en solitaire, pensant dans sa petite tête à l'action qu'il devait désormais mener pour prouver à ce soi-disant « noble » qu'il n'avait pas la valeur intrinsèque du fils d'esclave.

L'injure resta ancrée dans le fond de son cœur et lui causait des douleurs indicibles. Arrivé à Dori, il n'en parla à personne. Il ne laissa rien transpercer. Il se referma sur lui-même et cherchait dans sa tête la meilleure manière de réagir. Il la trouva : travailler à l'Ecole, le surpasser, le laisser en arrière. Aussi, quand lui, le fils d'esclave, se présentait au Certificat d'Etudes Primaires Indigènes, le noble se trouvait au Cours Elémentaire 2ème année. La direction de l'Ecole le gardait parce qu'il était le fils d'un notable important.

Cette injure resta gravée à l'encre indélébile au fond du cœur de Boubou. Depuis, toute sa conduite d'élève, d'étudiant, d'homme se régla de manière à tout concentrer pour effacer, annihiler, supprimer la classification des humains faite par les hommes de la savane et du Sahel : nobles, hommes libres, esclaves.

---

[87] Pour éviter les querelles, L. Kaziendé ne nomme pas l'élève.
[88] Dans *Recherche sur l'histoire des Touareg sahariens et soudanais*, Boubou Hama rapporte l'attitude honteuse des Sillanké à l'égard des Songhay à la fin du XIX° : « ils vendirent les hommes libres au prix infamant d'une selle de cheval. Ils allèrent jusqu'à dire, dans un songhay contrefait par un accent déplorable : 'koï dio (pour Koï izé) ne vaut même pas une selle de cheval' ou, en français : 'ce prince ne vaut même pas le prix d'une selle de cheval' » (p 475).

Les vacances se terminaient en septembre 1923 et, comme chaque année, l'Administrateur adjoint commandant la subdivision convoqua les élèves de Dori pour leur mise en route. Boubou dût donc quitter Fonéko pour Téra, où il retrouva ses camarades sonraïs et les petits Peuls de Say.

A Ossolo comme à Taho, les gués étaient praticables, mais les ponts en terrasse avaient été emportés par les fortes pluies des mois de juillet et d'août. Le garde accompagnateur, sur son beau cheval, se permettait de chasser au mousqueton et la viande ne manquait pas aux caravansérails. Trois jours de marche et voilà Dori ! A la présentation au Cercle, le commandant fit appeler Boubou et lui dit :
- « Parce que tu t'es évadé[89] l'an dernier, tu n'es pas admis à l'examen d'entrée à l'Ecole Primaire Supérieure ; mais tu es admis au Certificat d'Etudes Primaires Indigènes. Tu vas redoubler ton Cours Moyen 2ème année pour te présenter en fin d'année. M. Allard est affecté à Ouagadougou. Il ne te brutalisera plus, il est bien loin. Cette fois, fais tout pour réussir !
- Bien, mon Commandant ! », répondit Boubou.

Il alla saluer son logeur, l'interprète Makan Touré, qui lui dit : « Va à la maison, tu y trouveras tes camarades de Yatakala déjà arrivés par Markoy ». Il sortait du bureau quand il rencontra Mamadou Djibrilla Maïga, Arba Aldiogo, qui venaient chercher leurs « papiers » pour le départ à l'Ecole Primaire Supérieure de Ouagadougou, où ils étaient admis depuis juin 1922. Ils rentraient donc en 2ème année d'EPS ; c'étaient, comme on disait, des *carrés*[90] que tout le monde enviait dans Dori. Ils avaient tout juste passé une année scolaire avec Dagnoudou de Korsmogho qui, lui, en 1923-24, était admis à William Ponty qu'il rejoignit à cheval en compagnie de son devancier d'un an (son carré) Krisyamba, en passant par Ouahigouya, Bandiagara, Mopti où ils prirent le

---

[89] Le terme « évadé » fait penser que l'école est une prison !
[90] En argot scolaire : *carré* pour deuxième année, *cube* pour troisième année.

bateau « Mage[91] » pour Koulikoro. Le retour en vacances, en juin 1924, se fit par le même chemin. De la sorte, les deux normaliens (heureusement qu'ils avaient droit au cheval comme monture) passaient toutes leurs vacances en marche. Krisyamba, par exemple, ne dormait pas plus de dix nuits à Zambanga (Boulsa) pour reprendre la route du sol... celle qui menait par Ouahigouya aux falaises de Bandiagara dures à gravir, puis à Mopti au bord du Niger, où se trouvaient les gros dépôts de sel gemme de Taoudénit, arrivé par chalands remontant le fleuve depuis Tombouctou, la grande porte du désert. D'ailleurs, en sa première année, en octobre 1922, le Thiès-Kayes n'était pas terminé et il fallait aux normaliens maliens et voltaïques parcourir à pied le tronçon Dénondébou à Tambacounda (200 km) à peu près en 6 jours. Fort heureusement, la jonction, opérée en 1923[92], permettait, désormais, aux Pontyns[93] de voyager en chemin de fer de Dakar à Koulikoro sans discontinuer. Après, c'était encore, à l'aller la descente du fleuve jusqu'à Mopti ; au retour, sa remontée jusqu'à Koulikoro. Ensuite, venaient le cheval, les hyènes, les coupeurs de route, pour des jeunes gens sans autre arme que le bâton ou le couteau de poche. Certes, la tenue presque militaire offrait une certaine prestance et des privilèges notables à ceux qui passaient deux fois chaque année par ce long et périlleux chemin. Mais, avouons quand même qu'ils risquaient lourd.

---

[91] Le bateau porte le nom d'Eugène Mage (1837-1869), officier de marine, qui fut envoyé par Faidherbe pour explorer la route Sénégal Niger. Il resta deux ans à Ségou et a relaté son périple dans *Voyage au Soudan occidental* (1868). Boubou Hama en parle dans *Bi Kado* p 609. Amadou Hampâté Bâ a raconté, dans *Amkoullel,* deux voyages qu'il fit, en juin 1915 et en novembre 1918, sur ce bateau avec son irascible commandant M. Monnet. Dans *Contribution à la connaissance de l'histoire des Peul,* Boubou Hama rappelle que Mage a été retenu prisonnier deux ans par Ahmadou Cheikou (p 247).
[92] Les travaux commencés en 1906-1907, pour les 607 kilomètres de voies ferrées, furent achevés en août 1923.
[93] Pontyns : élèves de l'école normale William Ponty de Gorée.

A cette époque d'ailleurs, entre 1920 et 1924 (l'année de mise en service des premiers camions courriers sur les grands axes par l'Administrateur des Colonies M. Troupeau, Chef du Garage administratif), plusieurs élèves, surpris dans leur sommeil la nuit dans des campements de la route de Fada, furent dévorés par des lions, des troupeaux des ruminants pour se jeter sur les traînards ! Des élèves de Dori me racontèrent avoir découvert dans un campement entre Dori et Kaya les restes mortuaires d'un colporteur, dévoré la nuit ! Ce drame sans témoins se passait souvent, partout, sur toute l'étendue de la Haute-Volta à cette époque.

Boubou reprit donc sa place au Cours Moyen $2^{\text{ème}}$ année en 1924-1925, l'année où l'auteur de ces lignes était admis au Cours Elémentaire $2^{\text{ème}}$ année à l'Ecole Régionale de Ouagadougou. Ousmane Bassarou, Boubacar Ali, tous deux de Say, étaient ses camarades de classe. Les premiers mois constituèrent une simple révision pour lui. Il connaissait si bien les matières du programme que M. Kola Tamboura son maître (en même temps directeur de l'école) lui confiait l'enseignement de certaines matières quand il devait obligatoirement s'absenter longtemps le matin ou le soir[94] ; à partir de févier, les cours devinrent plus difficiles ; on voyait des matières qu'il ne connaissait pas, surtout en calcul. Il donna l'effort nécessaire, vainquit les difficultés, parce qu'il voulait, cette fois, réussir l'entrée à l'école primaire supérieure et

---

[94] Boubou Hama était très fier d'avoir été chargé d'enseigner ses condisciples, dès l'école primaire et pas seulement avec Kola Tamboura. Dans *Cet autre*, il affirme en effet : « *En 1918, on m'envoya à l'école de Dori où je devins maître d'école dans ma classe, au cours préparatoire deuxième année. L'année qui suivit celle-ci, je passai comme maître d'école au cours élémentaire première année. De la même façon, je devins maître d'école dans ma classe au cours élémentaire deuxième année. Je n'eus de maître qu'au cours moyen qui me prépara au concours d'entrée à l'école primaire supérieure de Ouagadougou. Cette école m'envoya, deux ans après à Gorée où, de nouveau, j'eus l'occasion d'enseigner aux élèves de l'école annexe de cette île. Depuis, l'enseignement est devenu pour moi un autre moi-même. J'ai tendance à le distribuer, partout où je passe, à l'infuser dans tout ce que je touche* » (p 126-127).

rejoindre Djibrilla Maïga, devenu un beau jeune homme admirable, coqueluche des jeunes filles de Dori, Arba Aldiogo, devenu un vrai Peul dans le sens complet du mot. Il tenait toujours la première place aux classements mensuels avec une moyenne respectable.

La fin de l'année scolaire en même temps que les premières pluies qui avaient rempli avec leurs eaux bourbeuses Yayre, la mare qui enserre Dori comme un fer à cheval en lui apportant, pendant quelques mois, les moustiques voraces porteurs de paludisme. En fin juin, Boubou repassa le Certificat d'Etudes Primaires Indigènes et subit les épreuves du concours d'entrée à l'Ecole Primaire Supérieure avec ses camarades de promotion. Cette fois, il reprit le chemin de Téra - Fonéko tout joyeux, sûr de son travail, prêt à quitter ce cancre de Kokoro, qui avait redoublé encore le Cours Elémentaire 2ème année ! Ce dernier, ayant grandi, avait passé tout son temps dans les lieux mal famés de la ville où le jeu de hasard battait son plein, comme d'ailleurs la luxure. Sur le chemin des vacances, on sentait qu'il ne se portait pas bien. Toujours dernier à arriver au campement, il mangeait peu et cachait sa maladie. Boubou ne le revit plus après leur séparation à Bégorou, car, à partir de ce campement, l'enfant de Fonéko rejoignit directement son village sans aller à Téra. Celui qui l'avait, quelques années auparavant, traité d'esclave mourut en août 1924 de complications de blennorragie. Dans sa vingtième année, il ne passait pas encore au Cours Moyen.

En septembre 1925, les convocations arrivèrent de Dori. Boubou était sur la liste des élèves admis à l'Ecole Primaire Supérieure, dans un bon rang ! Ousmane Bassarou, Boubacar Ali y figuraient aussi. L'Administrateur commandant la subdivision lui apprit la nouvelle en présence d'Alou Himadou, Kallam Hama, Kélessi Moussa. Les deux derniers ne furent admis au même concours que deux années plus tard, en 1926-1927, alors que Boubou s'était présenté pour l'entrée à William Ponty de Gorée du Sénégal.

Vers la fin de septembre donc, il repassait à Kaya, parmi les élèves de Dori fréquentant l'Ecole Primaire Supérieure. L'auteur de ces lignes le vit pour la première fois, courtaud, joufflu, roulant comme une boule parmi les grands de la taille de Mamadou Djibrilla Maïga, Arba Aldiogo et autres. Il n'avait pas l'air mécontent, mais semblait se méfier des Peuls comme des Sonraïs. L'injure de 1918-1919 étant restée, comme la première eau dont parle Pascal[95], indélébile au fond de son cœur, il évitait, le plus qu'il pouvait, tout ce qui pouvait provoquer une altercation entre lui et les autres. Bon camarade, oui. Ami, non. Boubou se repliait souvent sur lui-même et rêvait seul. Le futur chercheur en histoire et en ethnologie se façonnait déjà à cette époque ! Il écoutait souvent des « voix intérieures[96] », qui se firent de plus en plus amples, de plus en plus claires, de plus en plus convaincantes. « J'aimais entrer en moi-même déjà en 1924 », me disait-il.

En 1924-1925, Boubou fit une excellente première année d'EPS, en compagnie de ses compagnons Koudiagou Diawara, Ousmane Bassarou, Boubacar Ali, arrivés, eux, par la route de Fada. Exempté comme tous les élèves peuls (on le comptait pour tel) des travaux de jardinage chaque soir, il s'occupait de la fourniture de lait frais aux maîtres européens. Ousmane Bassarou, Boubacar Ali et d'autres Peuls provenant de Dédougou, de Bobo, de Fada formaient un groupe poularophone[97], qui allait chez les bergers peuls derrière l'étang formé par le barrage pour ramener dans des bouteilles jaugeant un litre chacune, le lait frais à M. Brun, le Directeur de l'Ecole, M. Arnaud, l'inspecteur des Ecoles, M.

---

[95] A l'âge d'un an, Blaise Pascal fut pris d'une étrange maladie : « *Il ne pouvait souffrir de voir l'eau sans tomber dans des transports d'emportement très grands* » (introduction aux *Œuvres de Pascal. Lettres écrites à un provincial*. Garnier, 1885, T1, p VII). A l'époque, on rattacha cette maladie à un acte de sorcellerie ! Relevons qu'Ibrahim Issa dans un poème paru en 1954 dans la revue *Liens* écrit : « *Je suis le vivant roseau de Blaise Pascal* » (reproduit dans le recueil *La Vie et ses facéties*).
[96] Allusion aussi au poème *Voix intérieures* (1837) de Victor Hugo.
[97] Qui parle la langue peul (poular).

You, célibataire[98] nouvellement arrivé du Dahomey. Les autres maîtres, tous métis ou indigènes, n'avaient pas droit à la fourniture de lait. Il s'agissait de M. Mansilla (Dahoméen), Mamby Sidibé (du Soudan français), Monaco Adama (de la Haute-Volta), Dominique Traoré[99], un haoussa originaire du Kebbi, qui se trouvait curieusement venir de Sikasso.

M. Dominique Traoré se distinguait des autres par sa taille et sa masse qui sortaient de l'ordinaire. Son teint d'un noir foncé, son nez puissamment épaté. Ses lèvres fortement lippues et les innombrables cicatrices de ses deux jours en faisaient un Noir de type soudanien. Il parlait haoussa, fréquentait les Haoussas. Assurément il tirait son origine de l'empire d'Ousmane Dan Fodiyo[100], de cette région de Kebbi, où les « Kambari-Béribéri » dont il portait les cicatrices forment encore des îlots parmi les Kabbawa. Mais M. Dominique avait un prénom chrétien, un nom bambara. Il avait été à l'école à Sikasso, puis avait suivi la filière normale jusqu'à l'obtention de son diplôme d'instituteur de l'Ecole Normale de Saint-Louis du Sénégal. Qui lui donna le prénom de Dominique ? Pourquoi portait-il le nom de Traoré ? Pourquoi, surtout, parlait-il le haoussa sans accent, convenablement ? On peut supposer que ce prénom lui avait été sûrement donné par un Français, militaire ou missionnaire catholique. Le nom Traoré ne pouvait être que celui du propriétaire de la concession dans laquelle il avait grandi, car M.

---

[98] Il épousera une demoiselle Goyheneix, institutrice qui le suivra dans ses affectations.
[99] Dans *Bi Kado*, Boubou Hama consacre deux pages (p 561-562) à ses maîtres africains de l'EPS : Dominique Traoré, dont il cite le livre *Médecine et magie africaine* (Présence Africaine, 1965) ; Monaco Adama, métis voltaïque, que les élèves appelaient « Monsieur la forme parfaite » ; Léopold Mansilla qui était « citoyen français ». Dans *Albarka* T2 (p111-112), il fait l'éloge de Dominique Traoré et Mambi Sidibé. Dominique Traoré a publié une dizaine d'articles dans *Notes Africaines* entre 1946 et 1948 (n°31, 32, 33, 35, 40, 43, 47).
[100] Ousmane Dan Fodio (1754-1817) : Boubou Hama lui a consacré des pages dans sa *Contribution à la connaissance de l'histoire des Peul* (1968).

Dominique Traoré avait sûrement été emmené par un Blanc à Sikasso. Il était assez grand pour ne pas oublier sa langue maternelle, le haoussa. Lui-même se disait originaire du pays haoussa. A Ouagadougou, il ne fréquentait pas l'Eglise. On le rencontrait dans le quartier Zongo en compagnie des vieux Haoussas desquels il récoltait la substance d'une pharmacopée qu'il a laissée à sa mort. Etait-il marié ? Avait-il des enfants ? Boubou m'a affirmé que beaucoup de ses écrits inédits sont perdus pour toujours.

Mais revenons à Boubou. En première année d'EPS, en plus des anciens collègues de Dori, il y avait l'apport des autres écoles régionales. De Ouagadougou, on pouvait citer Kiratella Zio, Moussa Coulibaly, Bila Ouédraogo, Idiba Souga, de Bobo-Dioulasso, Bakassa Traoré, Boukari Compaoré, Vinama Tiamounou, de Dédougou, Nouhou Diallo, etc., etc.

Le maître de français s'appelait M. You[101]. Boubou récitait bien, lisait bien, composait bien, ne faisait pas beaucoup de fautes d'orthographe en dictée, n'en laissait pas non plus dans les devoirs ; il appliquait à la lettre les leçons apprises en grammaire. Il n'oubliait surtout pas les D.Q.T. au haut de la page de la leçon d'orthographe ; cela signifiait tout simplement :

        Dictée :   note
        Question : note
        Total : note.

Le maître tenait à ce que l'élève marquât ces trois lettres dans la marge, en haut, en face des trois premières lignes du texte dicté[102]. Il était rigoureux sur ces points. Celui qui les oubliait avait tout simplement zéro partout, ce qui n'était pas

---

[101] Les pages 583 à 588 de *Bi Kado* sont consacrées à Monsieur You et commencent ainsi : « *Je dois tout mon avenir scolaire à cet homme* ». C'est lui qui, dès la deuxième année d'EPS, sans attendre la troisième année comme à l'accoutumée, présenta Boubou Hama au concours de Ponty.
[102] Même chose dans *Bi Kado* p 585.

du tout agréable. Le livre de lecture s'appelait *Moussa et Gigla*[103], l'histoire de deux jeunes Africains, l'un soudanais, l'autre dahoméen, qui faisaient le tour de l'Afrique Occidentale avec leur patron M. Richelot le négociant[104]. Elle débutait sur le fleuve aux environs de Bamako et se terminait à Dakar. C'était pratiquement, à l'époque, le seul ouvrage que les élèves rabâchaient du Cours Moyen 1ère année en 3ème année d'EPS. Il n'y avait pas d'autres livres de lecture. La série de Davesne n'est sortie que plusieurs années après[105].

Boubou lisait bien. Sa mémoire prodigieuse lui avait permis de retenir par cœur des pages entières. Par contre, son promotionnaire Bila Ouédraogo ne put jamais, je dis bien au grand jamais, prononcer la syllabe « Je ». Il a toujours dit « zé »[106]. C'est lui qui lisait ainsi et faisait rire toute la classe :

---

[103] Louis Sonolet (1872-1928) et Pérès : *Moussa et Gigla, histoire de deux petits noirs. Livre de lecture courante* (Paris, A. Colin, 1916, 262 p.). En 1926, on en était à la cinquième édition. En 1952 paraissait encore une nouvelle édition. Le livre a un contenu très idéologique : il a pour fonction de justifier la colonisation et, au moment de la Première Guerre mondiale, d'encourager l'enrôlement dans les troupes, comme en témoigne cet extrait : « *Il y a avantage pour un Noir à se trouver au service d'un Blanc, parce que les Blancs sont plus instruits, plus avancés en civilisation que les Noirs et que, grâce à eux, ceux-ci peuvent faire des progrès plus rapides, apprendre mieux et plus vite, connaître plus de choses et devenir un jour des hommes vraiment utiles. De leur côté, les Noirs rendent service aux Blancs en leur apportant le secours de leurs bras pour l'exécution des travaux de tous genres qu'ils ont entrepris, en cultivant la terre qui permet d'alimenter le commerce, et aussi en combattant pour la France dans les rangs des troupes indigènes. Ainsi les deux races s'associent et travaillent en commun pour la prospérité et le bonheur de tous.* »

[104] Sur le modèle du célèbre livre *Le Tour de France par deux enfants,* manuel des cours moyens, publié en 1877 par G. Bruno (pseudonyme d'Augustine Fouillée) – livre qui en 1914 en était à sa 400ème édition avec plus de sept millions et demi d'exemplaires. Andrée Clair pour *Le voyage d'Oumarou* (Paris, Colin, 1963), qui servit de livre de lecture au Niger, s'inspira du même thème : Oumarou parcourt avec son oncle chaque région du pays, comme André et Julien parcouraient la France.

[105] André Davesne (1898-1978) : la série des *Mamadou et Bineta* commence en 1930 et s'étale sur plusieurs années.

[106] Sans compter les confusions s /ch, et i /u.

« Comment t'appelles-ti, pétut »
« Mouchas, Mouché ! ».

C'était M. Richelot qui, avant d'engager le jeune Moussa[107] à Koulikoro, je crois, lui demandait :

« Comment t'appelles-tu, petit ? »
« Moussa, Monsieur ! ».

Quelqu'un de cette même classe ne pouvait pas dire « monsieur », il prononçait toujours « mouché ».

Donc, Boubou s'était vite fait remarquer par le jeune maître, M. You, fougueux, sportif, fringant comme un poulain de course. De taille moyenne, de moyenne corpulence, tout en muscles avec des mollets aussi gros que ceux des Bouzous rouges appelés « Dagas », il adorait deux choses : la lecture, d'où il tirait les textes de ses dictées, et la chasse.

Oui, la chasse au crépuscule, la chasse le matin de bonne heure bien avant le lever du soleil, la chasse la nuit, la chasse le jeudi, la chasse le dimanche, dans la brousse autour de Ouagadougou, surtout dans la direction de Kaya et de Fada. Cet homme dépensait une partie de l'énergie qui le soutenait et le faisait sautiller quand il marchait, à courir derrière le lièvre, la gazelle, la perdrix, la pintade sauvage, le canard armé, la sarcelle, l'iguane, le varan, et, quelquefois, à ramper pour s'approcher d'un gibier éloigné. Et le coup de fusil partait, rapide, fauchait l'animal à la course, l'oiseau au vol, le fauve au bond. Il était d'une adresse extraordinaire. A mon avis, il pouvait se mesurer à Guillaume Tell, le fameux seigneur suisse.

M. You fréquentait trois lieux à Ouagadougou : l'Ecole Primaire Supérieure où il travaillait, la bibliothèque où il empruntait des livres, et sa maison d'habitation à Koulouba. Si vous ne le trouviez pas là, c'est qu'il chassait quelque part, sur la digue du barrage ou ailleurs dans la brousse. Son com-

---

[107] Dans le livre, Moussa a 13 ans, quand il est engagé comme domestique par M. Richelot.

pagnon, le plus souvent, était son élève Boubou Hama[108], ou alors le boiteux Boukari Compaoré, fils du chef de canton de Zitenga de Ouagadougou. Il employait le premier plutôt le jour, le second, plus mûr, plus solide, plus viril, la nuit. A l'aller, il fallait le suivre au pas de course, qu'il soit à pied ou à bicyclette, sur la route de Kaya, de Fada ou de Ouagadougou. Toujours en culotte et en chemise manches courtes de couleur kaki, le fusil à deux coups (chiens extérieurs) à l'épaule ou sous l'aisselle droite, botté hautement, casquette grise sur la tête aux cheveux rebelles, l'œil très exercé aux aguets, il se glissait tel un animal sauvage entre les buissons épineux, rampait sur le sol plein de ronces et de cailloux tranchants, s'écorchait souvent et saignait des bras ou des cuisses, continuait malgré tout sa progression, insensible à la douleur, croquant de temps en temps de la cola pour se redonner de l'ardeur, épaulait, visait, tirait et ne ratait que très rarement. Le suiveur - qui était le jour, comme entendu, Boubou - portait en bandoulière le bidon d'eau filtrée et la gibecière dans laquelle il y avait toujours un morceau de pain. Le maître le partageait, invariablement à neuf heures du matin, avec l'élève. Parfois, une petite boite de corned-beef ou de sardine, ouverte avec le couteau « sert-à-tout » toujours dans la poche du chasseur, offrait la viande ou le poisson accompagnant agréablement le pain du bon cuisinier mossi Ténnoaga originaire de Nioko de Ouagadougou. Jamais, au grand jamais, M. You n'a oublié en telle occasion son compagnon.

La nuit, c'était le tour de Boukari Compaoré de suivre le maître. Tous deux partaient un peu avant le coucher du soleil sur la route carrossable, s'arrêtaient à une dizaine de kilomètres dans une clairière au crépuscule. Ils profitaient des dernières lueurs du jour pour apprêter la lampe frontale à carbure, dont se servait le chasseur. La lumière, renvoyée par un miroir concave, suffisait, dans les nuits sans lune, à

---

[108] Boubou Hama raconte quelques mésaventures de chasse avec Monsieur You dans *Bi Kado* (p 585-586).

éblouir à une cinquantaine de mètres le gibier hébété, cloué au sol en attendant le coup toujours fatal parce que les plombs se logeaient toujours dans la région de la tête comprise entre les deux yeux. A part les lièvres crépusculaires, les balles fauchaient souvent les petits carnassiers chassant à la tombée de la nuit. Souvent, dans la cour, le concours de M. Mamby Sidibé était nécessaire (« le savant » comme on l'appelait) pour identifier un carnivore jusqu'alors inconnu des habitants blancs et noirs de l'Ecole. Et cet homme « mal fagoté » ce Peul de Kita, au front large, aux yeux pétillants en donnait toujours, et le nom scientifique, et le nom ordinaire. Monsieur Mamby Sidibé connaissait le « Petit Larousse » (édition de cette époque[109]) par cœur, même dans sa partie historique.

Mais, quelquefois, M. You venait réveiller son compagnon à l'internat à 2 heures du matin, et ils prenaient alors la route de Fada jusqu'au km 5, bifurquaient à gauche et, par les pistes dans la forêt actuelle du « Bois de Boulogne », revenaient à Ouagadougou par la route de Kaya retrouvée aussi au km 5. Cela faisait bien une randonnée matinale de 14 km à pied au cours de laquelle le chasseur ramenait de gros rongeurs : l'agouti, le rat voleur et, une fois, dans un gros panier, un gros python qui, lui aussi, avait tendu un nœud entre deux arbrisseaux aux mêmes animaux.

Monsieur You, une nuit, rencontra une panthère au-dessus du « Bois de Boulogne », dans la zone comprise entre les deux « Nioko ». Il n'hésita pas une minute : les douze chevrotines lui fracassèrent la tête. La pièce pesant lourd, il dut recourir à l'aide des paysans habitant le coin qui le remercièrent d'ailleurs de les avoir débarrassés de cette bête qui dévorait les moutons et les chèvres et qui avait toujours

---

[109] Le *Petit Larousse illustré* date de 1905, sous la direction de Claude Augé. En 1922, on en était à la 185ème édition. En 1924 parut un *Nouveau Petit Larousse illustré*. Le dictionnaire comportait trois parties : les noms communs ; les pages roses pour les citations latines ; les noms propres (histoire et géographie).

échappé au Père Laray de Guilingon, un autre chasseur émérite. Ceux-ci dépouillèrent l'animal, se partagèrent la viande. Le chasseur ne ramena dans la cour de l'école que la peau à laquelle adhéraient encore les quatre énormes pattes griffues et la tête aux crocs terribles. Durant les quelques années qu'il passa à l'école primaire supérieure de Ouagadougou, M. You, avec ses « deux coups », fit merveille. Je suppose que mon maître, en retraite aujourd'hui à l'Orbrie[110], Fontenay-le-Comte en Vendée, a orné son salon ou sa bibliothèque de trophées d'une valeur inestimable. Il avait chassé, et avait abattu pas mal de gibiers à poils ou à plumes aux environs immédiats de Ouagadougou entre 1924 et 1929, avant son admission à l'inspectorat de l'enseignement et son affectation au Niger, puis au Soudan français comme adjoint au grand Frédéric Assomption[111] trônant sur l'éducation à Bamako depuis des décennies. En ces années de grâce, on entendait parler des trois piliers du Gouvernement du Soudan : le Gouverneur Terrasson de Fougères[112], l'Inspecteur Assomption et le Directeur de l'Ecole Vétérinaire, M. Curasson[113]. Pour ce

---

[110] L'Orbrie : petite commune proche de Fontenay-le-Comte en Vendée.
[111] Arrivé en AOF en 1907. A sa mort en 1942, un numéro spécial (n°106) du *BEAOF* lui a été consacré. En 1923, dans le n°54 de cette revue, il avait publié, entre autres, un ensemble d'instructions pour les instituteurs. Son épouse (née Caudeban) était institutrice ; elle dirigea l'école régionale et l'orphelinat des métisses ; puis devint inspectrice. Amadou Hampâté Bâ, dans *Amkoullel* écrit : « *A la tête de l'école veillait toujours M. Frédéric Assomption, cet ancien instituteur, devenu inspecteur de l'enseignement primaire et qui fut, on peut le dire, le père culturel de presque tous les vieux fonctionnaires indigènes originaires du Soudan. C'est sans doute le maître français qui laissa dans notre pays les traces les plus profondes* » (p 498-499). Ce qui n'empêche pas Amadou Hampâté Bâ de critiquer son côté trop assimilateur.
[112] Henri Terrasson de Fougères (1881-1931) : lieutenant du Haut Sénégal – Niger (1920-1924), gouverneur du Soudan de 1924 à 1931. L'EPS de Bamako porta son nom.
[113] Georges Curasson (1889-1970) : docteur vétérinaire qui, en 1917, combattit une épidémie de peste bovine en AOF, pour laquelle il mit au point un vaccin. Il finira sa carrière en France comme inspecteur général de l'élevage et des industries animales. En 1938, il publia un article sur les plantes toxiques de l'AOF dans le *BCEHS AOF*.

qui est de l'enseignement, on sait aussi qu'Assomption a formé You qui, à son tour, a formé Allaimmatt[114] bien connu au Soudan, en Haute-Volta et au Niger, et même au Morbihan en France où il battit le ministre Messmer aux élections législatives de 1967.

M. You aimait l'exactitude. A l'heure, il était devant son pupitre, prêt à démarrer sa leçon, à corriger les exercices. A l'heure aussi, il sortait ; celui ou celle qui le remplaçait le trouvait sous la véranda. Il ne prolongeait jamais ses cours. S'il avait des explications complémentaires à donner, il s'entendait avec ses élèves pour une reprise le jeudi matin à l'heure qu'il fixait lui-même quelques jours d'avance.

En 1924-1925, l'auteur de ces lignes fréquentait l'Ecole Régionale de Ouagadougou. Catéchumène dès octobre 1923, il allait chaque dimanche à la messe de 8 heures, suivie quelquefois de séances de catéchisme ; surtout à l'approche de Pâques, c'est-à-dire des baptêmes. Il rencontrait donc à l'Eglise des familles d'instituteurs blancs et noirs. Cependant, il ne lui était jamais arrivé d'y côtoyer M. You René[115]. Par tracasserie, les élèves l'appelaient « Le Vendéen », en souvenir

---

[114] Yves Allainmatt (1906-1993) : de 1929 à 1958, enseignant puis inspecteur en AOF ; directeur de cabinet du ministre de l'Education nationale de Haute-Volta (1958-1961). Quand il rentre en France, en 1961, il se lance dans la politique : maire de Lorient (1965-1973), député du Morbihan en 1967-1968, puis en 1973-1978. Aux élections de 1967, il avait battu Pierre Mesmer, ministre de la Défense, au deuxième tour. Dans ses *Souvenirs* T4, L. Kaziendé en trace un rapide portrait : il avait été son professeur à Ponty en 1931-1932, et il le retrouva de passage en 1950 et 1952 à Filingué comme inspecteur, chef de service de l'enseignement du Niger. Il avait publié dans le *BIFAN* de 1941 une « Note sur l'identification des tombes de Campbell et Peddle à Boké (Guinée) ».

[115] L. Kaziendé fait cette remarque, car il avait probablement pensé que M. You, étant Vendéen, devait être catholique, comme l'étaient la plupart des Vendéens à l'époque de la guerre des Chouans contre la République.

des leçons d'histoire sur la guerre contre-révolutionnaire de Vendée de 1793 à 1796, terminée par le Général Hoche[116].

M. You, célibataire, invitait peu d'Européens à manger chez lui et n'allait presque jamais chez personne. Casanier, solitaire, il lisait, soulignait, prenait note, préparait ses leçons, corrigeait les copies de ses élèves, allait à la chasse, dormait, siestait, retournait à la chasse ou s'en allait à la bibliothèque de Ouagadougou pour consulter sur place des documents, prenait des livres sur le porte-bagages de sa bicyclette de course, et s'en retournait à ses pénates à Koulouba.

M You donc, s'intéressait à son élève « bon en français », Boubou Hama, de première année d'Ecole Primaire Supérieure. La note en rédaction de ce dernier variait entre 12 et 13, rarement 11. On sait que le 13 du maître de français correspondait au 18 ou même 20 de celui de mathématiques. Car M. You était vraiment sévère. Est-ce parce qu'il dévorait les ouvrages des grands écrivains coloniaux tels les Randau, Tharaud, Proust, Demaison[117] et autres dont les plumes ont distillé la quintessence de la presse française ? Dans les phrases composées par des élèves, on devait retrouver sujet-verbe-complément. Sinon tout était à refaire. « Faites des phrases courtes. N'employez que les mots que vous connaissez. Dites simplement ce que vous avez à dire. C'est ça la composition française : elle est claire, limpide. Elle n'a pas besoin de tours et de détours ».

---

[116] Lazare Hoche (1768-1797), général français qui, d'août 1794 au 15 juillet 1796, 'pacifia' la Bretagne et la Vendée et empêcha un débarquement britannique sur l'île d'Yeu.

[117] Robert Randau (1873-1950), auteur d'une trentaine d'ouvrages, a préfacé le livre de Dim Delobsom sur le Mogho-Naba ; Jérôme (1874-1953) et Jean (1877-1952) Tharaud, auteurs d'une soixantaine d'ouvrages ; Louis Proust, auteur de *Visions d'Afrique* (1924) ; André Demaison (1883-1956), auteur d'une vingtaine de romans – il fut directeur de la Radio en 1942, ce qui lui valut, après la guerre, une condamnation puis une amnistie. Dans le *BEAOF*, on trouve des textes de Louis Proust (n° 78, 1932, p 48 et 79 ; n° 80 p 223), de Demaison, des frères Tharaud et de René Maran (n°79, 1932).

L'année se déroula normalement. Les vacances arrivèrent après les examens de passage. Les grands, les Djibrilla, Arba, Dinté, Dongaou, Guillaume, Alexandre, et autres passaient de la troisième année à la quatrième année. L'Ecole se dispersa aux quatre coins de la colonie. Les maîtres qui n'avaient pas droit au congé en France[118] s'organisèrent pour rester chez eux à Ouagadougou même.

Boubou et ses compagnons de Dori reprirent la route. De Téra, il était seul. Ses promotionnaires de recrutement fréquentaient encore l'Ecole Régionale, ou étaient enfin renvoyés dans leurs foyers respectifs. Le voyage à pied Ouaga-Téra-Fonéko s'exécuta sans aucune difficulté. Il y avait en tout 385 kms à parcourir à l'aller comme au retour, seul en compagnie de son porteur, ou en groupe à partir de Dori, le chef-lieu du cercle, suivi d'une troupe de porteurs et d'un garde cercle à cheval jusqu'à Kaya à cause des fauves infestant la brousse entre Dori et Kaya.

En septembre aussi, le retour à Ouagadougou se passa sans danger. Le nouveau sorgho et les arachides étant en pleine maturité. On les cueillait frais dans les champs des Mossi qui vous regardaient sans rien dire : on n'empêchait pas le passant qui avait faim de déterrer un ou deux pieds d'arachide pour en manger les gousses, ou de couper deux ou trois épis de sorgho pour les égrener au campement. Aujourd'hui, c'est interdit, c'est dommage. Il est vrai que les gens en déplacement ont centuplé leur nombre et que, le voyage étant devenu plus facile et les groupes de voyageurs plus nombreux, les soixante-dix voyageurs d'un car peuvent saccager un champ entièrement.

Le 1er octobre 1925 donc Boubou retrouva tous ses camarades de classe. Même ceux de Say étaient présents : Koudiagou Diawara, Ousmane Bassarou, Boubacar Ali. Il fit un très bon premier trimestre. Malheureusement, à partir de

---

[118] Vu la durée et le coût des transports, les fonctionnaires ne rentraient en métropole que tous les deux ans. Les enseignants, l'année où ils restaient sur place, bénéficiant tout de même des grandes vacances scolaires.

janvier 1926[119], une simple écorchure à la naissance du tibia sur le pied droit s'envenima, et devint en quelques semaines un ulcère phagédénique. L'infirmer de l'Ecole usa des désinfections communes à toutes les infirmeries du pays : teinture d'iode, permanganate de potasse, nitrate d'argent, rien ne put empêcher la plaie de s'étendre et de s'approfondir, à telle enseigne qu'au bout d'un mois, il fallut carrément hospitaliser Boubou, d'ailleurs alité.

A l'hôpital, il tomba sur un des médecins auxiliaires de l'époque du nom de Doudou Coulibaly et qui devint homme politique à Dakar par la suite. Jeune, beau, ce « docteur indigène » s'occupa du malade[120] de l'EPS. Certes, les sulfamides, les antibiotiques n'étaient pas encore connus. Mais, avec les remèdes ordinaires et des pansements renouvelés plusieurs fois par jour, le patient put, au bout de quatre mois, récupérer son pied et retourner à l'Ecole. Or, sur la demande expresse de M. You, Boubou Hama et Bakassa Traoré[121] étaient inscrits parmi les candidats au concours d'entrée à l'Ecole Normale William Ponty de Gorée. Prévenu en janvier 1926, l'hospitalisé demanda à ses camarades de lui recopier les résumés d'histoire, de géographie, de sciences naturelles, de physique et de chimie qu'il apprenait par cœur, grâce à sa bonne mémoire. Aussi, revenu à l'internat après plus de quatre mois d'hospitalisation, n'eut-il pas beaucoup de peine à suivre. Il lui manquait cependant les explications du maître, les exercices d'application, les interrogations

---

[119] Dans *Bi Kado*, Boubou Hama parle de son hospitalisation dès son arrivée à Ouagadougou en octobre 1924. Il dit être retourné sur les bancs à la fin de janvier 1925 (p 539-542). Même chose dans *Albarka* T2 (p 106) : « *Je restai à l'hôpital jusqu'à la fin de janvier 1925* ».

[120] A en croire Boubou Hama, les premiers contacts avec le médecin africain furent difficiles : *Bi Kado* (p 539-540).

[121] Né en 1909 en Haute-Volta, il sortira de l'école des médecins africains en 1932. Il était le frère aîné de madame Ouezzin Coulibaly. Boubou Hama le mentionne dans *Bi Kado* : « *Bakassa Traoré ou Ouattara qui fut admis à l'Ecole normale William Ponty en même temps que moi (médecin en Côte d'Ivoire)* » (p 554).

écrites subies par les autres camarades. Il avait des lacunes, en quelque sorte.

Malgré ce handicap sérieux, Boubou subit les épreuves et fut admis, avec son compagnon Bakassa Traoré de l'Ecole Régionale de Bobo-Dioulasso (Banfora), à l'entrée à l'Ecole Normale William Ponty en octobre 1925[122]. Inutile de dire la joie de son maître, M. You qui, cette année-là, partit en congé, revint avec Madame You, une jeune institutrice affectée, elle aussi, à l'Ecole Primaire Supérieure. Cette année-là, en 1926-1927, l'auteur de ces lignes entrait lui aussi à l'EPS, en même temps que certains promotionnaires de recrutement de Boubou Hama : Kalassa Moussa de Dibilo, Kallam Hama de Kokoro, ainsi qu'Alou Sambo de Dori. Les maîtres indigènes, Mamby Sidibé, Léopold Mansilla, Hama Yobi, enseignaient encore à l'EPS.

Boubou entra donc à Ponty en même temps que Sounkalo Djibo (futur maire de Bouaké[123]), Gnonani Niyan, Ousmane Diop (futur Ousmane Socé[124]), Abdoulaye Sadji[125], Mahamane Alassane Haïdara[126] (futur président de l'Assemblée Nationale du Mali), etc. C'était une promotion qui fournit pas mal d'hommes politiques de haut rang au moment des indépendances des anciennes colonies françaises d'Afrique Occidentale. A l'internat de la Haute-Volta où les

---

[122] Dans *Albarka* T2 (p 125) : « *Le garde me tendit le télégramme. J'ouvris le papier vert. J'étais reçu. C'était le mois d'août 1926. J'avais dix-sept ans. J'étais presque un homme* ».

[123] Sounkalo Djibo (1909-2001) : instituteur, conseiller territorial (dès 1946), maire de Bouaké de 1956 à 1980, député et vice-président de l'Assemblée nationale de Côte d'Ivoire.

[124] Ousmane Socé Diop (1911-1973) auteur de *Karim, roman sénégalais* (1935), *Mirages de Paris* (1937), *Contes et légendes d'Afrique noire* (1938). Il sera ministre, ambassadeur puis maire de Rufisque.

[125] Abdoulaye Sadji (1910-1961) auteur de *Maïmouna* (1953), *Nini, la mulâtresse* (1954), etc. et co-auteur avec L.S. Senghor de *Leuk Le Lièvre* (1953).

[126] Mahamane Alassane Haïdara (1910-1981) : instituteur et directeur d'école, Conseiller de la République (Sénat) en 1948 et réélu en 1955, membre du RDA depuis 1946, premier président de l'Assemblée législative du Mali (1958-1960).

« cubes » étaient les Ouezzin Coulibaly[127], il n'eut aucune peine à s'adapter à la discipline. Fier de sa nouvelle tenue kaki, et de sa casquette grise, de ses brodequins pour le travail, de sa vareuse et de sa casquette bleue pour le travail et qui allaient le distinguer de ses camarades en Haute-Volta, il se mit au travail. C'était un homme de mémoire. Il excella en histoire, en géographie, en récitation, bref dans les matières faisant appel aux qualités mnémoniques. Par contre, il peinait en mathématiques et en sciences. En fait, il n'avait fait qu'un an et demi d'EPS au lieu des trois années requises. Des lacunes existaient nécessairement dans sa formation. A l'école Normale, il était un sujet moyen. Mais, à force de travailler, la mémoire aidant, il passa honorablement ses trois années de Ponty et, en juin 1929, obtint son diplôme de sortie qui lui permit d'accéder au cadre secondaire de l'enseignement. Il quittait Gorée après avoir acquis un solide goût de la lecture. Il aimait bien les Alfred de Vigny et Musset[128], le premier pour le stoïcisme qu'il propose, le second parce qu'il était le poète de la douleur. Ces deux auteurs, dont il a lu toutes les œuvres ont, sans nul doute, joué un rôle principal dans la formation définitive de son caractère. Souffrant depuis le jeune âge de l'injure de l'enfant de Kokoro, rentré en lui-même depuis cette époque, Boubou trouva dans la poésie des deux Alfred un apaisement. Il découvrit qu'il n'était pas seul à souffrir comme le « Loup » : *sans parler*[129].

Affecté d'abord à Ouagadougou en tant qu'instituteur voltaïque, il obtint facilement l'autorisation du Gouverne-

---

[127] Boubou Hama a consacré une belle page à Ouezzin Coulibaly (1909-1958) dans *Bi Kado* p 556.
[128] Ainsi, dans *Hon si suba ben, Aujourd'hui n'épuise pas demain* (1973) Boubou Hama cite un long passage (p 77-78) de la *Nuit d'octobre* de Musset.
[129] « *Gémir, pleurer, prier est également lâche/ Fais énergiquement ta longue et lourde tâche/ Dans la voie où le Sort a voulu t'appeler/ Puis après, comme moi, souffre et meurs sans parler* » (Dernière strophe de *La mort du loup* d'Alfred de Vigny).

ment général[130] d'aller servir au Niger qui ne possédait pas, à l'époque, de contingent à Ponty.

Il vint donc à Niamey, où il avait passé sa première année d'Ecole Normale, grâce à la bienveillance d'un fonctionnaire européen qui, affecté de la Haute-Volta au Niger et disposant de tout un camion de deux tonnes, avait bien voulu le transporter avec sa malle. Ensuite, Niamey le mit en pirogue jusqu'à Méhanna. De là, il reçut un cheval et un porteur pour se rendre directement à Fonéko par Mambita, Kaarta, Kokoro. Il se trouvait que l'Inspecteur de l'Enseignement au Niger de 1929 à 1931 s'appelait M. You, l'ancien maître de Boubou Hama à l'Ecole Primaire Supérieure de Ouagadougou, celui-là même qui l'avait remarqué et préparé en deuxième année d'EPS pour l'Ecole Normale William Ponty de Gorée. On ne pouvait pas mieux tomber et souhaiter mieux. Le sort comblait le jeune instituteur : il lui offrait un ancien maître comme inspecteur, comme premier guide des premiers pas dans sa vie.

M. You veilla donc, de loin il est vrai, sur le débutant qui ne trébucha pas et ne déçut pas son maître, lequel lui avait fait gagner un an sur ses promotionnaires. Le bienfait, Boubou ne l'oublia jamais. Il resta en correspondance épistolaire avec M. You, fonctionnaire en activité, puis avec le retraité de l'Orbrie, à Fontenay-le-Comte en Vendée.

Je pense d'ailleurs que l'écart d'âge entre les deux hommes est minime. Il se peut que tous deux soient nés en 1900-1901[131].

M. You réorganisa le service de l'enseignement en 1931 en s'inspirant de ceux déjà installés dans les autres colonies et transforma le Cours Supérieur de Zinder en Ecole Primaire Supérieure ouverte à Niamey.

---

[130] De 1923 à 1930, le gouverneur général est Jules ‡w (1874-1949) qui a réorganisé l'enseignement en AOF, par décret du 1er mai 1924.
[131] C'est cette hypothèse que L. Kaziendé semble soutenir depuis le début au sujet de l'âge réel de Boubou Hama...

Affecté à l'Ecole Régionale, il débuta au Cours Préparatoire première année. Ses premiers élèves sont aujourd'hui d'honorables fonctionnaires retraités, parmi lesquels le Dr Abdou Adam qui l'assista à ses derniers moments et lui servit de longues années durant de médecin de famille. Il retrouva son devancier de trois ans, M. Dagnoudou qui, lui, s'occupait du Cours Moyen première année. Le Cours Moyen deuxième année était réservé au Directeur de l'Ecole, un instituteur français du cadre supérieur de l'AOF.

Dagnoudou et Boubou, tous deux célibataires, habitaient la même case, une de ces paillotes pour fonctionnaires indigènes de haut niveau : instituteurs, médecins, vétérinaires et sages-femmes africains. Ils s'entendaient à merveille. Ils préparaient leurs leçons ensemble, mangeaient à la même table et, surtout, se promenaient ensemble dans Niamey, ville qui, à l'époque, se trouvait confinée[132] entre le dispensaire et la maternité à l'est, le Musée (le cimetière) au nord, le quartier administratif (Grand Hôtel, ancien garage administratif, Grandes Endémies et Hôtel des Postes) au sud, et le fleuve à l'ouest. A la Place Kennedy, siégeait le marché. La boutique Personnaz[133] occupait l'emplacement actuel de l'Hôtel Gaweye. Les étrangers, les Mossis, les Haoussas, les Arabes maliens vendeurs de sel n'étaient pas loin du cimetière, là, dans ces ravins descendant en cascades vers le fleuve en des-

---

[132] « *Au recensement de 1931, Niamey ne comptait que 1730 habitants. Jusqu'en 1937, la ville se trouvait en bordure du fleuve autour de l'actuel quartier Gaouéye. Cette année-là, toute la ville, sauf Gaouéye, fut déplacée et réinstallée par quartiers sur le plateau sud de la vallée du Gounti-yéna, en retrait de la ville administrative édifiée sur la falaise dominant le fleuve. Au nord de l'oued s'était construit le palais et un quartier résidentiel* » E. Séré de Rivières *Histoire du Niger* Berger-Levrault, 1965, p 240. Dans *Nous de la Coloniale*, p 93, Ibrahim Issa explique n'avoir pas été impressionné par Niamey quand il y arriva au début des années quarante : il trouvait certaines rues de Zinder plus spacieuses et belles et se moquait des habitations « *pompeusement baptisées de villas et châteaux* ».

[133] Personnaz et Gardin : société de commerce d'import-export (qui fut d'abord Personnaz, Lamaignière et Gardin en 1879), présente dans plusieurs pays d'Afrique. Gaston Fourrier, qui fut sénateur du Niger de 1949 à 1959, en était un ancien agent commercial depuis 1920.

sous du Monument aux Morts, jusqu'au CELTHO actuel considéré à l'époque comme un faubourg.

Pourtant, ce Niamey suffisait largement à la promenade des deux instituteurs. Ils se rendaient à pied dans une famille d'origine malienne, où Dagnoudou cultivait de solides amitiés. Boubou était intérieurement préoccupé par la question du mariage. Exécrant le libertinage des jeunes, il voulait se marier, mais à qui et chez qui étant donné sa naissance ?[134] Il découvrit, dans la famille malienne, sa future épouse, Aïssa, la benjamine de la maisonnée. Il lui fit une cour assidue qui se termina par le mariage en 1930 et la naissance d'un premier fils Idrissa[135], dit Aro, en 1931, suivie en 1932 d'une fille dénommée Amina (Koutio).

Aïssa était une jeune fille bien charmante, avec un front dégagé, des yeux légèrement saillants et veinés, une chevelure abondante et onctueuse tombant sur ses épaules, des membres d'une grande finesse. Son allure toute féminine, son sourire doux, ses coups d'œil discrets faisaient d'elle la jeune fille qu'un jeune homme en quête d'épouse pouvait souhaiter. Blinquée[136] à la manière soudanaise, elle fuyait dès qu'elle apercevait son futur mari à la porte. Elle se cachait

---

[134] Dans *Kotia Nima*, Boubou Hama évoque brièvement une liaison platonique et éphémère avec une jeune fille de son village (T1 p 108) puis avec une jeune fille métisse (T2 p 20) pour arriver à dire qui' « *il prit une fille de son village* » (p 20) avec les problèmes que comporte la coexistence, à travers ce couple, de l'évolué avec une jeune fille du village - « *un long drame de vie conjugale* » (p 21-22). Voir aussi l'article d'Abdoulaziz Issa Daouda : « Quelques représentations songhaï de la femme sous la plume de Boubou Hama », *Ethiopiques*, n°76, 2006.

[135] Il publiera *Figure d'ange, âme de revenante* (1975 ?), *Ridouane* (1985 ?) et des poèmes. Dans *Ridouane*, il déclare qu'il est né le 14 avril 1932 à Niamey, et qu'il a été élevé par sa grand-mère maternelle Gougoundima, dont il dit beaucoup de bien et qui est morte en 1948, à l'âge de 85 ans. Il parle peu de son père qui était à Versailles quand il arriva en France en 1948. C'est Ouezzin Coulibaly qui lui trouva une école d'agriculture dans l'Est de la France. Par contre, dans *Figure d'ange, âme de revenante*, il y a une belle page sur son père (p 82-83).

[136] Blinquer : reluire, briller.

quelque part dans la maison et il incombait à Dagnoudou, le compagnon de Boubou, de la retrouver dans un des mille coins de la concession.

En 1929-1930, elle ne dépassait pas l'âge de quinze ans. Elle était menue, mignonne, un peu joufflue et restait encore une enfant, une pucelle malgré la poitrine bien formée et les hanches développées à souhait qui dénotaient une puberté certaine. Les grossesses, en effet, ne tardèrent pas à venir après le mariage.

Aïssa était illettrée. Son père ne l'avait pas mise à l'Ecole à Say. Mais elle avait une notion innée de la propreté. Propreté du corps et des vêtements, propreté de la case, propreté de la cour de la maison ! Je peux écrire qu'elle est morte « Le balai à la main ». Toute la journée (jour de fête ou ordinaire), du matin au soir, elle balayait, ramassait des ordures, lavait ses pagnes, ses camisoles, les habits de *Samafou*, ceux des enfants. Elle luttait contre les poules, les canards, les chiens, les chats, qu'adorait son fils Idrissa dès le bas âge. Jusqu'à ses derniers instants, elle était à cheval sur la propreté. Cette règle d'hygiène faisait partie de son être intime ; elle était son dada, son tic ; elle ne pouvait pas s'en débarrasser.

Comme femme, elle était absolument attachée à son mari dont l'humeur était parfois vraiment insupportable. Aïssa n'a jamais dit un mot déplacé à son *Samafou*. Elle s'évertuait plutôt à le louer auprès de ses voisines et amies : « *Samafou* m'a acheté telle chose, *Samafou* m'a donné tel cadeau, *Samafou* m'aime ». Voilà ce qu'elle avait répété toute sa vie à ses visiteuses. Effectivement, Boubou entretenait bien son épouse, qui ne sortait que très rarement de sa case, en cas de mariage, de décès. J'ai vécu deux années, voisin immédiat de Boubou. Nous mangions ensemble, travaillons ensemble, passions ensemble une bonne partie de la journée et de la nuit. Séparé par les affectations, je suis revenu plus de cent fois chez mon logeur, Boubou, de 1947 à 1958, je n'ai jamais assisté à une scène de ménage entre les deux conjoints. Ce sont eux plutôt qui « arrangeaient » les histoires fréquentes entre ma femme et moi. Que se passait-il exactement ? Je crois que Boubou, préoccupé par ce qu'il faisait (occultisme, préparation du DSAP et des classes) n'avait pas le temps de chercher noise à son épouse, qui de son côté, ne provoquait pas son mari, le respectait et obéissait au doigt et à l'œil à ses quatre volontés. Le calme en tout cas régnait dans le foyer de l'instituteur, du futur Conseiller général, Conseiller fédéral, Conseiller de l'Union française.

Signalons quand même que l'instituteur Boubou, en 1935, eut la velléité de se marier à une seconde femme, une Bouzoua de la région de Filingué, La bigamie dura quelques mois et la nouvelle mariée reprit le chemin de son pays[137], où elle se remaria au chauffeur du chef de canton de Filingué.

Aïssa, devenue seule, se mit entièrement au service de son foyer. Après le ménage ordinaire, la cuisine, elle s'adonnait à la quenouille. Elle égrenait, cardait, filait le coton qu'elle achetait au marché. Elle attrapait la quenouille dès qu'elle le pouvait, le jour comme la nuit. Seule ou en compagnie des voisines comme mon épouse, elle remplissait des écheveaux pendant la méridienne et le soir jusque tard dans la nuit.

Pendant les saisons froides, dès que les tisserands de Dori, libérés des travaux champêtres, arrivaient à Niamey, pour chercher du travail, Aïssa en recrutait deux au moins qui, pendant trois à quatre mois, lui tissaient de jolis pagnes dits *téra-téra*, de belles couvertures qui paraient sa demeure. Absorbée par la quenouille, la cuisine, le soin des enfants et la propreté de la concession, elle était occupée à tout moment. Elle se couchait tard et se réveillait tôt pour la préparation du déjeuner. Elle n'avait le temps que pour emmener un enfant malade au dispensaire et acheter les légumes au « marché de huit heures ».

---

[137] Lors du séminaire de mars 1989, retranscrit dans *Boubou Hama, un homme de culture nigérien* (L'Harmattan, 2007), la belle-fille de Boubou Hama évoque cet évènement et suggère (p 159-160) que c'est sur les conseils de L. Kaziendé que Boubou Hama avait interrompu ce deuxième mariage.

Elle filait le coton et veillait à la finesse et à la solidité de son fil. La femme du Conseiller général, du Grand Conseiller, du Conseiller de la République, installée en ville, filait. Quand elle se levait de son atelier, c'était pour parachever le travail du boy ou du cuisinier, la quenouille remplacée à la droite par le balai, la fourchette ou la cuillère.

Point de repos pour Aïssa la benjamine, devenue la seconde femme de la République du Niger[138], l'épouse de la deuxième personne du pays, le Président de l'Assemblée nationale.

Aïssa filait toujours son coton avec sa quenouille, faisait tisser chaque année des dizaines de *téra-téra*.

Vers 1972, Aïssa avait bien dépassé la cinquantaine et approchait de soixante ans. La vue diminuait. L'effort d'accommodement pour surveiller la finesse du fil pendant quarante ans sans discontinuer, le jour, la nuit, avait sans doute provoqué le glaucome aux douleurs insupportables. Evacuée en France, elle subit une opération. Pendant plusieurs années, elle fut condamnée à retourner à Paris pour des soins. Ce qui explique son absence à son foyer dans la nuit du 14 au 15 avril 1974[139].

Au dernier moment tout semblait rentrer dans l'ordre. Elle pouvait se déplacer toute seule à l'aide de grosses loupes fumées qu'elle ne quittait que très rarement.

Samafou, libéré le 17 juillet 1977, elle retrouva l'ambiance de son foyer, entourée de son mari, de ses enfants et de ses petits-enfants.

Le 15 août 1979[140], j'ai passé tout l'après-midi avec les deux vieillards. Nous avions beaucoup bavardé, puis j'étais rentré tard chez moi.

---

[138] En 1960, elle fut avec Aïssa Diori présidente d'honneur de l'Union des femmes du Niger, dont la présidente était une institutrice, Fatou Djibo.
[139] Lors du coup d'Etat de Seyni Kountché qui renverse le gouvernement Diori.
[140] Ou peut-être le 14 août (date manquante sur le manuscrit).

Le 16 août 1979, je lisais des lettres reçues, sur mon fauteuil. A une heure, je mis la radio en marche ! La première nouvelle :

« *La famille Boubou Hama a le regret d'annoncer le décès d'Aïssa Boubou survenu brusquement ce matin à l'Hôpital de Niamey* ».

Je ne revis plus la bonne Aïssa. Elle était d'origine Habbé de Bandiagara. Son père, Mamadou Guindo avait exercé le métier de garde-cercle à Say où il prit sa retraite. Décidé à rentrer dans son pays d'origine, il prit la route de Bandiagara et mourut en chemin, précisément à Téra. Son fils aîné, Sory, aujourd'hui agriculteur jardinier, revint avec sa marâtre, ses frères et sœurs s'installer à Niamey, où il demeure encore aujourd'hui.

Boubou, on le voit, n'avait pas tergiversé. Il ne s'était pas adressé, pour son mariage, à une famille zarma ou sonraï, mais à ceux qu'on appelait alors des « étrangers ».

C'est terrible comme cette histoire de naissance est encore tenace dans la société africaine ! Il n'y a pas bien longtemps, après les indépendances, un sous-préfet, sans faire attention à son origine, demanda la main de la fille d'un de ses garde-cercle. Celui-ci lui dit : « Ecoute mon commandant. Tu me commandes, je te dois obéissance, j'irai partout où tu m'enverras, mais je ne peux t'accorder la main de ma fille parce que tu n'en as pas droit. Tu n'es pas sans savoir ce que nous sommes, l'un et l'autre, chez nous là-bas, dans le pays des Zarmas ». Le Sous-préfet, alors, jeta son dévolu sur la fille du chef de canton haoussa et l'épousa pour se venger de l'affront.

Sa situation matrimoniale réglée, Boubou se mit entièrement à se perfectionner dans son métier. Son collègue Dagnoudou étant affecté à Dosso, il occupa tout le logement et le mit entièrement au service de son métier. Son directeur d'école, M. Montauriol[141], un vieil instituteur scrupuleux,

---

[141] François Montauriol avait enseigné au Sénégal avant le Niger. Son épouse (née Boulay) était institutrice.

pédagogue jusqu'au bout des ongles, corrigeait ses préparations et, de temps en temps, passait dans sa classe pour lui montrer « Les mille et un trucs » de l'art d'enseigner. Il suivait ses conseils. Visiblement, de trimestre en trimestre, il se perfectionnait.

En 1930-1931, un jeune instituteur nouvellement sorti de l'Ecole Normale de Privas en Ardèche, du nom de Gérard Fargier[142], fut affecté à Niamey. Tout de suite, les deux jeunes enseignants se lièrent d'amitié. Ils achetèrent des chevaux (c'était la mode à l'époque) pour pratiquer, chaque soir après la classe, l'équitation. Tous deux pleins d'énergie, devaient se défouler d'une manière ou d'une autre pour leur équilibre physique et mental. A la rentrée de 1931-1932, arrivèrent de Haute-Volta Somyaïdo Ouédraogo, Jean Karama Tiéla, tous nouvellement sortis de Ponty et affectés à Niamey. Ils étaient mariés. Le cercle s'élargit.

Or, cette année-là, la famine causée par les ravages des criquets dans les champs pendant l'hivernage 1930 sévissait[143]. Les cavaliers virent souvent des scènes terribles dans les buissons autour de Niamey : des hommes squelettiques à bout de force, couchés pour ne plus se relever ; des charognards s'acharnant sur les yeux ou les viscères d'un cadavre non enterré. La distribution de rations alimentaires quotidiennes devant le bureau ne suffisait pas à tout ce monde affamé, décharné, presque mourant arrivé de la brousse environnante. Souvent la promenade s'écourtait en raison de ces tristes tableaux qui s'offraient à eux. Troublés jusqu'au fond d'eux-mêmes, ils revenaient, au pas de leurs montures dans leurs logements.

---

[142] L. Kaziendé dans *Souvenirs…* a raconté (T3) les mésaventures de Gérard Fargier qui fut son directeur à Konni, mais que l'alcool entraîna sur la mauvaise pente.
[143] Dans *Mayaki*, L. Kaziendé a décrit les effets ravageurs des criquets et de cette sécheresse (p 201-215). Dans *Contribution à la connaissance de l'histoire des Peul*, Boubou Hama a donné le nom de plusieurs famines 1900, 1914, 1922, 1931-32 (p 290) – repris dans *Recherche sur l'histoire des Touareg sahariens et soudanais* (p 516-519).

A l'époque, Boubou fréquentait à titre personnel un menuisier d'origine dahoméenne travaillant pour le compte du service des Travaux Publics à Niamey. Cet ouvrier d'art s'appelait M. Ocquet et pratiquait l'hypnotisme et d'autres sciences occultes. L'enfant de Fonéko n'avait pas oublié l'enseignement reçu de son père à son jeune âge. Les lutins restaient gravés dans sa mémoire et il pensait les retrouver dans l'occultisme. Il se lia d'amitié avec cet artiste qui était sorti à ce que je crois, de l'ancienne Ecole Professionnelle Pinet-Laprade de Gorée[144]. Connaissant parfaitement son métier, maniant la scie, le robot et le marteau avec une extrême dextérité, cet homme était ébéniste au vrai sens du mot. Les meubles qu'il fabriquait allaient directement au Palais du Gouvernement, chez le Secrétaire général ou chez le Commandant de cercle, les trois grands personnages de Niamey, par ordre décroissant, à l'époque.

Très vite, Boubou, grâce aux livres de magie et de sciences occultes qu'il commanda en France (après la collection des deux Alfred[145] et les livres de pédagogie), put hypnotiser de jeunes enfants et acquit une certaine renommée à Niamey. Plus tard, il fit venir d'Europe tout un attirail d'objets hétéroclites qui lui permettaient d'exercer sa volonté, son regard, de régulariser les battements de son cœur devant tout évènement surprenant et émouvant. Il croyait trouver là l'explication du monde caché, du monde que nous ne voyons pas, mais que lui, Boubou, fils de Hama de Fonéko, sentait sans pouvoir le saisir. Oh ! Ce monde des lutins, des esprits, quand pourra-t-il y pénétrer, y évoluer à sa guise ! Avait-il emprunté la bonne route, celle des Européens ? Ce qui était sûr, c'était qu'il la suivit toute sa vie, resta en contact

---

[144] L'école supérieure professionnelle Pinet-Laprade, créée en 1908, formait des maîtres ouvriers dans les secteurs de la menuiserie, de la forge et de la maçonnerie. Pinet-Laprade (1822-1869) : ce polytechnicien passa vingt ans au Sénégal, dont il devint gouverneur après Faidherbe.
[145] Alfred de Vigny et Alfred de Musset.

avec les Rose-Croix et certains spirites[146] modernes de France, et rassembla toute une bibliothèque sur l'occultisme. Au Niger, il se mit en rapport avec les grands féticheurs du Songhoï et de la région de Niamey, l'ignorance de la langue haoussa l'empêcha d'avoir un contact régulier avec ceux de Konni, de Maradi, de Tahoua et d'Illéla. Pendant longtemps, il fréquenta les danses qui attirent les esprits invisibles, les *holley*.[147] Il n'y a pas bien longtemps, en compagnie du chercheur français Jean Rouch bien connu, il essaya de pénétrer dans la société des initiés en fétichisme. Le faisait-il en dilettante ? Y croyait-il sincèrement ? Ce que je puis affirmer, c'est qu'il m'avait toujours répété ceci : « Je crois à tout ce que je ne peux pas expliquer, jusqu'au jour où la preuve est faite que je suis dans l'erreur. Les forces physiques que nous constatons ne sont pas les seules à diriger le monde ».

J'affirme cependant que je n'ai jamais vu un gri-gri, une amulette quelconque sur le corps ou le vêtement de Boubou Hama, appelé déjà le féticheur par les autres fonctionnaires. Chez lui, dans sa case, il ne m'a jamais été donné de voir un objet ressemblant à un fétiche. J'ai eu des camarades vol-

---

[146] Il y a chez Boubou Hama une synonymie, que certains peuvent qualifier de confusion, entre spiritualité et spiritisme : « *je plaide la cause (…) de votre spiritualité, de votre spiritisme* » (…) « *Votre spiritisme est une analyse valable de l'homme (…) votre spiritualisme, votre conception de l'homme* » in Bi Kado p 59-60. Par contre, l'amalgame spiritualité – spiritisme se comprend mieux dans un autre exemple tiré de *Kotia Nima* T3 p 52 quand il parle de « *Victor Hugo à l'âme spirite et cristalline* », puisque ce poète, empli de spiritualité, était aussi un adepte du spiritisme. Dans *Merveilleuse Afrique* p 194, il parle de *réalité spirite*.

[147] Le premier article publié par Boubou est une « Note sur le Holé », paru dans *Education africaine* à Dakar (1941-1943). « *Un zima, un prêtre du culte des 'Holés', c'est-à-dire des dieux, qui, pour parler aux gens, prennent un homme ou une femme comme medium. Ceux-ci sont alors possédés et manifestent la présence du dieu en entrant en transe* » in *Albarka* T2 (p 22). « *Les Holley sont d'abord des esprits, des dieux qui ne meurent pas. En cela, ils sont différents des diables et de certains Zini qui sont mortels comme les hommes. Parmi les Holley, on distingue sept Torou dont : Dongo, Cirey, Hara-Ki, Moussé, Faran-Barou, etc. Il y a les Holley Karey ou Holley blancs, les Holley noirs ou Gandji-bi, les « diables » noirs qui frappent les humains en ôtant la raison, qui les rendent fous* » in *Bagouma et Tiégouma* T2 (p 210).

taïques et dahoméens qui portaient des amulettes aux bras, qu'ils cachaient sous les manches des chemises. D'autres en avaient dans les poches. Mon voisin de classe en 1930-1931 en avait caché dans son pupitre. Chaque fois qu'il ne connaissait pas sa leçon, il mettait ses deux mains dans son casier et le serrait fortement en récitant à voix basse certaines paroles que je n'ai jamais saisies, afin que le maître ne l'envoyât pas au tableau noir. Inutile de dire que le gri-gri refusait d'agir quelquefois et mon pauvre voisin revenait à sa place, avec un zéro, les yeux saillants tout rouges de colère et de honte.

Boubou ne fréquentait pas non plus les marabouts. Après un an et quelques mois de vie commune, je n'ai jamais rencontré un vendeur de sourates du Coran écrites sur des planchettes. Par contre, il n'empêchait pas son épouse Aïssa de faire l'aumône chaque vendredi. Elle achetait des galettes de mil et les distribuait aux enfants. Boubou avait laissé l'entière liberté de conscience à sa femme, pourvu qu'elle n'amenât à la maison ni marabout ni féticheur patenté.

Vers les années 1960-1961, Boubou avait hébergé chez lui un marabout sonraï de la région de Téra. Le but était d'apprendre aux membres de sa famille à pratiquer *correctement* la religion musulmane. Il s'agissait d'un éducateur, d'un prédicateur et non d'un charlatan qui écrivait pour qu'on bût l'encre protectrice ou guérisseuse.

Par la suite, sa position sociale l'obligea, à partir de 1947, à pratiquer l'islamisme. Il s'y adonna corps et âme, chercha à comprendre le Coran et les divers livres saints traduits en français. Historien, il n'eut pas de difficultés à assimiler la vie de Mohamet (c'était un homme et non un Dieu, me disait-il), celle de ses califes et le cheminement de l'Islam dans l'espace et le temps. Il en parlait avec aisance dans ses conférences, ses interventions politiques ou philosophiques.

Tout cela prouve que si le Président de l'Assemblée nationale s'occupait de l'occultisme africain, son but était de découvrir la vérité et non d'exploiter à ses fins cette science des forces non encore entièrement révélées. C'était un dilettante, ce n'était pas un fétichiste. Il m'appelait le « mécréant ». N'était-il pas plus mécréant que moi ?

Un jour cependant, il eut vraiment peur : ayant endormi un de ces élèves par hypnotisme[148], il eut beaucoup de mal à le réveiller. « Je suai à grosses gouttes », m'a-t-il dit. Après cet incident, il n'osa plus endormir les enfants à Niamey jusqu'à son affectation à l'Ecole Elémentaire de Tillabéry en 1935.

Son épouse Aïssa l'appelait *Samafou*, ce qui veut dire : « Je m'en fous ». Il disait « Je m'en fous » comme le chef de canton de Téra, l'ancien combattant, le sergent Diallo[149], qui lui aussi répétait à longueur de journée « ça ma fou », et s'était fait appeler « Amirou *Samafou* » par ses sujets.

Hama était mort. Mais dès la première année de service, Boubou reçut la visite de sa bonne mère. Elle revint à Niamey à la naissance d'Idrissa, son petit-fils et à celle de sa petite-fille Aminata. Le fils avait beaucoup d'amour pour la mère, qui était tout pour lui en ce monde. Boubou resta un bon fils, respectueux de ceux qui l'avaient mis au monde, considérés comme des démiurges.

Revenons à ses camarades de métier. M. Fargier, comme d'ailleurs les collègues africains, aimait l'alcool et le buvait sérieusement. A l'époque, il s'agissait non seulement de vins cuits, mais aussi, et surtout, d'Anis Berger[150], de punchs de

---

[148] La question de l'hypnotisme est abordée dans *L'Empire de Gao* (p 131-132, 135). Le docteur Boulnois, cosignataire du livre, l'avait déjà évoquée dans un ouvrage précédent *Gnom-Sua, dieu des Guérés* (1933). Dans *Souvenirs* T6, L. Kaziendé, en parlant de Boubou Hama déclare : « *Homme de volonté extraordinaire, qualité qu'il avait cultivée au maximum dans les années 1933 à 1940 et au-delà, lors des séances d'occultisme et d'hypnotisme qu'il pratiquait alors* ».

[149] Le sergent Hassane Diallo est mort en 1951. Boubou Hama en parle dans *Histoire des Songhay* : « *Hassane Diallo, dit Poulo, ancien sergent, grand blessé de guerre* » succéda à Amarou Ali à Téra. « *Poulo devait régner sur le canton songhaï de Téra pendant 33 ans en violation flagrante de la coutume. Aujourd'hui, cette chefferie est revenue au fils d'Amarou Ali, Asseïd Amarou* ». (p 299-300).

[150] La première distillerie d'absinthe est créée par le Suisse Charles Berger en 1823. Ses fils partent s'installer à Marseille en 1878. Après la prohibition de l'absinthe en 1915, la marque s'adapte et en 1923 sort le « Berger

rhum, et, à table pendant les repas, de vins plus ou moins frelatés, fortement alcoolisés appelés vulgairement « tord-boyaux » par les fins dégustateurs de Niamey. L'Européen n'hésitait pas à suivre ses camarades noirs dans les cabarets de « dolo », les dimanches matins.

Boubou, qui se faisait une haute idée de son métier d'éducateur et qui, surtout, n'aimait pas se « vulgariser », refusa d'être de la partie. En trois années, il s'était forgé dans la vie une certaine dignité. Il s'éloigna de tout ce qui pouvait attirer sur lui les injures : les cabarets, les lieux mal famés, les jeux de hasard, la luxure, la « soûlographie » régnaient en maître.

Sa dignité personnelle lui interdisait de demander de l'argent à quiconque : il n'en empruntait jamais, n'achetait jamais à crédit, ne signait jamais un bon pour prendre quoi que ce soit. S'endetter ? Non. Il attendait toujours d'avoir le prix de ce qu'il désirait acheter pour lui-même, pour son épouse, pour ses enfants. Il remettait, à chaque fin de mois à Aïssa ce qu'il fallait pour la nourriture de la maison durant les trente ou trente-et-un jours. Il mangeait ce que cette dernière lui présentait sans demander des comptes ni commander un plat de son choix. Il s'en remettait totalement au goût de son épouse.

Si Boubou fuyait les dettes, il faut dire aussi qu'il n'était pas non plus prodigue. Il était fort rare qu'il donnât de l'argent à quelqu'un (seul à un parent direct), pas même au griot. Il gérait ce qu'il gagnait de manière à n'avoir à s'adresser à personne. Réclamer de l'argent à lui Boubou ! Non. Jamais on ne vit cela[151].

---

blanc » à base d'anis. C'est en 1933 qu'est déposée la formule : « *Midi, sept heures, l'heure du Berger* ». La vente d'absinthe en AOF était interdite depuis le 18 août 1913 avec effet à partir du 1er janvier 1914.

[151] Ces remarques de L. Kaziendé ont certainement pour rôle de disculper Boubou Hama, qui après le coup d'Etat de 1974, fut accusé de fraude fiscale (12 millions CFA) et de détournement d'argent (26 millions CFA). Dans *Souvenirs* T6, L. Kaziendé rapporte les interrogatoires que Boubou et lui durent subir au sujet de leurs biens et surtout il s'explique longuement

Cette qualité lui resta attachée jusqu'à sa mort. « J'achète quand j'ai l'argent nécessaire, au comptant, j'ai horreur de devoir à quelqu'un », me répétait-il. Après notre libération (1977[152] et 1978), il construisit une villa, Avenue de l'OUA, en achetant les matériaux au comptant, en réglant net l'entrepreneur au comptant. Pas un sou de dette ! « Je sais qu'il ne me reste plus longtemps à vivre. Je ne veux pas laisser un sou de dettes après moi ». Et c'est ce qu'il fit.

Boubou serait resté quelque peu isolé parmi ses camarades si, vers la fin de 1931, le hasard des affectations n'avait pas conduit à Niamey un vétérinaire *auxiliaire* (lire : vétérinaire *africain*) du nom de Koné. Ce dernier, de la première promotion de l'école vétérinaire, malien d'origine, citoyen français parce que fils d'ancien combattant né à Dakar (ou dans le bateau entre Dakar et Casablanca, je ne me rappelle plus), avait essayé de fréquenter les milieux des sous-officiers français et antillais. Il se rendit vite compte qu'il ne pouvait pas les suivre et se contenta de la fréquentation de l'instituteur Boubou Hama : tous deux étaient du même cadre, le cadre secondaire. Tous deux provenaient de William Ponty de Gorée et avaient porté la fameuse tenue kaki, les brodequins (restes des fournitures de la guerre 1914-1918), la vareuse des marins, les casquettes (grise de travail et bleue de sortie), et s'étaient longuement promenés, il y a quelques années, au marché de Sandaga, aux abords de la grande gare ou sur les quais du port de Dakar. Tous deux avaient réglé, leur montre aux coups de canon de dix heures, tirés du point d'appui de la défense du port. Ils avaient donc des souvenirs à se raconter, ils pouvaient échanger des idées et tuer le temps en bavardant. Comme Boubou, Koné avait une certaine idée de sa personne, évitait tout ce qui lui semblait vulgaire, vivait pour

---

sur la commission d'enquête (ses auteurs douteux, ses conclusions hâtives et sur son exemple personnel).
[152] Boubou Hama est libéré le 24 juillet 1977, L. Kaziendé le 15 avril 1978.

son métier, aidé en cela par le savant Pécaud[153], qui avait découvert au Tchad le microbe de la peste bovine, le *trypanosoma pecsadi*.

Chaque soir donc, Boubou se rendait chez Koné qui, lui, habitait loin, là-bas, au Service de l'Elevage, après le cimetière des chrétiens qui se trouvait loin des premières habitations de Niamey. Il y restait jusqu'aux environs de minuit. Son hôte l'accompagnait régulièrement – (à pied, il va sans dire) jusqu'au cimetière et retournait chez lui. Quelquefois, c'était le contraire qui se produisait : le visiteur était le vétérinaire et l'accompagnateur Boubou. Parfois, les deux ensemble, ou l'un ou l'autre rencontrait sur leur chemin une hyène, un gros chat sauvage, un python descendant au fleuve, un cracheur belliqueux ou une puissante vipère heurtante[154] soufflant la gueule grande ouverte. Se promener, à minuit, dans les environs, n'était pas souvent sans danger.

M. Koné s'occupait du laboratoire et cherchait. Boubou, lui, voulait devenir un grand pédagogue. Mais il était resté en lui le souvenir tenace des maîtres indigènes qu'il côtoya à l'école primaire supérieure de Ouagadougou, M. Mamby Sidibé et Dominique Traoré connus pour leurs écrits dans le *Bulletin de l'Enseignement de l'AOF* et leurs recherches scientifiques[155]. Il avait entendu parler aussi de M. Fily Dabo Sisso-

---

[153] Plusieurs vétérinaires militaires, dont Georges Pécaud, avaient découvert le rôle des insectes piqueurs dans la transmission de la trypanosomiase et avaient pu enrayer des épidémies de peste bovine. G. Pécaud est l'auteur de *Les chevaux de notre colonie du Tchad* (Fournier, 1927).
[154] Serpent venimeux, avec de grosses écailles, qui se déplace surtout la nuit. Il se nourrit d'oiseaux, de grenouilles, de lézards, de petits mammifères.
[155] *BEAOF*. Mamby Sidibé « Premières notes sur la littérature orale, les croyances et coutumes indigènes » n°67 (1928) et 69 (1929), « Tableau de la vie indigène au Soudan et dans la boucle du Niger », n°89 (1935). Dominique Traoré n°89 (1935) « Notes sur les mœurs et coutumes lobi ». Dans *Notes Africaines* de l'IFAN Mamby Sidibé a publié douze articles entre 1943 et 1946 et Dominique Traoré tout autant. Mamby Sidibé publiait aussi en 1930 (janvier-mars), 1932, 35 dans le *BCEHS AOF*. En 1965, dans son manuel d'histoire pour les élèves du cours moyen, *Histoire du Niger, l'frique, le monde*, Boubou Hama a introduit un texte (p 47-51) de

ko[156], de M. Bouyagui Fadiga[157], qui recueillaient la tradition orale et la publiaient. Il voulait devenir comme eux. Pour cela, il fallait qu'il se forgeât un personnage, et il cultiva à fond l'occultisme des noirs et des blancs. Il fallait bien qu'il s'affirmât. La décision était prise à l'arrivée du remplaçant de M. Koné, le Vétérinaire auxiliaire Talibouna Gakou qui, lui, ressemblait beaucoup à Boubou par son goût des sciences cachées et par sa mémoire qui avait emmagasiné de longues tirades de Hugo, de Vigny, de Baudelaire et surtout de Marc Tovalou Quénum[158], de Marcus Garvey[159], de René Maran,

---

Mamby Sidibé tiré de *Notes africaines* n°82 – ainsi que d'autres auteurs de la même revue. Mais, en 1968, dans *Essai*, Boubou Hama portera un jugement sévère : « *A la période de notre dépendance, les Africains qui ont écrit sur leur continent (exemple : Bulletin de l'Enseignement de l'ex AOF – Education Africaine) l'ont fait dans l'optique assimilatrice des revues coloniales auxquelles ils pouvaient accéder. D'autre part, de telles études, didactiques, malgré les observations fort justes, venaient toujours appuyer les thèses de la colonisation sur l'interprétation de l'édication africaine et même sur celle de la philosophie de la vie du « primitif » (La mentalité primitive de Lévy-Bruhl) reprise par maints auteurs de la colonisation* ».

[156] F.D. Sissoko « Essai sur la nouvelle orientation de l'enseignement » (*BEAOF* n°90-91, 1935).

[157] Bouillagui Fadiga publie dans le *BEAOF* : n°79 (avril-juin 1930), « Etudes sur le marchés indigènes : le marché de Sofara » ; n°89 (1935) : « La culture arabe au Soudan et à Tombouctou » - à cette date, il est directeur de la medersa de Tombouctou. En 1934, il publie un article sur la circoncision dans le *BCEHS AOF*. Amadou Hampâté Bâ, dans *Amkoullel*, raconte : « *Au cours de cette deuxième année, j'eus pour maître M. Bouyagui Fadiga, qui, par la suite, devint célèbre au Soudan (Mali). D'une intelligence très vive, il avait un bagage intellectuel que les Européens de l'époque, qui aimaient lire ses écrits, qualifiaient eux-mêmes d'étonnant (...) M. Assomption était particulièrement fier de Bouyagui Fadiga qu'il appelait 'un pur produit intellectuel de la culture française'* » (p 498-499). Et plus loin, les conseils que cet instituteur donne à Amadou Hampâté Bâ (p 504). Il y a deux graphies : Bouillagui et Bouyagui.

[158] Marc Tovalou Quénum (1887-1936) : il participe à la Première Guerre mondiale comme médecin, mais est blessé en 1915. Il devient citoyen français. En 1921, il publie *L'involution des métamorphoses et des métempsychoses de l'Univers – L'involution phonétique ou méditations sur les métamorphoses et les métempsychoses du langage* - livre cité par Boubou Hama dans *Enquête* p 393. En 1923, après un voyage au Dahomey, il devient très critique envers l'administration coloniale. En 1924, avec René Maran, il fonde la

d'André Demaison, des frères Tharaud. Son dada était de réciter, sans oublier une virgule, une intervention de Blaise Diagne[160], député au Palais Bourbon.

Un an après l'arrivée de Somyaïdo et Jean Karama Tiéla, l'Inspecteur des Ecoles Perruchot emmena en décembre 1931 de l'Ecole élémentaire Wright Emmanuel pour diriger le Secrétariat de l'Inspecteur Primaire. Ce dernier est un Soussou des îles de Loos (Fotoba)[161], donc un côtier non rompu à la vie soudano-sahélienne des fonctionnaires africains de Niamey. Les rapports entre les deux instituteurs furent assez distants, d'autant plus que le nouvel arrivant ne concevait pas la vie telle que la menait Boubou Hama, marié à l'indigène et père d'un enfant.

Wright, chrétien anglican, élevé dans une famille de Freetown, était à cheval sur l'hygiène par exemple. Son aîné de trois ans, lui, élevé dans un milieu fortement animiste, mais à pellicule islamique, cherchait à faire corps avec le monde inconnu, celui des esprits, et à prouver que la civilisation africaine valait d'être connue par les Africains et les chercheurs du monde entier. La dignité personnelle, la noblesse de cœur ne sont l'apanage d'aucune catégorie d'hommes. L'homme est un, égal à lui-même à la naissance. Les différenciations arrivent au cours de la vie selon les fortunes, les sorts. Des fils de rois, pris au cours des guerres, ont pu être esclaves quelque part, vendus et revendus sur les marchés

---

Ligue universelle pour la défense de la race noire et un journal *Les Continents* - qui furent tous deux obligés de fermer au bout d'un an. Il est harcelé par l'administration et se réfugie au Sénégal où il meurt en prison.
[159] Marcus Garvey (1887-1940) : jamaïcain promoteur du panafricanisme.
[160] Blaise Diagne (1872-1934) : premier député africain à l'Assemblée nationale (1914-1934) ; Commissaire général du gouvernement pour le recrutement des troupes noires en 1917 ; sous-secrétaire d'Etat aux Colonies (1931-1932). Amadou Hampâté Bâ a raconté, dans *Amkoullel,* la visite de Blaise Diagne à Dakar et au Soudan.
[161] Les îles de Loos se trouvent non loin de Conakry (Guinée) ; elles sont au nombre de trois : Fotoba (ou Tamara), Kassa et Roume. Emmanuel Wright y est né le 2 novembre 1910.

d'Afrique ou d'ailleurs ! Quiconque, aux XVIII° et XIX° siècles, pouvait tomber dans l'esclavage. Ce n'était pas un état honteux du tout. Sans nul doute, parmi les descendants des Noirs américains d'aujourd'hui, parmi ceux des Caraïbes, il y avait des Africains princes de sang, de l'est, de l'ouest, du sud ou du centre de l'Afrique.

L'esclavage n'existe d'ailleurs plus. Il a été aboli par ceux-là mêmes qui en avaient profité plus que tout le monde[162]. Tout homme, en Afrique, est libre. Lui, Boubou Hama, était un homme libre, aussi noble, aussi digne que n'importe quel habitant du Sahel. Il le prouva par son travail, son maintien, son honnêteté en toute chose et en toute occasion. Il enviait ceux qui sont parvenus à se faire connaître à la sueur de leur front. « Je vais travailler comme eux. Il faut qu'on fasse connaissance : je m'y mets tout de suite ». Ainsi parlait le personnage, et, en toute connaissance de cause, prit la décision de « sortir de l'ordinaire » dès les premières années d'exercice de son métier d'instituteur.

Homme de mémoire, il avait de la prédilection pour l'histoire et la géographie. Il se mit, dès 1933[163], à revoir cet empire de Gao qui l'attirait avec force. Il lut tout ce qui avait trait à cet empire, rassembla des notes, « fouina » dans la bibliothèque du cercle de Niamey, dévora les rapports, les monographies des administrateurs, des militaires des cercles de Niamey et de Tillabéry[164]. Grâce à ses bons rapports avec

---

[162] L'esclavage est aboli une première fois, par la Révolution française, le 4 février 1794, puis rétabli par la loi napoléonienne du 20 mai 1802 et à nouveau aboli le 27 avril 1848. Toutefois, Faidherbe, par arrêté du 18 octobre 1855, autorisait le maintien des esclaves désignés comme « captifs ». Les esclaves libérés furent souvent regroupés dans les « villages de liberté » - où l'administration recrutait la main-d'œuvre ! Les propos optimistes de L. Kaziendé sur l'esclavage relèvent plus du souhait que de la réalité.

[163] Cette information est utile, car le livre, préfacé par Th. Monod, en 1943, ne paraît qu'en 1954.

[164] L'ancien administrateur (à Tillabéry en 1947, à Ouallam en 1950) Pierre Cros dans son autobiographie *Niger, la paix nazaréenne* (Thélès,

deux commis expéditionnaires dont l'un n'était autre que son promotionnaire d'école en 1916, M. Alou Himadou, et l'autre son ami M. Sara Sissoko, recruté par le Gouverneur Brévié au Soudan en 1922, il put s'instruire sur le passé sonrai.

M. Sara Sissoko, originaire de Barioli sur le Niger dans la région de Ségou était un de ces géants sahéliens à la figure mâle, anguleuse, au nez droit, proportionné au corps, au long cou dont la pomme d'Adam proéminente se déplaçait, mangeait, buvait, fiers et sûrs de l'impression de respect qu'ils donnent à leurs interlocuteurs, Blancs ou Noirs. Pour le Blanc, un homme de cette taille et de ce volume, aidé par une voix de stentor, vrombissant dans le bureau, ne peut dire que la vérité. Pour le Noir, quelqu'un de cette allure, de cette forme, dont la plante du pied mesure bien une coudée et la voix grave et sonore de baryton emplit la concession dans les causeries du soir, ne devait être qu'un homme bien né, noble, plein de dignité. Ainsi, d'un côté et de l'autre, M. Sara jouissait de préjugés favorables.

2009) écrit : « *Les récits que nous recueillions, sous la forme d'une note adjointe à un rapport ou d'un mémoire, allaient échouer à la direction des affaires politiques du territoire ou à l'Institut Français d'Afrique Noire. Ils allaient permettre à des historiens, dont B. Hama (ancien président de l'Assemblée nationale du Niger), mon ami, de bâtir une histoire conséquente des populations de la République, les Touaregs, les Peuls, les Songhays, etc. Les préfaces de tous ces ouvrages sur les gens du Sahel mentionnent, justifiant leur authenticité, les noms de géographes, d'historiens ou de pseudo historiens, mais jamais l'origine de leurs trouvailles dans les rapports des administrateurs de la France d'Outremer, peut-être que les termites ! ... Il faut rappeler que ces enquêtes, ces récits, ces chroniques relatant des faits historiques qui n'existaient que dans les rapports aient le don d'agacer une certaine élite, je me souviens qu'en 1950, une motion d'un parti africain dénonçait l'attitude des administrateurs qui, par leurs recherches sur l'origine et l'histoire de leurs administrés, ne cherchaient qu'à maintenir les populations « asservies par le colonialisme » (sic) dans leur passé et leur interdire ainsi l'accès vers la liberté* » (p 147-148). Quand il s'agit d'administrateurs qui ont publié des livres, Boubou Hama cite leurs noms (Delafosse, Tauxier...) ; mais, il est exact qu'il cite les monographies sans donner le nom des auteurs. Pour ce qui est de l'histoire, Boubou Hama a beaucoup insisté pour qu'elle soit faite par les Nigériens qui en donnent la compréhension et le sens qui leur conviennent.

Le sort voulut que Boubou rencontrât M. Sara Sissoko à Tillabéry du temps de l'Administrateur Laflorencie, commandant le cercle dans les années 1935 et 1937, après qui arriva M. Ceccaldi, le nègre-blanc[165]. Les Corses, en effet, ont des coutumes très proches de celles des Africains, ne serait-ce que la vendetta, immortalisée par *Colomba*[166]. Ils lièrent amitié, car chacun avait besoin de l'autre : Sara, étranger au pays, s'appuyait sur son ami pour se placer solidement dans le milieu indigène et Boubou comptait sur Sara pour avoir accès à la Bibliothèque et aux archives du cercle et rentrer dans le secret de certaines combines administratives. Il lut les rapports des divers commandants du poste de Tillabéry et s'intéressa surtout aux problèmes des terres dans la vallée du Niger. L'homme politique perçait déjà de la personnalité de l'instituteur très soucieux de la réussite de ses élèves. Il nota tout ce qu'il put recueillir sur l'histoire des habitants de la région, cette portion de l'Empire de Gao. L'historien se dessinait ainsi, nettement.

C'était à cette époque que Boubou connut le Docteur Boulnois[167] qui supervisait les activités des infirmeries de Filingué, de Tillabéry, de Say et de Téra. Ce médecin aimait aussi fouiner dans les bibliothèques et lisait beaucoup.

En janvier 1937, le Docteur Boulnois[168] eut l'amabilité de me prendre dans son véhicule de Filingué à Niamey où je

---

[165] « Nègre-blanc » a d'abord désigné en Europe l'Africain albinos. Ici, il s'agit d'un Européen qui a des coutumes proches de celles des Africains. Boubou Hama, lui-même, dans le chap. 17 d'*Albarka* écrit : « *J'étais devenu un « Nègre-Blanc »* ». Ou autrement : « *Anasara Bio, le Blanc Noir* » in *Bi Kado* p 277. On trouve la même expression dans *Amkoullel* d'Amadou Hampâté Bâ pour désigner les Africains qui avaient été à l'école, les « évolués ».
[166] *Colomba*, nouvelle de Prosper Mérimée (1803-1870), publiée en 1840 raconte l'histoire d'une vengeance ou vendetta.
[167] Boulnois était médecin-chef de l'hôpital de Fort-Lamy, au Tchad, d'octobre 1936 à novembre 1938. Il supervise la circonscription de Niamey de février 1941 à octobre 1942, puis la circonscription de Dosso d'octobre 1942 à juin 1943.
[168] En 1939, le Docteur Jean Boulnois, qui avait servi aux Indes, à Karikal, comme médecin militaire, publia *Le Caducée et la symbolique dravidienne*

devais me rendre pour « question de service ». La route passait par Birni N'Gaouré : il y avait 270 km à parcourir. Depuis notre départ, le matin à 7 heures jusqu'à notre arrivée vers les 13 heures, il resta plongé dans la lecture d'un livre, dont l'auteur était un militaire de la Marine coloniale, Loti[169], je crois. En même temps, il soulignait, cochait des passages avec un crayon de papier accroché à son oreille droite. Une seule fois, il fut distrait par le cahot assez sensible du véhicule, au passage d'un trou creusé par un sentier pratiqué par les gens de la région pour aller d'un village situé à l'est à un autre situé à l'ouest. Ce sentier coupait perpendiculairement la route carrossable d'un genre de rigole assez profonde. Le Docteur ferma son livre sans perdre la page à laquelle il se trouvait, regarda son chauffeur et lui dit : « Va doucement ». Il rouvrit aussitôt son livre, s'absorba entre les lignes et ne dit plus rien jusqu'à Niamey. Il me sera la main lorsque je le remerciais, sourit légèrement, mais ne me dit absolument rien.

A cette époque, le geste du Docteur était exceptionnel. Sur dix Européens, neuf m'auraient laissé prendre le chameau ou le cheval. Après quatre jours de marche, je serais bien arrivé à Niamey. Les véhicules étaient réservés aux déplacements des hauts fonctionnaires européens, des médecins, des vétérinaires. Les autres employés de l'administration devaient se déplacer à cheval où à dos de dromadaire.

---

indo-méditerranéenne de l'arbre, de la pierre, du serpent et de la déesse-mère (Paris, Maisonneuve) préfacé par Gabriel Jouveau-Dubreuil (1885-1945) spécialiste de l'Inde du Sud. Le livre sera réédité en 1989. Ces thèmes intéresseront particulièrement Boubou Hama, qui retrouvera dans l'espace nigérien nombre de légendes et de cultes autour du serpent, des pierres et des déesses de l'eau. Dans le *BIFAN* de 1945, J. Boulnois a publié un article « La mystique de la fécondité ».
[169] Pierre Loti (1850-1913), médecin, capitaine de vaisseau en 1905, auteur de nombreux romans, il devint membre de l'Académie française en 1891. Lorsque L. Kaziendé a passé son examen terminal à Gorée en juin 1932, la dictée était un long texte de Loti sur le marché de Fez au Maroc (cf. *BEAOF* n°30 (1932).

A Tillabéry, Boubou rencontre, comme je l'ai déjà dit plus haut, un de ses promotionnaires de l'école de village de Téra : M. Alou Himadou, depuis quelques années Commis expéditionnaire du cadre local, recruté sur place par le Gouvernement de Niamey. C'est lui qui dactylographiait tout le courrier du Commandant de cercle, y compris les confidentiels. Il renseignait le Directeur de l'école qu'il fréquentait jour et nuit, sur ce qui s'écrivait sur la conduite des affaires de Tillabéry depuis son détachement de la Haute-Volta en 1926. Le futur politicien s'intéressait à tout, surtout à ce qui se disait sur la propriété foncière. Il notait, réfléchissait, mûrissait ses idées, et parfois, lorsqu'il le jugeait utile, intervenait secrètement pour éviter la consommation d'une injustice flagrante fomentée par les chefferies traditionnelles. Chargé pendant les vacances du recensement des habitants des îles d'Ayérou à Méhanna, il en profita pour connaître les hommes insulaires et se faire connaître. Il avait pris des contacts, comme on dit.

Comme rien ne se cache ici bas, l'administration locale apprit le rôle joué par Boubou dans la marche des affaires locales. Elle réagit par des chiffres envoyés au Gouverneur[170]. Mis au courant de ce qui se tramait, le Directeur de l'école élémentaire à classe unique de Tillabéry prépara ses bagages, sûr d'une imminente affectation. Malgré tout, il organisa et présida la rentrée 1936[171]-1937, les malles prêtes. Rien n'arriva jusqu'en février, où grâce à son ami et correspondant Boulnois[172], j'arrivai à Niamey pour un stage d'éducation physique[173] à la Deuxième Compagnie des Tirailleurs

---

[170] En 1936-1937, le gouverneur est Court. Dans *Itinéraire* p 28-31, Boubou Hama s'explique sur l'histoire des paysans du Zarma-Ganda et sur la double inspection dont il fut l'objet (inspecteur des affaires administratives et inspecteur de l'enseignement).
[171] L'année où le capitaine Y. Urvoy publie *Histoire des populations du Soudan central (colonie du Niger)*, Paris, Larose.
[172] Le docteur Boulnois est arrivé à Niamey en février 1941. En 1936-1938, il est au Tchad.
[173] Dans *Souvenirs* T6, L. Kaziendé rappelle cet épisode.

sénégalais de Gamkallé. Pendant un mois entier, Boubou, Wright, Somyaïdo, Martin Vignapon Gutemberg et moi subîmes des exercices de gymnastique, de sports collectifs, d'athlétisme dirigés par un sergent sonraï. Boubou, dernier dans toutes les matières sauf en cordes lisses et à nœuds, fut classé 1er à la fin du stage. Tout le monde, y compris Boubou, dressa les oreilles en écoutant la liste « par ordre de mérite ». On en rit beaucoup, on se tapa sur les épaules. Personne ne songea à ergoter. D'ailleurs Somyaïdo et Martin, nos deux logeurs, achetèrent une bouteille de Dubonnet qui servit d'apéritif durant le repas du soir. Deux jours après, Boubou rejoignit Tillabéry par le chaland du courrier, et, moi, je reprenais la route de Filingué à cheval. Wright, lui, travaillait au Bureau de l'Inspecteur de l'enseignement ; il n'avait pas à se déplacer.

En 1936-1937, l'engrenage du mil dans les fameux greniers de réserve donna lieu à des scènes épouvantables un peu partout au Niger, surtout dans la région du Zarmaganda (Ouallam actuel). Boubou, qui entretenait des relations suivies avec les zimas (féticheurs) de la région, ne resta pas les bras croisés. Il signala, par l'intermédiaire d'amis servant à Niamey, les faits aux autorités supérieures. Les cultivateurs connurent alors une paix relative. D'emblée, le nom de Boubou devint presque légendaire dans la contrée. Les Holley l'adoptèrent. Depuis cette époque, et jusqu'à sa mort, il jouit dans le Zarmaganda d'un renom qui lui servit grandement plus tard dans les élections aux diverses assemblées nées de la Loi-cadre Defferre. Par chance d'ailleurs, il fut désigné pendant les vacances scolaires pour recenser la population de la région. L'occasion était très belle pour se présenter à ce peuple, qui ne le connaissait que de nom ; le Zarmaganda reçut l'agent recenseur comme un « dieu », et lui, il assista à toutes les séances de danses des holley, vit vomir la « chaîne » et d'autres choses curieuses encore[174]. Disons tout

---

[174] Boubou Hama, dans *Le retard de l'Afrique* (Présence africaine, 1972), écrit : « *Je pus par moi-même, au cours de multiples scènes publiques des Soniankè à*

de suite qu'à l'époque, le Directeur de l'Ecole de Tillabéry n'était pas encore un musulman pratiquant. Certes, il priait quand cela était nécessaire, surtout devant certaines personnalités à certaines occasions, mais il n'était pas du tout régulier dans les cinq prières journalières. Il s'occupait ardemment de l'occultisme et suivait consciencieusement les recommandations des féticheurs, à l'exception des sacrifices d'animaux de ses propres mains, dont il laissait l'exécution à d'autres. Déjà, il cherchait, il cherchait, il voulait percer coûte que coûte le secret des féticheurs, ces vieux secrets d'Afrique, insondables pourtant. Il y avait mis tout son zèle, toute sa bonne volonté, toutes ses capacités d'observation. Il resta, toute sa vie, sur sa faim malgré qu'il sentît fortement en lui-même que d'autres forces, invisibles certes, inconnues jusqu'ici par l'homme, s'ajoutent à celles découvertes par la science pour gouverner le monde. Il méditait souvent sur cette cosmogonie que lui décrivait son père, celle dont lui parlaient tous les féticheurs abordés jusqu'ici. Pourtant, l'énigme restait toujours entière. Voici la note que lui donna son Commandant de cercle :

Au point de vue professionnel, Boubou Hama n'a pas démérité et je ne puis que confirmer les bonnes notes antérieures, qui lui ont valu son avancement le 1er janvier 1937. J'ai cependant le regret de constater qu'il a tenté d'intervenir, en cachette, dans une question de politique indigène qui ne le regardait aucunement en prenant parti pour des indigènes factieux, en lutte contre l'autorité d'un Chef de canton. Ceci se passait dans le courant du premier trimestre 1937. Je veux espérer qu'il ne recommencera pas.

Tillabéry, le 5 octobre 1937, Signé : Laflorencie

Boubon (Niamey) et à Téra, voir de telles chaînes sensibles à l'appareil photographique » (p 23). cf. le film de Jean Rouch *Les magiciens de Wanzerbe* (1948), auquel se réfère explicitement Boubou Hama dans *Albarka* T2 (p 25).

Boubou n'ignorait pas les travaux de son devancier, M. Paul Hazoumé[175] du Dahomey. Il connaissait les écrits de son maître Mamby Sidibé[176] sur ce sujet précis. Il avait lu avec intérêt ce qu'avait dit M. Fily Dabo Sissoko[177] sur la vie mythique des Noirs du Soudan. Il voulait, lui, ajouter quelque chose à tout cela. Pour cette raison, il redoublait d'ardeur au travail, d'observation, de jugement, de réflexion. Il pouvait, sur sa chaise longue, après le dîner, rester à méditer jusqu'au-delà de minuit, tout seul, dans sa cour. Il cherchait sa route et se demandait quand le sort, la chance, la fatalité le favoriseraient dans ce sens. Pour l'instant après son travail de classe qu'il maintenait impeccable (sur ce point précis, il ne voulait pas de reproches), il fréquentait les zimas, les danses des holley, ses deux amis Alou Himadou et Sara Sissoko.

En 1937, Boubou était un homme jeune, beau, désiré par les femmes. Plusieurs essayèrent de l'attirer à elles. Parmi ces dernières, il y en avait de grandes renommées, qui ne demandaient qu'à compter le Directeur de l'école parmi leurs soupirants. Ce dernier restait insensible à leurs avances. « Je préfère commander des bouquins avec mon argent que de le donner aux femmes et aux griots. Je n'aime pas du tout ces deux catégories de personne ». C'est cela qu'il me répétait à chacune de nos rencontres à Niamey.

---

[175] Paul Hazoumé (1890-1980) est l'auteur en 1937 de *Le Pacte de sang au Dahomey* (Institut d'Ethnologie) et en 1938 de *Doguicimi* (Larose) préfacé par George Hardy.

[176] Mamby Sidibé (1891-1977) avait publié dès 1932 le « Coutumier du cercle de Kita (Soudan français, AOF » dans le *BEHS AOF* (T XV, n°1) et dans la même revue, 1935 : « Tableau de la vie indigène au Soudan et dans la boucle du Niger ». Boubou Hama a écrit une belle page sur lui dans *Bi Kado* (p 559-560). Mamby Sidibé avait obtenu en 1932 le 1er prix des études indigènes (1.500 fr.) – le troisième prix (300 fr) étant décerné à Dim Delobson.

[177] Fily Dabo Sissoko (1900-1964) avait publié en 1936 « La politesse et la civilité des Noirs » (*Bulletin de la recherche du Soudan*). Dans *Enquête*, Boubou Hama cite (p 163) un article de Fily Dabo Sissoko sur la géomancie dans l'ouest africain, paru dans les *Etudes Soudanaises*.

Depuis son jeune âge, depuis ses premières aventures d'adolescent à l'Ecole Régionale de Dori, « Mon grand frère » (je l'appellerai désormais ainsi) avait failli devenir misogyne, tellement l'attitude des jeunes filles l'avait indisposé, traumatisé même.

Or, déjà en 1936-1937, les mentalités avaient évolué, un peu partout dans les pays soudano-sahéliens. L'argent, la situation dans la fonction publique rivalisaient avec la naissance, la notoriété dans la société africaine. Instituteur du cadre secondaire, Directeur d'Ecole Elémentaire à classe unique, Boubou gagnait plus d'argent que tous les fonctionnaires du pays, excepté le Commandant et le médecin africain. Tout le monde le savait. Les belles femmes surtout redoublèrent de persévérance, de provocation même. Mon Grand Frère restait imperturbable, sourd, aveugle et muet. « La femme n'est pas mon problème. Celle que j'ai à la maison me suffit largement », répétait-il à qui voulait l'entendre.

Au cours du recensement qu'il entreprit chez les Wogo et Kourtey des îles du fleuve, la grande Gaoudalizé[178], la cantatrice bien connue à l'époque, fit tout son possible pour partager son lit, ne serait-ce qu'une seule nuit. Elle ne réussit pas, car le recenseur était absorbé par toute autre chose que la débauche. Il resta inviolé et inviolable. Le bruit de son impuissance physique courut alors la région. Il s'en moqua comme il fallait, ne fit rien pour l'arrêter, d'autant plus que le 30 janvier 1938, son épouse Aïssa donnait naissance à un garçon baptisé du nom de Karim, devenu plus tard un des premiers bacheliers nigériens.

Le Directeur de l'Ecole Elémentaire à classe unique constitua une énigme pour l'homme de la rue de Tillabéry. Pour les uns, il était un initié du royaume inconnu des holley et, par voie de conséquence, tout le monde s'éloignait de lui. Pour les autres, c'était un pur-sang du pays, qui suivait et respectait les us et coutumes ; il fallait donc le respecter en

---

[178] Dans *Bi-Kado* Boubou Hama cite les chanteuses, dont Gaoudel Izé (p 66).

lui donnant une certaine présence dans la société. L'administrateur français pensait qu'il constituait un danger parce qu'il était un anti blanc potentiel, malgré qu'il fréquentait les commis du cercle. Il fallait le surveiller de près, car il était capable de soulever la population contre l'administration. La plupart des fonctionnaires indigènes, les gardes cercles compris, le trouvaient bizarre, non conformiste, capable de se révolter contre l'ordre établi. Il ne demandait de l'argent à personne, n'achetait qu'au comptant, ne signait jamais de bon, haïssait les femmes, n'aimait pas l'alcool, ne fréquentait que les zima et les deux employés du bureau. L'interprète, le tout puissant interprète, avait fini par avoir peur de lui, parce qu'il disait souvent brutalement la vérité, lorsqu'il essayait de la travestir en cours de jugement. Boubou, je l'ai déjà écrit, se tenait au courant de tout ce qui se passait au bureau de l'administrateur. L'interprète pensait que ce sont les holley qui le renseignaient. Il était crédule.

Comme on le voit, le futur « conseiller territorial » de Tillabéry montrait nettement les oreilles. D'ores et déjà, intuitivement, il s'occupait des intérêts de cette portion du Niger, et pensait à la solution du plus gros de leurs problèmes, celui de la propriété foncière dans la vallée utile du fleuve. Il l'étudiait, notait, assemblait des matériaux pour le travail futur du futur Président de l'Assemblée nationale.

Or, à la fin de cette année scolaire, il changea de poste. On l'affecta à l'Ecole Professionnelle comme surveillant général chargé de cours et de l'Economat. Il laissa derrière lui, à Tillabéry, des amitiés très solides aussi bien chez les insulaires d'Ayérou à Méhanna qu'à l'Est chez les Zarma du Zarmaganda.

II

TOI AUSSI, LAISSE LES AUTRES PARLER !

1938 est l'année des performances hitlériennes et mussoliniennes en Europe. Hitler annexa les Sudètes et l'Autriche[179], Mussolini avait des visées sur les provinces des pays voisins. Le monde sentait venir indubitablement la guerre. En France et dans ses colonies, la mobilisation partielle décrétée était exécutée. Des milliers de réservistes, haoussas, zarmas, béribéris, gourmantchés et peuls, rassemblés à Gamkallé-Niamey, devaient être nourris, logés, habillés. Le Gouverneur Rapenne[180] eut recours à la réquisition du mil de Filingué et du Zarmaganda, les deux greniers de l'Ouest nigérien à cette époque. Cette circonstance permit à mon Grand Frère de revoir souvent des amis qu'il avait quittés avec regret. Ils se succédaient, quelquefois par groupes de quatre à cinq, à Niamey, et la brave Aïssa devait automatiquement préparer à manger pour ce monde. Ainsi le voulait la loi de l'amitié, cette amitié qui avait passé, au cours des années, de père en fils et qui était restée vivante jusqu'au décès du Président de l'Assemblée nationale en janvier 1982.

1938 est aussi l'année où le socialiste Charles-Cros[181] présidait aux destinées de l'Education au Niger. Cet inspecteur de l'enseignement primaire avait coupé court avec l'Ecole

---

[179] Annexions de l'Autriche le 12 mars 1938, des Sudètes le 21 octobre 1938.
[180] Jean Rapenne fut gouverneur de 1939 à 1940. Il avait remplacé le gouverneur Court (1936-1938) et eut pour successeur le général Falvy. Rapenne avait été gouverneur par intérim du Sénégal en 1931.
[181] Sylvain Charles-Cros (1901-1993) : inspecteur de l'enseignement de l'AOF puis chef de l'enseignement primaire, conseiller de la République puis sénateur du Sénégal de 1946 à 1952. Depuis juin 1936 jusqu'au 10 avril 1938, le ministre des Colonies était le socialiste Marius Moutet (1876-1968) qui avait nommé un socialiste guyanais, Félix Eboué, gouverneur de la Guadeloupe en 1936.

Rurale[182] et l'avait remise sur le chemin traditionnel : vacances de juillet à octobre (au lieu de décembre à mars), programme du 1er mai 1924. Dans ce contexte, tout en enseignant à l'Ecole Professionnelle[183], l'instituteur Boubou passa avec succès l'examen du Diplôme d'Aptitude Pédagogique, DAP.

Tout en se perfectionnant dans le métier, tout en s'occupant du travail à lui confié à l'Ecole Professionnelle, il entretenait des relations continues avec les « féticheurs » du Zarmaganda et de la région de Niamey. Tout en éduquant ses qualités physiques et morales, il exécutait de sérieuses recherches sur l'Empire de Gao. « Un jour, tu verras un livre sortir sur l'empire de Gao, signé du Docteur Boulnois et de moi. Nous y travaillons d'arrache-pied. Nous ne sommes pas loin de la fin. Tu verras ça ». C'est ce qu'il me disait en 1938[184], lors d'un passage à Niamey.

Etant entièrement pris comme il l'était, il lui arrivait des moments de défaillance : il devenait alors quelque peu hargneux en abordant les collègues. Dans les discussions, il voulait avoir toujours raison. Son point faible était qu'il ne laissait personne parler. Il écoutait peu et débitait in extenso ce

---

[182] Dans une très longue note au Tome 2 de *Kotia Nima* (p 95-97), Boubou Hama donne son point de vue sur la nécessité de ce type d'école et sur les raisons de son échec.

[183] Dans *Itinéraire* p 32-33, Boubou Hama rapporte qu'on lui envoya un long questionnaire de l'inspection générale de l'enseignement de l'AOF à Dakar sur « *la régression des instituteurs noirs après leur sortie de Gorée, de l'Ecole Normale* ». Il rédigea un rapport de trente-huit pages dactylographiées « *qui fit le procès de l'administration coloniale de l'époque, de son enseignement donné par des instituteurs blancs dont certains n'avaient que le brevet élémentaire* » (…) « *Mon rapport était une revendication. Il cernait le problème de l'enseignement en AOF dans son contexte colonial qui en empêchait l'évolution dans une orientation correcte* ». Or, ce rapport fut ressorti en 1941-1942 par l'inspecteur de l'enseignement pro vichyste, annoté injurieusement par lui et diffusé comme exemple de propos antifrançais…

[184] Boubou Hama ne peut évoquer cette question qu'entre février 1941 et juin 1943, pendant le séjour du docteur Boulnois au Niger.

qui lui passait par la tête. Ce défaut s'amenuisa au fur et à mesure que l'âge avança. Mais il restait toujours assez apparent chez le Conseiller général de Niamey, le Grand Conseiller de Dakar et le Conseiller de l'Union Française de Versailles.

La terrible année 1939 arriva avec toutes ses perturbations survenues en France comme dans ses colonies. A l'unisson, Hitler et Mussolini rugissaient tels des lions furieux, l'un à Berlin, l'autre à Rome. Les armes allaient s'entrechoquer, terribles. Vers la fin de l'année, Boubou, Wright, Somyaïdo et moi nous présentâmes au DAP et fûmes admis en juillet 1939.

Les instituteurs européens mobilisables regagnèrent les garnisons. A l'Ecole Primaire Supérieure, il ne restait que deux dames : Mmes Roehrig et Testanières, toutes deux institutrices du cadre supérieur. On m'affecta en deuxième année[185]. Dès septembre, après le départ du Commandant Brachet devenu Lieutenant (qui se fit pousser[186] dans la traction avant du chef Mallam Seyni dit Makabbi jusqu'à Birni – 180 km – où il put s'embarquer à bord d'un véhicule en partance pour Niamey), ce fut mon tour de rejoindre la capitale à cheval avec ma femme et mes enfants, les bagages étant transportés à dos de dromadaire. Le 29 septembre, j'y arrivai à mon tour et me présentai immédiatement au Cercle pour le renvoi des hommes et des animaux à Filingué. Comme mon collègue Wright avait apprêté mon logement situé entre le sien et l'Ecole Professionnelle, je m'y installai. A la descente, je me rendis chez Boubou, logé au Camp des gardes (Croix-Rouge actuelle). Le 30, j'allai à l'Inspection Primaire (aujourd'hui Clinique Kaba). Wright, secrétaire de l'Inspecteur, me présenta à son patron, mon ancien maître, M. You, qui me semblait fort agité ce jour-là, du fait de la guerre en

---

[185] La directrice, Mme Roehrig s'occupait de la troisième année et Mme Testanière de la première année (cf. *Souvenirs*, T3).
[186] Le sens n'est pas clair, mais il n'est pas possible de savoir s'il s'agit d'une erreur de frappe.

France[187], pensais-je. Je reçus les instructions nécessaires. Je me rendis le matin même au bureau de la Directrice de l'Ecole, Mme Roehrig dont le mari[188], mobilisé faisait garnison à Zinder. Je reçus programme, livres de maître, emploi du temps, cahiers et tout le nécessaire pour travailler, que le boy m'aida à transporter chez moi, de l'autre côté de la cour. A l'internat (ancien Garage Administratif), il y avait déjà des élèves, venus des quatre coins du Niger. Boubou s'occupait de l'Economat des deux écoles. Le 1er octobre c'était la rentrée. L'Ecole Professionnelle, elle, était ouverte déjà. Il dispensait l'enseignement général et s'occupait de la nourriture des deux établissements. Il se dépensait beaucoup, car il voulait bien faire. Il ne laissait rien au hasard. Souvent, il grondait le boucher enclin à fournir moins que la quantité de viande demandée, par tricherie. Les cuisinières aussi ne manquaient pas de voler la farine de mil, le sel, les condiments. Tout cela préoccupait sérieusement Boubou.

Comme j'étais chez lui à mes heures libres, il m'en parlait. On se voyait assez longuement les jeudis et les dimanches. Bref, on vivait ensemble, en camarades, en amis. On ne se cachait rien.

Ainsi, il me montra tous les appareils dont il se servait pour l'éducation du regard, de la volonté suivant les indications de ses professeurs de France. M. Ocquet était toujours

---

[187] La France a déclaré la guerre à l'Allemagne le 3 septembre 1939, en même temps que la Grande Bretagne.
[188] Madame Elizabeth Roehrig dont le mari, Victor Roehrig, fut inspecteur de l'enseignement primaire. Celui-ci était arrivé au Niger en 1938. Le magistrat Philippe David le rencontre en 1960 à Zinder et voici le portrait qu'il en trace : « *Victor Roehrig, rigolard, a le physique de l'ami Fritz et le rire germanique sonore en fin de phrase. Petit instituteur obscur en Alsace, organiste amateur, il est passé à l'Afrique en 1932 et, depuis 1938, il n'a plus quitté le Niger. Tous les grands de la nouvelle République ont été ses élèves, il les tutoie et, à l'occasion, les engueule en alsacien, mais on l'aime bien et on le respecte. Il n'est plus très jeune mais continue de sillonner le Niger-Est pour inspecter et soutenir les instituteurs de brousse, au rythme de trois semaines par mois* » (p 18-19 de *Niger en transition 1960-1964*, Paris, L'Harmattan, 2007).

à Niamey, mais très rare dans notre quartier. Je consultais souvent l'importante bibliothèque qu'il avait déjà constituée : livres de pédagogie, de philosophie, de poésie, d'histoire, de sciences occultes. Les sciences exactes ne l'intéressaient guère. Il n'oubliait jamais de me rappeler qu'après les lois physiques découvertes par l'homme, il en existe d'autres, encore floues, presque inconnues mais qu'on découvrira un jour ; que, si les sorciers volent, comme on dit, c'est qu'ils maîtrisent la pesanteur, que certaines personnes peuvent se dédoubler et leurs doubles[189] parcourent en moins d'une seconde l'espace qui les sépare d'un ami, d'un parent à qui ils apparaissent.

Boubou était sûr que le double de son père lui avait apparu le jour du décès de ce dernier, à l'internat de Ouagadougou, lorsqu'il était terrassé par l'ulcère phagédénique dont nous avons parlé. Il citait souvent la télépathie pour soutenir son raisonnement. Nous passions des heures en discussions. D'ailleurs, j'écoutais plus que je ne parlais : « Tu ne crois pas, mais tu verras un jour que j'ai raison : il existe des forces non encore captées ».

Cette année-là, les forces de l'axe interdisaient les communications normales entre la France et ses colonies. La guerre sous-marine, avec les fameux sous-marins de poche allemands qui torpillaient sur tous les océans, sur toutes les mers, avait terriblement ralenti les transactions commerciales Europe Afrique. Il fallut donc, sur place, trouver, à force d'imagination et d'astuces, le minimum indispensable à la bonne marche des services. Le papier blanc ordinaire manqua : il fut remplacé par le *kraft* fabriqué outre-mer ; le kaki manqua aux tirailleurs : on le remplaça par le *gonfreville*[190] d'Abidjan ; le sucre raffiné manqua : on le remplaça par la mélasse des Antilles françaises. Lorsqu'en juin 1940 intervin-

---

[189] Boubou Hama publiera en 1973 *Le double d'hier rencontre demain*, préface de Jean Rouch.
[190] Les établissements Robert Gonfreville se sont installés en Côte d'Ivoire en 1921.

rent les armistices franco-allemand et franco-italien (22 et 28 juin) après l'appel historique du Général de Gaulle le 18 juin à Londres, les Anglais serrèrent davantage l'étau, déjà cruel sur l'Afrique Occidentale Française.

Dans le secteur de l'activité de Boubou Hama, c'est-à-dire dans l'enseignement, tout manqua : encre, crayons ardoise et papier, cahiers, livres de lecture, tout, tout et tout.

C'est alors que l'ancien maître de Boubou, devenu son inspecteur d'Enseignement Primaire et chef de service à Niamey, fit appel à lui, à son imagination, à son dynamisme. Il fallait trouver des recettes locales pour fabriquer de l'encre de n'importe quelle couleur, de la craie blanche ou colorée, de l'ardoisine[191]. En ce qui concernait spécialement l'Ecole Professionnelle, il fallait arriver, avec les cuirs des gros reptiles et ceux des ruminants domestiques, à faire des souliers (dames et hommes) qui ressemblassent le plus possible à ceux de la métropole. Après quelque mois de recherche, avec ses cordonniers de Konni, dont les ateliers se trouvaient au bord du fleuve, tout juste sous le Grand Hôtel, il réussit à fixer un « noir bleuté » sur les peaux tannées des veaux, moutons et chèvres : cela permit de présenter au public de Niamey des souliers qui ressemblaient fort bien à du vernis. Des sandalettes du début, on en arriva aux *balmorals*[192] et aux hauts talons pour dames. Les chaussures en peau de boa, les sacs pour dames en peaux de crocodiles, les ceintures à la mode en 1940, avaient une certaine renommée et les commandes arrivaient de tous les coins du Niger. Tous les soirs,

---

[191] Ibrahim Issa dans *Nous de la Coloniale* rapporte longuement les effets du rationnement dans la région de Zinder et sur l'école : « *le papier kraft remplaçait les beaux cahiers aux feuilles divinement quadrillées. L'encre s'obtenait avec des produits locaux, gomme arabique et charbon d'acacia. Les blocs de calcaire remplaçaient les élégants bâtons de craie. Tout un univers d'opulence chavirait* » (p 46). L'auteur décrit fort bien le marché noir, les altercations de la population avec les tirailleurs, l'absence d'essence pour les transports, et le bombardement de Zinder par un avion allemand.

[192] Des bottines de luxe en cuir, style anglais, pour les hommes. *Balmoral* est le nom de la résidence d'été, en Ecosse, des rois d'Angleterre.

après le travail, tous les gens importants de Niamey se bousculaient devant l'atelier de l'Ecole Professionnelle. Les dames, fort exigeantes, en belle toilette, se rencontraient là pour causer un bout de temps. En fait, c'étaient les Européennes et les métisses seules qui fréquentaient le coin. Les Africaines se comptaient du bout des doigts.

M. You avait confié la vente des chaussures à Boubou qui tenait le registre. Dès ce fait, chaque soir, sauf les dimanches et les jours fériés, il se trouvait entre les belles toilettes, les parfums subtils, les œillades discrètes et provocatrices. A trente-quatre ans (officiels), en culotte et chemise manches courtes, les mollets bien pris dans des bas blancs, sortant de pantoufles kaki très présentables, avec son air juvénile, il était vraiment charmant pour certains goûts féminins. Presque imberbe, les joues restaient toujours lisses, et la peau douce au toucher.

Mais le bel homme restait froid, imperturbable à toutes les œillades, à toutes les provocations. Il n'en avait cure... Un soir cependant, il me dit ceci, alors qu'on prenait le repas :

- Kaziendé, il y a fort longtemps qu'une telle me provoque. Jusqu'ici, j'ai fait la sourde oreille. Comme son mari est le plus grand lèche-bottes, je vais lui faire la cour. Tu vas voir ça.
- Est-ce la peine ? lui répondis-je. Il vaut mieux laisser tomber cette histoire.
- Ce n'est pas la peine d'épargner des « salauds » pareils. En fait, la femme ne me dit rien. Je préfère mille fois mon Aïcha. Mais les circonstances sont telles que, pour la première fois, je vais lever la tête.

Et effectivement, pour la première fois, et pour la dernière fois à ma connaissance, Boubou fit la cour à une femme d'autrui. Fidèle à lui-même, il s'en était tenu à celle-là seule, qui resta d'ailleurs une amie jusqu'à la fin de sa vie. Les contacts amoureux s'arrêtèrent à partir de son élection au Conseil de l'Union en 1947. L'amour se transforma en amitié, gardée jalousement par elle et par lui jusqu'au 29 janvier 1982.

Après l'armistice, Vichy déifia presque le Maréchal Pétain. A la rentrée d'octobre 1940, déjà, des tableaux muraux, des statuettes représentant le vainqueur de Verdun en tenue de maréchal furent envoyés dans toutes les écoles de la colonie du Niger[193].

Or, à l'époque, la présidence de l'Association Amicale de Niamey[194] (club de fonctionnaires africains), très appréciée par les représentants de l'Etat français, revint à Boubou Hama, resté toujours à l'Ecole Professionnelle. La première des acquisitions fut, durant l'année 1940, un gros poste radio, marchant sur batterie de voiture, qui permit à ceux qui le voulaient de venir écouter les nouvelles dans le local de l'Association, après le travail de l'après-midi, tous les jours ouvrables, le matin et le soir, les dimanches et jours fériés.

Ainsi, le 18 juin au soir, Boubou et moi, comme à l'accoutumée, étions à l'écoute à l'Amicale. Nous captâmes comme par hasard la BBC de Londres qui diffusait le fameux discours de de Gaulle du même jour[195]. Nous savions par les Havas[196] que le Général était en mission à Londres quelques

---

[193] Ibrahim Issa, qui était élève à l'école régionale de Zinder, raconte dans *Nous de la Coloniale* p 40 : « *La renommée du maréchal prenait cependant plus d'ampleur. Des statuettes équestres et des photographies signées de lui nous étaient distribuées gracieusement. On ne chantait que ses louanges : Une flamme sacrée monte du sol natal/ Et la France enivrée te salue Maréchal/ (…) Maréchal, Maréchal nous voilà* ».

[194] En 1935, l'association *La jeunesse de Niamey* avait pour secrétaire Boubou Hama. *L'Association amicale et sportive de Niamey* date de 1936. En 1939, Boubou Hama en est le vice-président. En 1942, Hamani Diori et Djibo Bakary s'occupaient de la section sport.

[195] Le général de Gaulle avait été, une première fois, condamné par contumace, à Toulouse le 4 juillet, à quatre ans d'emprisonnement ; puis, une deuxième fois, le 2 août à Clermont-Ferrand, il est condamné à mort (toujours par contumace).

[196] Les communiqués de l'Agence de presse Havas. Amadou Hampâté Bâ évoquant la guerre 1914-1918 écrit : « *Chaque après-midi, M. Primel, notre directeur, venait lire et commenter pour nous les communiqués de l'agence Havas qui donnaient des nouvelles sur l'évolution des opérations de guerre en Europe* » in

jours avant l'armistice et qu'il refusait de rejoindre Paris ; mais nous ne nous attendions pas à cette révolte contre le Maréchal « *sauveur de la France en 1940, comme Jeanne d'Arc en 1429*[197] ».

Alors que nous étions absolument absorbés par ce que nous entendions (comme il était interdit d'écouter Londres[198], nous avions mis l'appareil en sourdine, et avions baissé la mèche de la lampe tempête et restions dans une demi-obscurité), brusquement, par la porte ouest, apparut le Commissaire Barrère, lampe torche à dynamo braquée sur nous. Boubou eut tout juste le temps de bouger l'aiguille de l'appareil et de changer de longueur d'onde :

- Qui écoutez-vous, fripons ? demanda le Commissaire à brûle-pourpoint.
- Nous cherchons Brazzaville ! répondit Boubou qui n'avait pas cessé de manier l'aiguille.
- Ce n'est sûrement pas vrai. Mais tant pis pour vous, si je vous surprends à écouter les Anglais.
- Ce n'est sûrement pas notre habitude ! reprit Boubou qui tripotait tant qu'il pouvait l'aiguille du cadran[199].

Amkoullel, p 395. L. Kaziendé, quand il était à Filingué avait pour tâche de recevoir par radio ou téléphone les informations de l'Agence Havas qu'il transcrivait et affichait pour le public.

[197] En septembre 1940, il y eut un tract de propagande pétainiste qui affirmait : « *La Providence a toujours suscité un Sauveur : en 431 Sainte Geneviève, en 732 Charles Martel, en 1429 Sainte Jeanne d'Arc, en 1940 Pétain* » - cité dans JL. Clément *Mgr Saliège, archevêque de Toulouse* (Beauchêne 1994). Dans la nuit du 7 au 8 mai 1429, Jeanne d'Arc força les Anglais à quitter Orléans et en juillet Charles VII était sacré roi à Reims.

[198] En France, des préfets interdirent l'écoute de la BBC : par exemple le préfet de la Drôme le 19 novembre 1940. C'est par la loi du 28 octobre 1941, applicable en Algérie, que Pétain fit interdiction d'écouter les postes britanniques sous peine d'amende et d'emprisonnement. Le 2 novembre 1941, la loi est étendue à tous les territoires relevant du secrétariat d'Etat aux Colonies. Bien entendu, les Allemands, dès 1940, avaient interdit l'écoute de la BBC.

[199] A la fin du Tome 3 de ses *Souvenirs,* L. Kaziendé donne une version un peu différente : Boubou prétend chercher Paris. Dans *Itinéraire,* Bou-

Monsieur le Commissaire, en culotte et blouson kaki, traversa la salle, sortit par la porte nord, et plongea dans l'obscurité des ruelles de la ville. Quelques jours après cette scène du 18 juin, le Commissaire Barrère se donna la mort en se tirant une balle de pistolet dans la tête[200]. Etait-ce un gaulliste qui se sentait découvert et qui se serait donné délibérément la mort ?

Un autre jour, un dimanche matin si j'ai bonne mémoire, nous nous rendîmes comme d'habitude à neuf heures à l'Amicale. Nous y rencontrâmes le camarade Gbétholancy, alors commis expéditionnaire au bureau du Gouverneur. Une discussion assez animée opposa ce dernier au Président de l'Amicale. Tous deux étaient ventripotents et la scène ne manquait pas de singularité. Le bruit des voix rassembla les curieux et à un moment donné, Boubou dit :
- Je te donne la diarrhée ! Je te donne la diarrhée !

Effectivement, au même moment, Gbéthholancy éprouva l'envie d'aller aux toilettes et y alla. Alors, la qualité de « sorcier » donnée à Boubou fut prise au sérieux par les témoins oculaires ! Cependant, Dieu seul sait le nombre de fois qu'il répéta cette phrase à mon adresse sans que rien ne m'arrivât ! Alors, il me disait : « Tu es un salaud, un très mauvais médium, réfractaire à l'hypnotisme ».

---

bou Hama donnera une version plus longue (p 46-49), où Barrère apparaît vraiment comme gaulliste, car, en définitive, il vient écouter les émissions de la France Libre, relayées par Londres, avec Boubou Hama ! Ibrahim Issa dans *Nous de la Coloniale* décrit p 41-42 cette histoire vue de Zinder : « *On raconte qu'à Niamey, la capitale, un commissaire de police ou un receveur des PTT s'était suicidé. Il disposait, dit-on, d'un puissant appareil émetteur-récepteur et était constamment en liaison avec les forces gaullistes. Je crois bien, moi, qu'on l'a suicidé. On dit que le gouverneur des colonies a administré un magistral coup de pied à son cercueil en le traitant de vendu, de traître. Un homme très habile, ce gouverneur, qui n'a pas hésité à hurler avec tous les loups* ».
[200] Dans *Itinéraire* p 48, Boubou Hama raconte que le gouverneur Falvy présida l'enterrement, mais que, vichyste convaincu, il eut du mal à parler de Barrère, gaulliste.

Le Président de l'Amicale était d'un dynamisme hors de pair. L'économat des Ecoles Primaires Supérieure et Professionnelle, les cours d'enseignement général prodigués aux futurs ouvriers, les études sur l'histoire de l'Empire sonraï et les croyances religieuses des Zarma-Sonraïs, ne l'empêchaient pas de s'occuper du théâtre[201] qu'il suggérait aux jeunes fonctionnaires de monter et de jouer. A l'époque les anciens élèves de M. Béart[202], de Ponty, qui avait lancé avec force et conviction le théâtre africain à l'Ecole Normale, éparpillés à travers toute l'Afrique Occidentale, continuaient, surtout dans les capitales des colonies du groupe, à écrire et à jouer des saynètes, voire même des pièces de grande valeur. Niamey n'était pas en reste. Sous l'impulsion de Boubou Hama, on joua des pièces intéressantes. En octobre 1940, la troupe formée alla se produire à Tillabéry. J'accompagnai le Président de l'Amicale dans son déplacement et devais même en faire le compte-rendu.

Nous voilà donc à Tillabéry, bien reçus par les autorités administratives, qui nous logèrent dans les magasins de la Société de Prévoyance, dont la cour fut transformée en scène provisoire. On joua le soir de l'arrivée. La matinée étant libre, Boubou et moi rendîmes visite à M. Krisyamba Ouiminga, Directeur de l'Ecole Elémentaire. Ce dernier était promotionnaire de M. Dagnoudou Ouédraogo, sorti en 1926. Tous deux, comme moi-même, étions du Cercle de Kaya, Haute Côte d'Ivoire[203] en 1940.

---

[201] Dans *Histoire traditionnelle d'un peuple : les Zarma-Songhay*, Boubou Hama écrit : « *Je connaissais l'histoire de la guerre de Bargou que je fis jouer dans une pièce par mes élèves de l'Ecole professionnelle de Niamey en 1942* » (p 67).
[202] Charles Béart (1895-1964) : instituteur détaché en AOF en 1931, il est le « père du théâtre africain ». Il enseigne à l'école William Ponty en 1935-36 et devient chef du service de l'enseignement au Sénégal et en Mauritanie. Il publia des articles dans *Notes africaines* (n° 23, 33, 34).
[203] La colonie de la Haute-Volta est supprimée le 5 septembre 1932. Quelques portions du territoire sont rattachées au Soudan et au Niger, mais l'essentiel va à la Côte d'Ivoire. Le 13 juillet 1937, est créée la région de *Haute Côte d'Ivoire* (étant donné l'étendue de la nouvelle Côte d'Ivoire).

Krisyamba nous reçut, très expansif comme à l'ordinaire. Il nous offrit des sièges dans la véranda de son logement arrangé en salon. Nous nous assîmes tous trois, parlant tous à la fois. A un moment donné, notre hôte nous dit :
- Attendez ! J'oublie quelque chose.

Il se leva, alla à la porte, se mit sur son séant, par terre, devant un tas de sable qu'il éparpilla et couvrit de signes cabalistiques. Il effaça, puis retraça les signes, trois fois. Enfin, il les fit disparaître, se frotta les mains pour faire tomber le sable et revint à sa place et dit :
- Nous allons avoir la visite, tout de suite, de gens à chéchias rouges (les tirailleurs sénégalais). Ils sont motorisés. Ils ne feront rien à personne et ne passeront pas la journée ici.

Il avait à peine terminé les derniers mots que les premiers « tout-terrain » arrivèrent en toute hâte dans la ville. Ils s'arrêtèrent un peu après le pont. Les camions transports de troupes, une dizaine, chargés de tirailleurs sénégalais armés de fusils 86[204], suivirent. Lorsque le capitaine, un Blanc, en tenue de combat constata qu'il n'y avait pas d'absents, il ordonna la levée du camp et la troupe, tous moteurs ronflants, prit la direction de Ouallam. Il s'agissait d'une simple manœuvre militaire de routine. M. Krisyamba, Instituteur, connaissait la géomancie. Baptisé à Gorée, mais non pratiquant catholique, pas non plus musulman, il était resté fidèle à l'animisme jusqu'à la mort.

- Qu'en penses-tu, mécréant ? me dit Boubou.
- Je pense qu'il y a des mystères en ce monde ! répondis-je.

Sérieuses, quelquefois pathétiques, étaient nos discussions sur ce qui se passait en Europe en 1940, à partir de la signature de l'armistice entre la France, l'Allemagne et l'Italie.

---

[204] Il s'agit du fusil Lebel 1886 à dix cartouches. Utilisé pendant la Première guerre mondiale et bien moins dans la Seconde Guerre mondiale, il équipait les troupes supplétives pendant la colonisation.

Boubou n'avait jamais douté du bon droit et de la victoire des hommes de de Gaulle. Quant à moi, en fin de compte, je soutenais mordicus que le vieux soldat d'aujourd'hui, couvert de gloire militaire, savait ce qu'il voulait et comment y arriver. Mon raisonnement était tout africain : la sagesse s'accumule dans l'homme avec l'âge, Pétain, à plus de quatre-vingts ans[205], était devenu le Patriarche respecté de la France. A ce titre, j'étais certain de son infaillibilité.

Mon interlocuteur possédait un raisonnement, en l'occurrence, plus mûr que le mien. Historien, il savait analyser les faits historiques présents et en déduire les évènements possibles à l'avenir. Il me disait en particulier :

« Les Anglais, repliés dans leurs îles inexpugnables, ne signeront d'armistice que lorsque ce sont eux qui l'imposeront aux Allemands. Napoléon n'a pas pu débarquer chez eux. Hitler ne le pourra pas non plus. Ces insulaires flegmatiques sont coriaces : ils tiendront jusqu'à la dernière cartouche. Ensuite, je ne pense pas que l'Oncle Sam croisera éternellement les bras et laissera faire les puissances de l'axe. Il va bientôt secouer l'Europe et l'Asie. Il le peut et le fera. Tu verras ça. C'est moi qui te le dis ».

Sur ces entrefaites, en octobre 1940, M. Diori Hamani[206], alors répétiteur de langue haoussa à l'Ecole de la France d'Outre-Mer à Paris, arrivait à Niamey par la transafricaine de Gao. Ayant télégraphié à Boubou, nous recrutâmes une dizaine de porteurs pour les bagages de l'homme arrivant de France. Nous nous disions que le nombre de portefaix suffirait peut-être à véhiculer les malles, valises et autres du Pari-

---

[205] Né en 1856, Pétain a 84 ans en 1940.
[206] Hamani Diori est plus jeune que Boubou Hama – il est né en 1916. Il fera aussi, comme lui, l'école W. Ponty et sera instituteur avant d'entrer dans la carrière politique. Député à l'Assemblée nationale 1946-1951 puis de 1957 à 1958 (il est vice-président le 21 juin 1957), il est le premier président de la République du Niger de 1960 à 1974. Il meurt le 23 avril 1989 à Rabat. Rappelons que Jean Rouch est arrivé au Niger en novembre 1940, un mois après le retour de Diori.

sien bousculé et chassé par les Allemands. Le camion courrier s'arrêta dans la cour du Terminus (Hôtel Terminus actuel). Notre camarade descendit de la cabine en complet veston de bonne coupe, un pardessus sur le bras gauche, un chapeau mou sur la tête. Il ôta le couvre-chef, salua le grand frère Boubou d'abord, puis me serra vigoureusement la main :

- Tu es arrivé en bonne santé ? Fais descendre les bagages, les porteurs sont là, prêts ! dit Boubou.
- Je n'ai qu'une valise, répondit Diori. Gandah (son frère utérin) qui est là suffit pour l'emmener chez toi. C'est tout ce que j'ai pu ramener de Paris à Bordeaux d'abord[207], puis à Casablanca, à Dakar et enfin à Bamako, Gao et ici. Ce n'était pas de la rigolade, ce qui s'est passé en France cette année[208].

Nous remerciâmes donc les porteurs en leur offrant deux francs cinquante, soit vingt-cinq centimes chacun. Gandah mit la valise sur la tête et nous gagnâmes nos pénates…

Ce soir-là, nous envoyâmes le même Gandah demander une gargoulette d'eau filtrée au dispensaire pour notre hôte arrivant de France. Le garçon y courut, tout heureux et tout aisé. Le gardien lui posa la question suivante en zarma :

- C'est pour un Européen ou un assimilé ?
- C'est pour mon grand frère qui vient d'arriver de l'extérieur ! répondit Gandah.
- Est-il au campement toubab ?
- Il est descendu chez les instituteurs !
- Fous-moi le camp, et tout de suite, d'ici. L'eau filtrée est pour la bouche des Européens[209], idiot. Va-t'en ! file rapidement, cours vole ! hep ! criait à tue-tête le gardien.

---

[207] Le 14 juin, Paul Reynaud arrive à Bordeaux avec le gouvernement.
[208] Le périple est raconté au début du Tome 4 des *Souvenirs…*
[209] Il n'empêche que, dans le premier gouvernement Laval du 10-07-1940 au 13-12-1940, le ministre des Colonies est le Martiniquais Henry Léme-

Et il revint en courant pour conter son aventure. Nous l'écoutâmes, sans étonnement, sans émotion. Nous avions oublié que, de Koulikoro à Gao, notre Monsieur de Paris, avait pris l'habitude de boire telle quelle, comme nous, l'eau du grand Issa Ber[210].

Durant toute une semaine donc, les causeries tournèrent sur le désastre français, malgré la résistance héroïque de certains secteurs du front. Hitler avait préparé soigneusement son coup en lisant *Vers l'armée de métier*[211] du Général de Gaulle. Il écrasa les forces alliées avec ses innombrables blindés et ses *stukas*[212] qui cassaient les tympans des soldats avec leur bruit strident.

Notre hôte suivit le Gouvernement français dans ses déplacements[213] et finit par être rapatrié via le Maroc, le Sénégal et le Soudan français. Il débarquait à Dakar le jour du bombardement de cette ville par les Anglais[214]. Il échappa de près à la mort dans l'Ecole de Médecine, où il avait été conduit. Devant lui, un éclat d'obus ôta la jambe d'un de ses promotionnaires de Ponty étudiant en médecine. Amputé une bonne fois pour toutes. C'était tout de même horrible pour un arrivant !

Boubou logea M. Diori jusqu'au mois de janvier 1941, lors de mon affectation à l'Ecole Elémentaire de Filingué.

Par l'entremise de l'Amicale, le futur Président de la première Assemblée du Niger avait des contacts avec les autorités administratives : Commandant de cercle, Commissaire de Police, chef de Cabinet du Gouvernement et Secrétaire gé-

---

ry – premier Antillais à entrer dans un gouvernement français dès 1917-1920 sous la présidence de Clémenceau. Quelle eau aurait-il bue ?
[210] L'eau du fleuve Niger.
[211] Ce livre paraît en 1934 chez Berger-Levrault.
[212] Avion de chasse en piqué (Junker) de l'armée allemande.
[213] En juin, Bordeaux, puis Vichy.
[214] Le 23 septembre 1940. L'attaque franco-britannique contre Dakar fut un échec. Le 8 juillet les Britanniques avaient torpillé et immobilisé le cuirassé Richelieu.

néral du Gouvernement[215]. Tous étaient d'accord pour dire que « cet instituteur, à l'air lourdaud, n'était pas du tout commode ». Tout en restant courtois, Boubou, en effet, déjà à cette époque, s'affirmait comme un personnage « qui savait ce qu'il voulait ». Il exprimait clairement ses idées sur un problème donné et les soutenait avec véhémence. En cas de confrontation, il aimait interrompre son interlocuteur chaque fois qu'il croyait la vérité travestie. On disait qu'il ne laissait la parole à personne. Certains personnels de commandement lui coulaient déjà l'épithète d'anti-Français, car il n'acceptait pas n'importe quoi.

Dans les discussions avec les pairs de l'Amicale, il devenait autoritaire et avait l'air d'imposer ses points de vue. Ces derniers l'appelaient « le dictateur », « Hitler », « Mussolini ». Boubou le savait parce qu'on le lui répétait à longueur de séance. Cependant, il ne s'était jamais découragé, surtout s'il croyait profondément détenir la vérité.

Souvent, on admettait que « ce gros porc » (comme l'appelaient ses camarades malveillants) avait tout de même raison et tout le monde s'inclinait.

Il arrivait que les autorités administratives poussassent des assistants aux réunions à aller jusqu'à la provocation. Dans ce cas, Boubou éventait le piège et faisait le sourd et l'aveugle. Catégoriquement, il refusait de voir et d'entendre les perturbateurs subversifs payés pour agir dans un sens donné. Ce qui exaspérait ces derniers qui, alors, furieux, provoquaient la bagarre. Régulièrement, ils étaient conduits, *manu militari*, hors du lieu de réunion. Irrésistiblement, le tribun des années de l'autonomie et de l'indépendance du Niger se formait, s'affirmait déjà en 1940.

Il avait onze années de service. Il ne demanda jamais de congé administratif. Toujours sur la brèche : s'il n'enseignait pas, il cherchait à compléter ses connaissances sur l'histoire de l'Afrique et du monde, sur la conception cosmogonique

---

[215] Le poste de secrétaire général a été créé le 14 avril 1929.

des Africains, sur la philosophie et le mode de pensée des animistes évoluant sous ses yeux. Jusque-là, il négligea pour ainsi dire l'Islam, je ne l'avais pas vu prier. Cependant, il restait assidu aux exercices des sens et de la volonté préconisés par les « professeurs » de France. Le matin de bonne heure, l'après-midi de bonne heure, dans sa chambre, il s'exerçait patiemment : son regard, ses muscles, sa respiration, avec des miroirs spéciaux, des extenseurs et d'autres objets hétéroclites. En dix ans de pratique ininterrompue, mon grand frère avait obtenu les résultats escomptés : des gens supportaient mal son regard, sa volonté s'était fortement affermie.

Jusque-là, personne ne l'avait surpris demandant une intervention quelconque chez un marabout ou chez un féticheur. Il assistait, de temps à autre, à la danse des *holley* ; il s'adressait quelquefois au féticheur de la contrée, mais toujours en dilettante… Il cherchait, il voulait comprendre.

Aucune amulette au cou, aux membres, à la ceinture, sur les vêtements.

O sacré Boubou, qui étais-tu ?

Pourtant, je ne l'ai jamais entendu vilipender les porteurs et porteuses de gri-gri. Son épouse Aïssa ne s'en privait pas. Il ne lui avait jamais demandé des comptes dans ce domaine précis.

O sacré Boubou, qui étais-tu ? Je suis resté sur ma faim, car jusqu'à sa mort – silencieuse – je n'ai jamais pu répondre à cette question.

Jusqu'au 29 janvier 1982, jour où il quittait ce monde, il pratiquait l'Islam, mais il n'avait jamais médit des animistes restés d'ailleurs ses amis. Je rencontrais souvent chez lui des féticheurs du Zaramaganda avec lesquels il conversait à l'aise.

O sacré Boubou, qui étais-tu ?

En janvier 1941, je quittais, bien malgré moi, mon grand frère. Je retournais à Filingué sur une décision du Gouverneur[216].

Boubou resta cloué à l'Ecole Professionnelle et à l'Economat de l'EPS. Il conserva ses fonctions contre vents et marées, malgré les « machinations des fonctionnaires vichystes » qui le trouvaient incommode, indocile, légèrement anti-français, et peut-être gaulliste[217].

Je le retrouvai à Niamey en octobre 1944[218]. Je logeai à côté de chez lui dans le banco abandonné par Somyaïdo Ouédraogo affecté à Agadez (Croix-Rouge actuelle ; ces logements sont rasés). L'intimité devint plus profonde, d'autant plus que tous deux, nous avions décidé de nous présenter au Diplôme Supérieur d'Aptitude Pédagogique (DSAP) afin de nous faire admettre dans le cadre supérieur de l'enseignement de

---

[216] De 1941 à avril 1942, le général Maurice Falvy (1888-1970) était le gouverneur, cumulativement avec le commandement des forces terrestres Niger Dahomey Tchad. C'est lui qui a fait expulsé Jean Rouch du Niger. En France, depuis le 11 décembre 1940 (jusqu'au 9 février 1942), le gouvernement est conduit par Flandin, et le ministre des Colonies est l'amiral Charles Platon. On se rappelle que, dans le gouvernement Laval (du 18 avril 1942 au 19 août 1944), le ministre des Colonies est Jules Brévié, le premier gouverneur du Niger de 1922 à 1929. Jules Brévié sera remplacé le 26 mars 1943 par l'amiral Henri Bléhaut. A cause de ce passage dans le régime de Vichy, il sera déchu de son grade de gouverneur général honoraire, de sa retraite et de ses décorations.

[217] Dans *Itinéraire* p 44-45 et 49-56, Boubou Hama décrit ses démêlés avec l'inspecteur et de directeur de l'EPS, ainsi qu'avec le gouverneur Falvy.

[218] Du 10 septembre 1944 au 2 novembre 1945, de Gaulle dirige le gouvernement provisoire, (qui compte deux ministres communistes); le ministre des Colonies est René Pleven puis Paul Giaccobi. Dans le deuxième gouvernement de Gaulle (21 novembre 1945 au 20 janvier 1946), qui compte cinq ministres communistes, le ministre des Colonies est Jacques Soustelle. Spécialiste des Indiens du Mexique, Jacques Soustelle (1912-1990) était directeur adjoint du Musée de l'Homme en 1938 et il enseignait à l'Ecole nationale de la France d'Outre-Mer – où Diori Hamani était répétiteur de haoussa. Il fut ministre de l'information en 1945 puis ministre des colonies jusqu'à la démission de de Gaulle.

l'Afrique Occidentale Française. Le diplôme d'aptitude (DAP) que nous possédions déjà ne suffisait pas : il fallait nécessairement le DSAP, nouvellement créé à l'intention des instituteurs indigènes, le second diplôme professionnel !

J'étais donc affecté à l'EPS[219] et m'occupai des maths et sciences dans les trois années. Pour être inscrit comme candidat au DSAP, il fallait avoir enseigné effectivement dans une EPS de la fédération. Boubou fut donc chargé de cours à l'EPS. Il enseignait l'histoire et la géographie dans les trois années de l'établissement. Il continuait à s'occuper de l'enseignement général à l'Ecole Professionnelle, de l'Economat, de l'Amicale des fonctionnaires, de l'atelier de cordonnerie. Dès octobre, tous deux, nous fûmes chargés de cours d'adultes, du soir. Il fallait trouver le temps pour préparer le DSAP qui voulait que l'on sût les théories de Lévy Bruhl sur *La mentalité primitive*[220], de Fustel de Coulanges sur *La Cité antique*[221], d'Auguste Comte[222] sur le positivisme, de Rousseau[223]

---

[219] Ibrahim Issa était élève à l'EPS de Niamey à la fin de la Seconde Guerre mondiale, il donne une image de l'internat et de la vie des élèves – notamment des rapports entre les aînés et les plus jeunes – dans *Nous de la Coloniale* qui n'a rien de très enthousiasmant.

[220] Lucien Lévy-Bruhl (1857-1939) publia *Les fonctions mentales dans les sociétés inférieures* (1910), *La mentalité primitive* (1922), *L'âme primitive* (1927), *Le surnaturel et la nature dans la mentalité primitive* (1931), *La mythologie primitive* (1935). Le *BEAOF* n°73, juillet décembre 1930 (p 65) recommande bien la lecture de deux livres : *Les fonctions mentales dans les sociétés inférieures* et *La mentalité primitive* ! Répété en 1932 (n°78 p 50) ! Son œuvre a été particulièrement contestée. Dès son premier livre *L'empire de Gao* (1954), Boubou Hama s'en est pris aux thèses de Lévy Brühl. cf. également *Enquête* à la page 359, où il reconnaît que « *avant de mourir ce professeur est revenu sur cette conception erronée. Mais son livre « La mentalité primitive » demeure écrit d'une main experte, de maître, demeure et tente tous les racistes du monde (Hitler, Mussolini, les racistes de l'Union sud-africaine)* ». Dans *Kotia Nima* (T1, 42) Boubou s'attaque à la notion de mentalité prélogique et primitive, en citant Lévy Bruhl (T1, p 144-145 et p 163) et son erreur, dont il a fini par se déjuger ; et, dans *Bi Kado*, il qualifie de « *grand mensonge monstrueux* » (p 70) la croyance que les Noirs sont des « *primitifs dépourvus de toute logique* ».

[221] Fustel de Coulanges (1830-1889), historien, publia *La Cité antique* en 1864. Il dirigea l'Ecole Normale Supérieure. Boubou Hama le mentionne

sur la pédagogie, de tous les psychologues de l'enfant, des pédagogues passés et modernes[224]. Débordé de travail, Boubou me confia l'Economat qu'il m'aida à diriger et se mit à l'œuvre pour tout le reste.

Inutile de dire que nous n'avions pas le temps d'aller en ville. Tous deux nous passions les journées et les matinées entre l'Ecole, nos demeures, l'Amicale et l'atelier de cordonnerie. La nuit, nous travaillions ensemble jusqu'à des heures très avancées soit dans une classe, soit chez l'un ou chez l'autre. Nous nous abonnâmes à des cours spéciaux de psychologie et de pédagogie professés en France. Nous répondîmes, chacun à sa manière, aux questions écrites posées par nos professeurs « ultramarins ». Nos notes restaient au-dessus de la moyenne.

Ainsi absorbés, nous n'avions que le temps de préparer nos classes, d'étudier, de dormir, de déjeuner le matin, de donner un enseignement que nous voulions de très bonne qualité, de manger ensemble à midi, de nous accorder quelques minutes de sieste, de reprendre le chemin des classes. A la sortie, nous passions, avant le coucher du soleil, au jardin scolaire, à la cordonnerie, remontions à l'Amicale, écoutions la radio du soir, puis regagnions nos demeures pour souper, étudier ou rédiger jusqu'aux environs de minuit une

---

dans *Histoire traditionnelle d'un peuple : les Zarma-Songhay* (P.A., 1967) aux pages 212-213 et dans *Le retard de l'Afrique* (P. A., 1972), p 24 : « *La Cité antique de Fustel de Coulanges n'est pas tellement différente de la cité songhaï ou zarma après l'écroulement de l'empire de Gao* ».

[222] Auguste Comte (1798-1857) fondateur du positivisme qui considère que les sociétés évoluent selon une succession d'états (théologique, métaphysique, positif). Boubou Hama s'y réfère dans *Kotia Nima* (T1, p 146).

[223] Jean-Jacques Rousseau (1712-1778) a proposé un modèle éducatif dans *Emile ou de l'éducation* en 1762.

[224] Dans *Souvenirs* T4, L. Kaziendé, parlant de la préparation au DSAP, écrit : « *La* Pédagogie vécue *de Charrier devint le livre de chevet de chacun des candidats, avec les Bulletins de l'Enseignement portant les différents programmes successifs depuis 1903 jusqu'à 1942* ». Une nouvelle édition de la *Pédagogie vécue* de Ch. Charrier avec une préface de F. Buisson était parue en 1920 (Nathan éditeur). L. Kaziendé fait déjà mention de ce livre dans son T3.

heure du matin ; nous nous accordions un petit sommeil jusqu'aux alentours de quatre heures du matin, nous nous réveillions pour préparer nos classes et commencions ainsi la journée.

Boubou avait *officiellement* 38 ans et moi 32. On était solides. Notre grand désir était, par-dessus tout, d'être utiles à nos élèves. Nous voulions que ceux-là, au moins, soient plus instruits que nous parce que nous sentions en nous qu'ils auraient les moyens de s'élever dans l'échelle des connaissances et ne s'arrêteraient pas, comme les générations passées, à l'Ecole Normale William Ponty, à l'Ecole de Médecine de Dakar, à l'Ecole Vétérinaire de Bamako.

La guerre, reprise, marquait un net recul des puissances de l'axe Berlin-Tokyo. En Afrique du Nord, Allemands et Italiens, en mauvaise posture depuis que l'oncle Sam remua sa crinière léonine en décembre 1941, reculaient sur tous les fronts à la fois. En 1943, Mussolini avait démissionné, son remplaçant Badoglio[225] déclara la guerre à l'Allemagne, la fin du cauchemar approchait : de l'Afrique, les Alliés conquirent la Corse, la Sardaigne, le sud de l'Italie :

> - « Tu vois que j'avais raison en 1940, quand je te disais que de Gaulle aurait le dernier mot », me répéta souvent Boubou après l'écoute de Radio-Brazzaville diffusant la déconfiture d'Hitler.
>
> - Tu as eu raison. J'admets que je me suis trompé. J'avais, en effet, oublié cet Oncle Sam, tout puissant », répondais-je invariablement.

De temps en temps, lorsque nous disposions de quelques minutes libres, nous relisions le texte du discours du Général de Gaulle à l'ouverture de la Conférence de Brazzaville le 30 janvier 1944, et essayions d'entrevoir l'avenir de l'Afrique francophone.

---

[225] Pietro Badoglio (1871-1956) remplace Mussolini le 25 juillet 1943, mais ce dernier est libéré et remis en selle par les Allemands le 12 septembre 1943. Mussolini sera exécuté le 24 juillet 1945.

Boubou concluait toujours ainsi : « En tout cas, ce ne sera plus comme avant. Il y aura un peu plus de liberté dans les colonies[226]. Le syndicalisme supprimé d'un trait de plume par Vichy renaîtra. Nous, les indigènes, verrons disparaître l'indigénat qui n'a que trop duré puisqu'il date de 1881[227]. Le sang de nos frères tombés au champ d'honneur là-bas en Europe comme en Asie nous apportera quelque chose de bon. Les Gouverneurs réunis à Brazzaville n'approuvent pas du tout les vues du Président du Gouvernement provisoire de la France Libre. Ils grognent. Mais ils céderont, car ils ne constituent pas le peuple français qui, lui, jugera en notre faveur parce qu'il aura apprécié ce que nous lui avons apporté. C'est ce que je ne cesse de dire quand j'en ai l'occasion. Alors, les tenants du colonialisme me taxent d'anti-français. Mais non, je ne suis pas contre la France à qui je dois tout. Seulement, je vois clairement ce qui arrivera. Mécréant, (il s'adressait à moi), tu verras que tu seras, sous peu, *citoyen*[228] de Kaya[229] à part entière. C'est moi qui te le dis ». Et il rit à haute voix.

Pendant la saison froide 1944-1945, éclata une épidémie de méningite[230] cérébro-spinale à Niamey. L'internat de

---

[226] Dans *Itinéraire*, Boubou Hama déclare : « *Le général de Gaulle n'y prononça pas le mot fatidique 'Indépendance'. Cependant, quelque chose y fut débattu et qui ressemblait à une réforme des institutions de l'empire français. La conférence n'alla pas plus loin. Elle fut rapidement dépassée par les évènements. En 1945, on n'en parlait plus. Elle n'était plus une base de discussion, mais tout simplement une ouverture faite de l'empire colonial français sur l'évolution inéluctable du monde. Elle avait souffert de la présence des gouverneurs des colonies dont certains étaient des vichystes farouches et de la pression des colons français qui s'enfermaient dans leurs vieilles routines pour tout refuser aux Noirs* ».
[227] Le code de l'indigénat date du 28 juin 1881 et généralisé à l'ensemble des colonies en 1887. Il sépare les *citoyens* des *sujets* – ces derniers étant astreints à de multiples règles discrétionnaires et devoirs injustes.
[228] *Citoyen* et non pas *sujet*.
[229] Kaya : ville de Haute-Volta où est né L. Kaziendé.
[230] *Bi Kado* : « *Une maladie qui tord le cou des malades tuait beaucoup de personnes. Les grands disaient que c'étaient des génies, les Hagey (les froids) qui donnaient cette terrible maladie aux hommes. Aujourd'hui, je sais qu'elle s'appelle méningite* » (p 136).

l'EPS ne fut pas épargné. Un matin de février 1945, pendant la récréation, Boubou qui arrivait de l'Ecole Professionnelle pour ses cours remarqua l'élève Magagi Abouba, originaire de Bonkoukou (Filingué), couché par terre au dehors, à côté du filtre à charbon de l'Ecole. Il n'était pas le maître chargé de la discipline ce jour-là. Avant que ce dernier fût mis au courant, il transporta sur son dos le patient au dispensaire. La ponction lombaire du docteur, Capitaine Pinson[231], décela la maladie : le liquide céphalo-rachidien était purulent. A l'époque, les méningitiques étaient soignés au dagena, les antibiotiques[232], très rares, ne se trouvaient que dans les grands hôpitaux comme Dakar. Leur prix était encore inabordable pour le commun des mortels.

Magagi Abouba échappa à la mort grâce au don de soi-même de Boubou Hama, instituteur. Cette qualité, innée chez lui, avivée par la culture, rendait cet homme énigmatique pour les uns, inabordable pour les autres, orgueilleux pour certains, d'un commerce difficile pour beaucoup de gens. Pourtant il était d'une humanité hors pair. C'était un de ses traits dominants. Il aimait se dévouer pour autrui, pour les faibles, les enfants par exemple.

La même année, ma propre fille, que Boubou appelait familièrement *Moussa* (« Chaton »), piqua un sérieux paludisme. Emmenée au dispensaire dans les bras vigoureux de Boubou qui refusa catégoriquement de la quitter avant que le médecin africain Bâ[233] n'ait donné l'ordre de retour à la maison vers les deux heures du matin. C'était plutôt moi qu'il chassa d'un ton

---

Dans *Essai*, on trouve mention des doubles d'humains défunts qui donnent la méningite (p 47).

[231] Au Tome 4 des *Souvenirs*, Kaziendé a écrit une page très élogieuse sur le docteur Pinson « *lieutenant de l'armée française* » qui fut « *le plus consciencieux médecin européen* » qu'il rencontrât.

[232] C'est pendant la guerre que les antibiotiques sont mis au point.

[233] Oumar Bâ (1906-1964) médecin africain : élu en 1946 conseiller général de Tillabéry (PPN-RDA), Grand Conseiller de l'AOF en 1947, Conseiller de la République (Sénat) 1948, il ne se représente pas après 1952 et se consacre à sa carrière professionnelle.

catégorique en jetant : « Va t'occuper de la maison pour que les voleurs n'y viennent pas ». J'obéis. Il me retrouva sur ma chaise longue dans la cour : « Ça va maintenant, m'a dit Bâ. On va la coucher et essayer de sommeiller un peu nous aussi avant qu'il ne soit quatre heures ».

En cas de maladie, Boubou n'a jamais convoqué ni marabout ni féticheur. Il avait entière confiance aux médicaments des Blancs. Jamais je ne l'avais vu absorber une poudre quelconque. La seule décoction qu'il eût bue en ma présence est celle de quinquéliba, en cas d'accès palustre. Il absorbait aussi celle des feuilles de goyavier contre les diarrhées dysentériques. En cas de malaise sérieux, il avait toujours eu recours au médecin. D'ailleurs, il tombait rarement malade. La volonté était telle, chez lui, qu'il commandait à son organisme de chasser la maladie.

Toujours en tenue de travail en tissu bleu marine, culotte s'arrêtant près du genou, bas blanc, pantoufles kaki, il roulait comme une boule, car il marchait rapidement. Il avait gardé l'allure du compagnon de chasse de M. You de 1926-1927. Il ne craignait ni froid ni chaleur. Il poursuivait un seul but : être utile à autrui, se faire comprendre par les élèves dont il avait la charge, s'occuper honnêtement de ses activités parascolaires. Et comme toujours, et comme jamais jusqu'à sa mort : ne pas s'endetter, ne pas jeter l'argent par la fenêtre, rester partout digne et dans toutes les circonstances. « Mécréant, me disait-il, essayons de bien faire ce que nous faisons. Fermons les oreilles sur le « qu'en-dira-t-on ». Ainsi la vie nous sera facile ».

Cette année-là, comme par hasard, j'avais découpé dans un prospectus le portrait du savant noir américain, Washington Carver[234], que j'avais fixé sur le mur en face de mon bureau d'économe de l'Ecole Primaire Supérieure. « Voici un

---

[234] George Washington Carver (1864-5 janvier 1943), botaniste et agronome noir américain. Le président Franklin Roosevelt a donné 30.000 dollars pour participer à la construction d'un monument national à sa mémoire.

modèle à suivre, me dit Boubou. Celui-là était un homme dans le sens intrinsèque du mot. Il a dû beaucoup souffrir au cours de sa vie. Esclave ou fils d'esclave, vivre n'a sûrement pas été facile pour lui. Et voilà que le pays le plus fort du monde, celui du Ku Klux Klan[235], lui offre des funérailles nationales. Ça, oui, c'est un homme, un modèle idéal. Essayons de l'imiter : avec les moyens du bord, illustrons nos leçons par l'exemple. Qu'en penses-tu ? »

Ma réponse était peut-être ambiguë. Je disais : « Grand frère, ma directrice d'école[236], l'autre jour a passé dans mon bureau. Elle m'a demandé qui était cet homme. Je lui répondis que cet homme, nègre américain, s'appelait Washington Carver. Décédé il n'y a pas longtemps, le Gouvernement fédéral lui a fait des funérailles nationales : « Et pourquoi vous mettez sa photo à cet endroit précis ? – Pour moi, c'est un idéal. Ce citoyen américain m'apprend qu'en travaillant, je peux devenir, moi aussi, un jour, un citoyen africain valable ». Elle retroussa le nez, leva les yeux au ciel, tourna les yeux et s'en alla.

- Tu n'es pas « cougnon » (couillon) mon petit frère. Seulement, cette réponse, plus celle que tu avais faite au bureau de l'inspecteur quand il s'était agi de nationalité, nous coûtera cher à tous les deux. Tu seras jugé anti-français comme moi. Et nous ne serons pas admis au Diplôme supérieur d'Aptitude Pédagogique ».

En effet, en février 1945, nous nous présentâmes à l'écrit au concours. Nous fûmes tous deux admis et en avril, nous prîmes la Transafricaine pour Bamako en passant par Ouagadougou, Bobo-Dioulasso, Sikasso et Bougouni. Ce voyage nous permit de revoir les paysages de la savane soudanienne, les villes et villages traversés jadis, à l'aller et au retour de Go-

---

[235] Organisation, créée en 1865, à la fin de la guerre de Sécession par des sudistes, qui proclament la supériorité des Blancs sur les Noirs.
[236] Madame Roerhig. Dans ses *Souvenirs* T4, de manière un peu différente, L. Kaziendé écrit : « *ses collègues français lorgnaient cette image, la Directrice aussi. Mais personne n'osa demander des explications à Sadio* (Kaziendé) ».

rée. Nous eûmes comme compagnon un de mes anciens élèves de l'EPS, sorti de Ponty comme commis de cadre secondaire et nouvellement affecté à l'Institut Français d'Afrique Noire (IFAN), à Dakar, tout de suite après son service militaire comme tirailleur sénégalais, dont il portait encore la tenue. Ce jeune fonctionnaire, d'une civilité exquise, devint, six ans plus tard, député du Niger inscrit à l'Union Démocratique et Socialiste de la Résistance[237], UDSR, de François Mitterrand : il s'appelait Georges Mohamed Condat, un eurafricain actuellement à la retraite[238] à Niamey ville.

A Dakar, nous subîmes les épreuves. Un collègue de marque se trouvait permis nous : M. Mamadou Coulibaly, futur Président du Conseil Economique et Social de la Côte d'Ivoire. Les examinateurs ne semblaient pas mécontents de notre travail : nous espérions donc quand nous apprîmes, tout étonnés, notre échec[239].

« Ce n'est pas étonnant, nous dit une personne bien renseignée ; il paraît que vous ne vivez pas à l'européenne chez vous ; vous êtes des *bougnoules*, vous ne méritez pas d'entrer dans le cadre supérieur de l'enseignement »[240].

Boubou comptait seize ans de service ininterrompu et j'avais treize années successives passées dans les classes depuis le Cours Préparatoire jusqu'aux Cours Supérieurs de l'Enseignement Primaire. Boubou et moi avions échoué parce que nous avions refusé pour ainsi dire l'assimilation et étions restés africains jusqu'au bout des ongles.

---

[237] L'UDSR a été créée le 25 juin 1945.
[238] Georges Mahamane Condat, né en 1924 à Maradi, est mort le 25 octobre 2012 à Niamey. Après ses études à William Ponty (Sébikhotane) de 1941 à 1944 et son service militaire (1944-45), il travaille à l'IFAN en 1946 puis aux Archives du Niger (19461948) ; il est élu député de 1949 à 1958. Il était inscrit à l'Assemblée nationale dans les rangs de l'UDSR.
[239] Boubou Hama et L. Kaziendé échouèrent, E. Wright réussit.
[240] Dans *Souvenirs* T4, L. Kaziendé raconte longuement le voyage qu'ils firent pour aller à Dakar, mais il ne rapporte pas cette interprétation de l'échec au DSAP.

Boubou et Wright revinrent à Niamey par le train et la route. Hospitalisé pour pneumonie, je ne pus, moi, regagner Niamey que deux semaines après par l'avion Junker[241] trois hélices qui servait de courrier entre Dakar, Kaolack, Kayes, Bamako, Bobo-Dioulasso, Ouagadougou et Niamey en deux jours. Les pistes, à l'époque, n'étant pas balisées, les atterrissages nocturnes n'étaient pas possibles.

- Reprenons notre préparation pour l'an prochain, me proposa Boubou à mon arrivée.
- D'accord. Allons-y !

Des camarades français[242], nouvellement démobilisés et servant avec nous à l'Ecole Primaire Supérieure, très étonnés de notre échec, décidèrent de nous aider. Non seulement ils nous prêtèrent des livres de pédagogie, de philosophie, de psychologie, mais encore l'un d'entre eux, qui préparait l'Inspectorat primaire, nous donna des sujets ad hoc à traiter. Nous nous remîmes au travail. En mai, juin, août, en assumant notre tâche quotidienne à l'Ecole (nous préparions aussi des élèves pour le concours d'entrée à William Ponty), nous révisions nos acquis, répondions à des questions, bref, travaillions de plus belle, jour et nuit, jour ouvrable et jour férié.

Boubou s'occupait toujours du mieux qu'il pouvait de l'Amicale à laquelle s'était ajoutée la Coopérative indigène, recréée de toutes pièces après une faillite spectaculaire, dont l'auteur[243] purgeait sa peine dans la prison européenne, car à

---

[241] Le Junker est connu surtout comme bombardier allemand, mais il existait un modèle de transport.
[242] Dans *Souvenirs* Tome 4, L. Kaziendé cite un jeune instituteur, M. Valet, qui les aida dans leurs deux tentatives.
[243] Il s'agit de Louis-Marie Soulens dont L. Kaziendé retrace l'étonnante biographie au T6 de ses *Souvenirs*. Emprisonné à Filingué en 1935 pour meurtre, il l'est à nouveau pour détournement de la coopérative en 1939-1940. Or, c'est lui qui participe à la commission d'enquête en 1974 au sujet des détournements de biens et d'argent des dignitaires du régime Diori !!!

Niamey, il existait cette maison pénale pour les Blancs et celle réservée aux indigènes.

Le gérant de la Coopérative, un de nos anciens élèves de l'EPS victime du renvoi, en 1945, des trois premiers des trois classes de l'Ecole Normale Frédéric Assomption de Katibougou, un garçon sérieux, travailleur, redonna la vie à la Société, en quelques mois, sous la direction éclairée de Boubou, tout en préparant, lui aussi, le concours pour entrer dans le cadre des commis du cadre local. Ce garçon fit carrière dans l'Administration nigérienne plus tard, puis voltaïque (il est originaire de Fada) dans laquelle il parvint aux cimes. Retraité aujourd'hui en tant que Préfet, il était Administrateur Civil catégorie A1, ce qui correspond quand même à licence plus spécialisation faite à Paris.

Par l'Amicale et la Coopération indigènes, Boubou avait des contacts avec les autorités administratives de Niamey – ennemi de tout ce qui n'est pas réglementaire, rétif devant les affaires compromettantes, toujours opposé au contournement de la loi établie, au Cabinet du Gouverneur. Ses ennemis eurent raison de lui. Ils lui collèrent l'étiquette « d'anti-Français » sans preuves palpables et le Gouverneur[244], cette fois, l'affecta à Dori qu'il rejoignit en septembre 1945.

Etait-il vraiment anti-français ? Certes non, non et non. Bien au contraire, si quelqu'un, parmi ceux à qui on donnait l'épithète d'*évolués* admirait la France, c'était bien Boubou Hama, fils de Fonéko, instituteur du cadre secondaire, très attaché à son métier, fier des connaissances acquises à l'école française, absolument reconnaissant au pays de Schœlcher[245]

---

[244] Jean Toby (1900-1964) remplaça le général Falvy d'avril 1942 jusqu'en mai 1954. Dans *Itinéraire* p 64-65, Boubou Hama raconte que Toby l'affecta à Dori suite à une visite qu'il fit dans sa classe. Boubou Hama faisait une leçon sur la guerre de Sécession aux USA, dont l'interprétation donna lieu à une altercation entre les deux hommes.
[245] Victor Schœlcher (1804-1893), Sous-secrétaire d'Etat à la Marine et aux Colonies, dans le gouvernement provisoire de 1848, fut l'artisan de l'abolition de l'esclavage.

pour son apport colossal au progrès et surtout à la civilisation de l'humanité.

- « Tout n'est pas négatif dans la Colonisation ! m'a-t-il toujours répété. Il y a son côté positif qu'il serait regrettable d'oublier ».

En 1945, mon grand frère, surchargé de travail, avait, puissamment, donné du meilleur de lui-même. Il se reposait peu, dormait peu. Durant les vacances, si les cours d'histoire et de géographie n'étaient plus donnés à l'Ecole Primaire Supérieure, la préparation intensive au D.S.A.P. en 1946 les avait remplacés. Ensemble, nous étudions, rédigions, corrigions nos erreurs, nos oublis, bref, travaillions.

J'ai omis de signaler que nos anciens élèves Yacouba Djibo[246], Gaston Dori, devenus instituteurs du cadre secondaire et sortis en juillet 1945 étaient, eux aussi, affectés à Niamey. Le premier secondait M. Wright au bureau de l'Inspecteur de l'Enseignement, le second enseignait à l'Ecole Régionale. Tous deux s'étaient, comme il fallait l'attendre, collés à mon grand frère. Je vins grossir le groupe en octobre 1944. En 1944, Georges Condat, après une année de service militaire, s'agrégea au groupe avant d'être affecté à l'IFAN à Dakar. Et ces jeunes fonctionnaires emmenaient leurs amis, dans notre cour devenue pour ainsi dire un « cercle » d'intellectuels. Les autorités administratives virent d'un mauvais œil ce « club » uniquement nigérien, car, à cette époque, j'étais pris pour tel par les natifs du pays et par les autorités administratives. Et moi, je ne me sentais pas du tout « étranger » à Niamey, à Konni, comme à Filingué. Mon assimilation était totale et carrément tacite.

Certes, « chez nous », on parlait politique, et, ce bruyamment. A proprement parler, on ne comptait pas de vichystes dans le groupe. Boubou et les évènements avaient fini par

---

[246] Yacouba Djibo (1923-1968), ancien élève de W. Ponty, enseignant, élu en 1958 à Téra sur liste UCFA, ministre (1960-1965), ambassadeur du Niger à Bruxelles (1966-1968).

m'enlever ce qualificatif. On commentait ce qui se passait en Afrique Noire, en Europe, en Asie. En son temps, on avait beaucoup épilogué sur la Conférence de Brazzaville.

1945 amena avec elle la fin des hostilités avec les puissances dites de l'axe Berlin-Rome-Tokyo. Alors notre « club », accru de jeunes fonctionnaires aux idées d'avant-garde, fut qualifié de dangereux en haut lieu. « Décapitons-le », décidèrent les autorités.

Ainsi, Boubou plia bagage pour Dori. Son logement fut attribué à M. Ly Souleymane[247], instituteur du cadre secondaire, nouvellement affecté à Niamey.

Si MM. Yacouba Djibo, Gaston Dori, et certains de leurs amis restèrent fidèles à mon logement, d'autres retinrent leurs pas.

Monsieur Ly, fils d'un interprète de Haute-Volta, est originaire du Mali ; sa mère est une moagha de Tenkodogo et il parle correctement le moré. Ma femme Jeanne l'avait connu, dans le jeune âge à Tenkodogo. Mais, l'intimité n'était pas acquise et mon nouveau voisin restait, c'était normal, un peu distant.

Le club, étant donné le changement survenu, battit de l'aile, mais ne se disloqua pas. S'il était gênant de parler dans la cour commune à M. Ly et moi, on changeait de lieu. On convint bientôt de se retrouver à l'Amicale, chaque soir, pour discuter librement.

Boubou, à Dori, retrouva comme adjoint M. Somyaïdo Ouédraogo, de deux ans plus jeune que lui dans le métier. Les deux enseignants, tous mariés et pères, se mirent sérieusement au travail tout en étant à l'écoute des évènements du monde.

En octobre bt, il y eut des élections des députés à la Première Constituante. M. Diori Hamani, alors instituteur à

---

[247] Il sera secrétaire général du gouvernement sous Diori.

Filingué, s'y présenta[248]. A l'époque, le Soudan (Mali actuel) et le Niger formaient un seul et même collège électoral. M. Fily Dabo Sissoko, candidat soudanais, fut élu à une écrasante majorité et représenta le Niger au Palais Bourbon de 1945 à 1946[249]. Notons qu'à ces élections M. Félix Houphouet-Boigny, médecin et planteur en Côte d'Ivoire, fut élu et fit parler de lui par la suite.

Boubou, tout en continuant à se préparer pour le D.S.A.P. et à s'occuper de sa classe et de son école, avait retrouvé Dori de son jeune âge, Dori qu'il avait habité neuf mois chaque année, de 1918 à 1924, Dori où les jeunes filles étaient tatillonnes. Il y revenait en tant qu'homme responsable de cette même Ecole Régionale recréée, dans laquelle M. Allard l'éthylique l'avait giflé, raison de son escapade à Gao en 1923. Il y retrouva quelques anciens camarades, maintenant pères de familles, fonctionnaires ou simples habitants de Dori. Il y revit surtout le chef de canton, l'Amirou du Liptako, dont la mère était une sonraï de Yatacala (Téra). Boubou, en fait, était revenu dans un lieu déjà connu, chez lui pour ainsi dire. Beaucoup d'habitants de Dori le connaissaient, certains lièrent solide amitié avec lui, à cette époque où l'évolution politique dans les colonies françaises démarrait en donnant le droit de vote à certaines catégories de la popula-

---

[248] Dans *Itinéraire* p 74, Boubou Hama, de manière surprenante, ne parle pas de la candidature de Diori. Il explique seulement pourquoi il a choisi Fily Dabo Sissoko.

[249] Aux élections du 21 octobre 1945, pour le deuxième collège, Fily Dabo Sissoko obtint 10.406 voix, Diori 564. Mais, il y avait aussi : Modibo Keïta (937 voix), Mamadou Konaté (2.905 voix), Mamby Sidibé (271 voix) et six autres candidats. Fily Dabo Sissoko sera réélu à la deuxième constituante du 2 juin 1946 et aux élections du 10 novembre 1946. Il sera réélu en 1951 et 1956. En 1948 dans le bref gouvernement de Robert Schuman (du 5 au 7 septembre !), il sera sous-secrétaire d'Etat à l'industrie et au Commerce. Au moment de la Conférence de Brazzaville (30 janvier – 8 février 1944), les Africains n'étaient pas présents, si ce n'est sous forme de mémoires, dont celui de Fily Dabo Sissoko.

tion[250], principalement aux artisans qui, en milieu peul du Liptako (Dori), étaient d'origine servile.

C'était, à vrai dire, une révolution aussi importante que celle qui prévalut, au début de la colonisation, avec la suppression de l'esclavage, de la vente d'un humain par un autre humain dans un coin donné du marché de village.

La maison de Boubou s'emplit jour et nuit de gens qui venaient le consulter. Comme à Niamey, et plus qu'à Niamey, les autorités administratives prirent peur. L'interprète du cercle, un de ses promotionnaires à l'Ecole Primaire Supérieure de Ouagadougou (et même à l'Ecole Régionale de Dori), mis à ses trousses, le renseigna plus qu'il ne l'accusa. Ainsi, tout se passa sans trop d'anicroches en 1945-1946.

Le 9 juillet 1946, pour la seconde fois, Boubou et moi affrontions les épreuves écrites du D.S.A.P. Cette fois, admis à l'écrit, Dakar voulut bien nous dispenser de l'oral et de la pratique et nous admit définitivement dans le Cadre Supérieur de l'Enseignement de l'A.O.F.

1946 était, au point de vue politique, l'année de la seconde Constituante[251] avec la suppression de l'indigénat le 20 février 1946[252]. Cette fois, le Niger fut érigé en Collège électo-

---

[250] Les critères pour être électeur varièrent et s'élargirent progressivement de 1945 à 1956 (date à laquelle tous les adultes, hommes et femmes de 21 ans purent voter). Les chefs, les anciens combattants, les titulaires de licence commerciale et de titres fonciers, etc. formaient les électeurs du deuxième collège (le premier collège étant constitué par les Français de métropole et les personnes ayant le statut de citoyen). En décembre 1946, il y avait 55.833 Nigériens inscrits sur les listes électorales ; en juin 1951, 94.986 ; en mars 1952, 106.083 ; en janvier 1956, 697.488 ; en mars 1957, 1.320.174.

[251] Aux élections du 2 juin 1946, Boubou Hama était au secrétariat du bureau de vote de Dori, Djibo Bakary était assesseur au bureau de vote d'Agadez.

[252] Le décret 46-277 du 20 février 1946 supprime une partie du décret du 15 novembre 1924, à savoir l'internement, l'assignation à résidence et les amendes collectives. Mais ce n'est vraiment que la Loi Cadre de 1956 qui donnera la véritable égalité entre toutes les personnes.

ral distinct[253]. En octobre, le candidat du Parti Progressiste Nigérien, PPN, constitué en mai 1946 à Niamey[254] (j'en étais le Conseiller technique), fut élu grâce à l'apport massif du bureau de Dori, où Boubou avait « beaucoup travaillé ». Aussi, aux élections du Conseil général[255], le candidat qu'il soutenait, M. Ali Diaroumeye, y fut-il élu sans difficulté. Le parti le présenta dans son fief à Tillabéry, où il fut élu sur la liste du PPN qui, bientôt, devint une section du RDA, né à Bamako le 18 octobre 1946.

Certes, la suppression de l'indigénat le 20 février 1946, l'abolition du travail forcé le 11 avril 1946[256] furent des thèmes de propagande, qui aidèrent considérablement les candidats du PPN-RDA à l'encontre de ceux du parti de l'administration coloniale de l'époque ; groupés sous l'étiquette de l'Union Nigérienne des Indépendants et Sympa-

---

[253] Loi n°48-534 du 1er avril 1948 modifiant et complétant la loi n°46-2151 du 5 octobre 1946 relative à l'élection des membres de l'Assemblée nationale, à l'effet de fixer la représentation du territoire de la Haute-Volta.

[254] Dans *Souvenirs* T4, Kaziendé écrit que c'est suite au passage de Fily Dabo Sissoko à Niamey que fut lancée l'idée de créer, sur le modèle du parti progressiste Soudanais, un parti politique nigérien. « *L'idée fit son chemin parmi les fonctionnaires et aboutit en juin 1946 au dépôt des statuts du Parti progressiste Nigérien (PPN dont le premier président élu fut M. Issoufou Djermakoye). La réunion constitutive eut lieu sur la terrasse d'une villa que possédait Madame Bassy (alors sage-femme à Niamey) à côté du Grand marché. Les statuts rédigés furent déposés par Séfoulaye Diallo, le même qui, quelques années plus tard, devint un grand personnage en Guinée* ».

[255] La nouvelle constitution est votée le 27 octobre 1946. Puis, (a) le 10 novembre 46, ont lieu les élections pour l'Assemblée nationale à Paris, Hamani Diori et Issoufou Seydou Djermakoye sont élus par le deuxième collège ; (b) les élections pour le Conseil général au Niger qui se déroulent le 15 décembre 1946 (premier tour) et le 5 janvier 1947 (deuxième tour). Vingt conseillers du deuxième collège sont élus dont Boubou Hama pour Tillabéry et Ali Diaroumey pour Dori.

[256] Loi 46-645 du 11 avril 1946, dite loi Houphouët-Boigny : Article 1- « *Le travail forcé ou obligatoire est interdit de façon absolue dans les territoires d'outre-mer* ».

thisants, UNIS[257]. Mais il faut avouer que mon grand frère avait laissé des traces indélébiles à Tillabéry – Ouallam, et fait un excellent travail à Dori de 1945 à 1946. L'administrateur commandant le cercle de Dori demandait son départ à cor et à cri, ainsi que le montre la note donnée à l'Instituteur Boubou, directeur de l'Ecole Régionale de Dori par intérim :

> « *Boubou Hama est peut-être un bon instituteur, mais n'est pas un bon fonctionnaire tel que je l'entends. Boubou Hama est un homme dangereux dans un poste comme Dori. Intelligent, il attire à lui tous les fonctionnaires. Et son esprit critique se donne libre cours : rien n'est à son goût ; tous les faits, et gestes du commandement européen ou africain sont critiqués, déformés, mal interprétés. Boubou le dit hautement, le crie* coram populo[258]. *Et cela devient dangereux quand il s'attaque aux grands problèmes du pays : la main-d'œuvre ou la situation des Bellah. Boubou approuve et fait approuver la suppression du travail forcé, mais réclame une pileuse.*
>
> *Publiquement, il réclame un changement radical de la situation des Bellah, alors que le Commandant de cercle, conformément aux instructions reçues, s'y emploie généreusement, mais se garde bien d'émanciper les Bellah en bloc pour éviter des troubles.*
>
> *Boubou Hama s'estime au moins l'égal du Blanc, si ce n'est le supérieur. Et sans avoir les mêmes diplômes, il réclame les mêmes avantages que le Blanc. Qui sait s'il n'est pas antifrançais ? En conséquence, je demande, en raison de la situation politique de Dori, le déplacement de Boubou Hama, avant la rentrée prochaine. En sous-ordre, il pourra peut-être continuer à rendre des services. J'ajoute qu'il ignore le Peulh*[259] *et qu'il aurait tendance à s'occuper davantage des activités extérieures que de son école. Dori, le 30 juin 1946.* »

---

[257] UNIS créée le 4 juin 1948, juste avant les élections législatives emportées par G. Condat qui appartenait à ce nouveau parti.
[258] Expression latine : en présence du peuple, c'est-à-dire publiquement.
[259] D'autres personnes assurent qu'il parlait peul. Dans *Kotia Nima* T1 : à Dori « *il s'habitua au monde peul, il apprit à en parler la langue, à partir de celle-ci à sentir que le Sontaï et le Peul n'avaient pas le même passé* » (p 92).

Boubou Hama, à force de travail personnel, s'était déjà forgé un personnage en imitant les violons d'Ingres de ses anciens maîtres.

Le goût de la lecture - le crayon à l'oreille pour souligner les passages intéressants - était une habitude de M. You. Il la fit sienne jusqu'à sa mort.

Le suçage de la pipe, le désir d'au moins une dizaine de bourrées, alignées sur la table de travail, était un tic de M. Allier[260], Directeur de l'Ecole Primaire Supérieure de Ouagadougou de 1924 à 1931. Vieil éducateur tel qu'on le concevait au début du siècle, debout à quatre heures du matin, couché à deux heures du soir[261] après une légère sieste, sobre, tempérant, rigoureux pour lui-même comme tout bon protestant, cet homme forçait l'admiration des élèves et des maîtres. Son seul défaut était celui d'adorer les pipes et les pipées. Le camarade Vinama Tiamounou, élève de troisième année (1926-1927), qui lui bourrait ses engins, nous disait qu'il en possédait quarante de différentes formes, de différentes tailles, de différents calibres[262]. Vers la fin de sa carrière, il était atteint de la tremblote des fumeurs invétérés[263]. Sa tête bougeait involontairement sous le casque colonial. Malgré tout, il était toujours le premier à l'école et le dernier à la quitter. Il impressionna si bien Boubou que, dès qu'il put se permettre de fumer, il adop-

---

[260] Boubou Hama a longuement évoqué Léon Allier que les élèves appelaient Papa Allier dans *Bi Kado* (p565-569 et p 581) et qui se flattait d'être « *possesseur de 40 belles pipes* ».

[261] Le texte n'est pas clair : serait-ce vingt-deux heures ?

[262] Selon Boubou Hama : « *Papa Allier fumait beaucoup et il se disait l'heureux père de 40 pipes qu'il aimait aligner, accrochées au mur de son bureau* » dans *Bi Kado*, (p 566) ; et aussi : « *M. Allier, caressant sa longue barbe blanche, roussie par la fumée du tabac* » (p 575), ainsi que le paragraphe sur le vol du tabac du directeur (p 580-581). L. Kaziendé dans *Souvenirs* a déjà raconté les histoires de Vinama au Tome 2.

[263] L. Kaziendé, dans *Souvenirs* T6, raconte les évènements juste après le coup d'Etat du 15 avril 1974 : « *J'eus la permission d'aller voir Boubou. Je le trouverai en train de bourrer sa pipe avec des doigts tremblants de vieux fumeurs invétérés, atteint de tremblote* ». Toutefois, à la demande du médecin de la prison d'Agadez, il réussit à s'arrêter de fumer et il put réécrire seul à nouveau.

ta la pipe, la suça et ne la quitta qu'en 1975 pendant ses détentions à Agadez sur les conseils du médecin, lorsque sa tension artérielle monta dangereusement. Parti de Niamey en mai 1974 avec cent dix kilos de poids, il revint en avril 1975 avec soixante-dix kilos[264], capable de tenir un bic pour écrire, ce qu'il ne pouvait plus depuis plusieurs années déjà. Il était, comme son idole M. Allier, atteint sérieusement de la tremblote des fumeurs professionnels.

Du Directeur de l'Ecole William Ponty, qui disait de lui à sa sortie ceci : « *Elève de l'Ecole William Ponty de 1926 à 1929, s'est classé à la sortie 12ème sur 20 (par suite d'une malchance à l'examen), diplômé sans mention. Intelligent et sérieux, très bon caractère, capable de devenir un excellent instituteur. Demande à être affecté au Niger*[265]. *Signé Dupont* », il copia la manie de tenir toujours et partout un livre dans la main gauche et de lire en pleine rue, sans tenir compte des passagers. Ce péché mignon, lorsqu'il devint Président de l'Assemblée, donc sédentaire, s'amplifia de telle sorte qu'à son arrivée au bureau comme à sa sortie, c'était une bonne douzaine d'ouvrages didactiques qui le précédaient, portés par le planton, tel le Saint Coran dans les moindres déplacements de la plupart des grands marabouts africains de l'ouest. Azinzim, de l'Azaouak, intermédiaire en 1916 entre le Capitaine Loeffler et l'Amenokal Firhoun[266], en

---

[264] Dans le T6 de *Souvenirs*, Boubou Hama dit à L. Kaziendé : « *Parti d'ici avec cent dix kilos, je revins avec soixante-dix kilos ! C'était quand même sensible. Ma femme comme mes enfants ne me reconnurent pas le premier jour. Il y avait de quoi* ».

[265] Dans *Itinéraire*, Boubou Hama précise qu'il avait été affecté à Ouagadougou : « *je refusai de rejoindre cette capitale et je demeurai dans mon village pendant vingt jours après lesquels un télégramme du gouvernement général me mit à la disposition du Niger* ». Son refus eut des conséquences : « *Je fus pour cela considéré comme un récalcitrant, comme une tête forte, comme le Nègre capable de correspondre avec des hommes politiques en France* ».

[266] Firhoun (1868-1916), amenokal des Ouillimiden depuis 1902, mena un grand soulèvement en 1916. Le capitaine Loeffler servait dans la région depuis le début du siècle. Ajinjim écrivait les lettres de Firhoun et servait de coordonnateur entre des groupes touareg, il était Kel Assouk. L. Kaziendé mentionne Azinzim dans *Mayaki* (p 63) ainsi que la victoire du capitaine Loeffler sur Firhoun (p167). Boubou Ham a consacré de

était un exemple. Le livre saint, porté par un garçon impubère, se trouvait devant lui, même quand il allait à ses besoins naturels.

Boubou ne déçut pas son Directeur, que nous appelions tous *le Grand* Dupont jusqu'à son départ de Gorée au Cours de l'année 1932 ; les anciens élèves, tels Ouezzin Coulibaly, en Haute-Volta, Ousman Diop (Socé) à Gorée même le pleurèrent, car il était devenu l'idole de l'Ecole et même de la Vieille Commune.

Voici le relevé des notes obtenues par l'Instituteur Boubou, de 1933 (1ère inspection) à 1946 :

1933   NOTE DU CHEF DE SERVICE
Bon instituteur, qui n'a mérité que des éloges depuis sa nomination.
2 ans 11 mois 12 jours d'ancienneté comme instituteur auxiliaire, dont 9 mois dans le 2ème échelon.
Non proposable.
Niamey, le 1er juillet 1933, L'Inspecteur des Ecoles
    Signé : Perruchot.

1934   NOTES DU CHEF DE SERVICE
Instituteur donnant satisfaction.
    Niamey, le 1er décembre 1934, Signé : Gavet.

1935   NOTE DU CHEF DE SERVICE
1°- Boubou Hama est un bon maître qui pourra faire plus tard un bon directeur d'école élémentaire. Dévoué aux œuvres postscolaires.   Signé : Bricheteau.
2°- N'a pu être apprécié par l'Inspecteur des écoles, nouvellement arrivé.   Niamey, le 1er septembre 1935.

---

nombreuses pages à Firhoun dans *Recherche sur l'histoire des Touareg sahariens et soudanais.*

1936   1ᵉʳ Semestre
NOTES DU COMMANDANT DE CERCLE
Excellent fonctionnaire d'une grande valeur professionnelle et morale – Mérite d'être promu au grade supérieur.
Tillabéry, le 23 mai 1936, Signé : Laflorencie.

2ᵉᵐᵉ Semestre
NOTES DU COMMANDANT DE CERCLE
Excellent fonctionnaire d'une grande valeur professionnelle et morale – Mérite d'être promu au grade supérieur.
Tillabéry, le 20 novembre 1936, Signé : Laflorencie.

NOTES DU CHEF DE SERVICE
Notes élogieuses méritées. L'avancement qu'il mérite est subordonné à l'obtention du diplôme d'Aptitude Professionnelle dont il a subi les épreuves écrites en juillet dernier. Niamey, le 3 décembre 1936, Signé : Muller.

1937   NOTES DU COMMANDANT DE CERCLE
Au point de vue professionnel, Boubou Hama n'a pas démérité et je ne puis que confirmer les bonnes notes antérieures, qui lui ont valu son avancement le 14 janvier 1937.

J'ai eu cependant le regret de constater qu'il a tenté d'intervenir, en cachette, dans une question de politique indigène qui ne le regardait aucunement en prenant parti pour des indigènes factieux, en lutte contre l'autorité d'un chef de canton. Ceci se passait dans le courant du 1ᵉʳ trimestre 1937. Je veux espérer qu'il ne recommencera pas.

Tillabéry, le 5 octobre 1937, Signé Laflorencie.

NOTES DU CHEF DE SERVICE
Excellent maître, s'attache avec zèle et succès à donner à son enseignement une forme concrète et pratique.
Niamey, le 7 décembre 1937, Signé : Muller.

1938   NOTES DU COMMANDANT DE CERCLE
M'a personnellement donné satisfaction tant par sa tenue

que par son travail. Tillabéry, le 28 juin 1938, Signé : Alessandri.

NOTES DU CHEF DE SERVICE

Excellent maître, s'attache avec zèle et succès à donner à son enseignement une forme concrète et pratique. Signé : Muller.

Pour copie conforme, Niamey, le 1er juillet 1938
L'Inspecteur de l'Enseignement Charles-Cros, Chef du Service de l'Enseignement, Signé : Charles-Cros.

Pour copie certifiée conforme, Niamey, le 3 juillet 1939,
Le Chef de la Section du Personnel.
Gerente P. Administrateur Adjoint de 3è cl. des colonies.

1939   NOTES DU CHEF DE SERVICE

Après de bons débuts, tendance au relâchement. Estime que sa situation administrative ne correspond pas à ses mérites dont il exagère la valeur. Confond une certaine habileté à exprimer des revendications avec l'aptitude à exercer des métiers qui exigent une sérieuse réputation. Marque un retour à une plus saine compréhension de ses devoirs depuis qu'a cessé l'influence d'une certaine politique à tendances démagogiques.

Niamey, le 18 juillet 1939, l'Inspecteur Principal de l'Enseignement, Ch. Muller, Chef du Service de l'Enseignement. Signé : Muller.

1940   NOTES DU CHEF DE SERVICE

Intelligent et instruit. Capable de s'adapter à des activités nouvelles. Fait à l'Ecole d'Apprentissage un travail très satisfaisant. Réunit le 1er janvier 1941 les conditions pour une promotion au grand choix. Niamey, le 30 juin 1940, L'Inspecteur Principal de l'Enseignement, R. You : Chef du Service de l'Enseignement ; Signé : You.

1941   NOTES DU CHEF DE SERVICE

Rend des services à l'Ecole d'Apprentissage. Niamey, le 15 octobre 1941, le Chef du Service de l'Enseignement Primaire, Ch. Muller, Chef du Service de L'Enseignement ; Signé : Ch. Muller.

1942   NOTES DU CHEF DE SERVICE

M. Boubou est un excellent maître, zélé, intelligent et très dévoué qui ne ménage pas son temps. Il doit être encouragé, car il serait souhaitable que le personnel étranger au Niger soit remplacé par des autochtones qui ont de solides qualités, qui aiment leur pays.

Niamey, le 13 novembre 1942, Le Chef du Service de l'Enseignement, Signé : Gramain[267].

1943   NOTES DU CHEF DE SERVICE

Avis conforme à celui du Directeur de l'Ecole Professionnelle. M. Boubou Hama est un excellent maître. Il jouit d'une autorité auprès des écoliers. Il ne mesure pas sa peine. On peut compter sur lui. Il sera affecté à l'E.P.S. le 1er octobre 1943.

Niamey, le 28 juillet 1943, Le Chef du Service p. i. de l'enseignement,   Signé : P. Gramain.

1944   NOTES DU CHEF DE SERVICE

M. Boubou Hama est un très bon maître, zélé et intelligent.

---

[267] Dans *Souvenirs*, L. Kaziendé écrit : « *M. Muller que les élèves appelaient communément « Sofo », mobilisé comme Chef de bataillon rejoignit la garnison de Ouagadougou. Il fut remplacé par M. Gramin que les enfants nommèrent plus tard « Garba »* ». Et plus loin : « *Le culte du Maréchal* (Pétain) *persistait de plus belle, surtout après la visite de l'Inspecteur des Ecoles, M. Gramain, un adulateur du chef de l'Etat français, dont il apporta dans ses bagages une nouvelle effigie* » (T4). Quelques mois plus tard, quand le gouverneur général Boisson fut destitué, Gramain dut faire disparaître les mêmes effigies et gravures du maréchal Pétain ! Boubou Hama dans *Itinéraire* p 56-58 s'en prend fortement à lui : « *Anti gaulliste enragé, l'inspecteur était chef de contrôle des correspondances à la poste. Il appartenait donc à la police secrète de Vichy au Niger. Il vendrait père et mère pour le Maréchal. Son zèle était tellement affiché que je le crus, sans condition, fidèle à son idole. Ce dernier était, l'on dirait, sa seule consolation, sa seule raison d'être. Il faisait jurer les jeunes écoliers noirs sur la photo du Maréchal. Il le faisait de la voix de sa bouche trop petite pour sa face allongée, pour sa haute taille qui lui donnait une silhouette dégingandée qui amusait les élèves. Ceux-ci ne s'y trompèrent pas. Ils l'appelaient Garba* ».

Il a rempli avec compétence les fonctions de surveillant général et d'économe du groupe scolaire de Niamey.

Niamey, le 2 septembre 1944, Pr. Le Chef du Service de l'Enseignement, Le Directeur de l'Ecole Professionnelle chargé de l'expédition des Affaires : J. Lutaud.

NOTES DU CHEF DE SERVICE

Zélé et intelligent. Chargé de cours à l'E.P.S. de Niamey. Econome et surveillant général. Auteur de plusieurs études ethnographiques sonraï et djerma. Très méritant.

Niamey, le 17 novembre 1944, Le Chef p. i. de l'Enseignement, Signé : Roehrig.

NOTES DU GOUVERNEUR

Appréciations conformes. Niamey, le 1er /12 /1944
Le Gouverneur du Niger, Signé : Toby.

1945 NOTES DU CHEF DE SERVICE

Sert à Niamey depuis sept ans dans des emplois divers. Maître consciencieux et intelligent, qui a contribué à maintenir le niveau de l'Ecole Primaire Supérieure du Niger pendant plusieurs années difficiles où le personnel européen manquait. Candidat au Diplôme Supérieur d'Aptitude Professionnelle en 1945[268]. Affecté récemment à Dori pour diriger la nouvelle école régionale.

Instituteur ordinaire de 1ère classe à compter du 1er juillet 1944. Ancienneté au 31 /12 /45 : 1 an ½. Proposable au 1er juillet 1946 pour le grade d'Instituteur principal de 3ème classe.

Niamey, le 20 octobre 1945, Le Chef du Service p. i. de l'Enseignement, Signé : V. Roehrig.
Pour copie certifiée conforme,
Niamey, le 12 /11/1946, Le Chef du bureau du personnel

---

[268] Remarque qui fait allusion au premier essai de Boubou Hama pour obtenir le DSAP.

Certes, il y a là trois notes discordantes, correspondant aux époques précises de la vie active de mon grand frère.

1°) En 1937, l'administrateur des colonies Laflorencie, commandant le cercle de Tillabéry, signalait son ingérence dans « *la politique indigène qui ne le regardait aucunement en prenant parti pour des indigènes factieux en lutte contre l'autorité d'un Chef de canton* ».

C'était exact. Il s'était agi de greniers de réserve à constituer, et le Chef en question en profitait pour gruger ses administrés. Boubou, au courant, réagit vivement, eut raison, ce qui lui permit d'installer sa popularité dans le cercle. Il n'y avait pas de faute professionnelle.

2°) En 1939, le syndicalisme battait son plein parmi les instituteurs indigènes[269]. Ouezzin à Dakar dirigeait la barque et parlait de « A travail égal, salaire égal ». Boubou était son écho à Niamey. Là non plus, il n'y avait pas de faute professionnelle. La preuve en est que cette année-là, Boubou fut admis au Diplôme d'Aptitude Pédagogique.

3°) En 1946, année cruciale pour les colonies françaises. A Dori, comme je l'ai déjà signalé, Boubou s'appuya de tout son

---

[269] Le Sénégal a été le territoire où le syndicalisme a commencé très tôt, mais il fut réservé au départ aux seuls citoyens. Un syndicat des marins est créé en 1923, celui des fonctionnaires sénégalais en 1924. Le Front populaire a autorisé par le décret du 11 mars 1937 la formation des syndicats pour les sujets français. Pendant le régime de Vichy, le syndicalisme avait été mis en veilleuse dans les colonies. Boubou Hama dans *Itinéraire* p 42 explique : « *Nous fûmes un petit nombre d'Africains et de Français, en 1936, à nous aventurer dans le labyrinthe du syndicalisme, qui nous conduisit tout droit à la politique. De 1936 à 1938, les progressistes français nous initièrent à la pratique de celle-ci* ». Il précise, p 67 : « *Nous étions en 1936. Le Front populaire, en France, venait de triompher. Dans les colonies, enfin, on songea à donner à l'indigène quelque droit, celui de se syndiquer quand il était pourvu de son certificat d'études primaires indigènes, quand il avait ce minimum qui lui permettait, disait-on, de comprendre son droit. Pourvu de mon diplôme de l'Ecole Normale William Ponty, j'avais plus que ce qu'il fallait pour avoir le droit de me syndiquer. Très tôt, je le fis avec des camarades comme Ouezzin Coulibaly* ». L'Association des enseignants du Niger date de 1937, avec Diori Hamani comme secrétaire général.

poids sur les artisans, esclaves ou serfs des Peuls, et comme par ironie du sort, électeurs, de par la loi, de la République française : ils étaient les plus nombreux porteurs de bulletins de vote. Le Commandant de cercle écrivit ce que la plupart de ceux qui détenaient une parcelle d'autorité pensaient à l'époque : « *Qui sait s'il n'est pas anti-français !* » Cette épithète se collait à son nom depuis les parages de 1935.

Boubou anti-français ! C'était quand même inimaginable. Il terminait le télégramme qu'il envoya le 7 octobre 1946 à M. le Gouverneur du Niger pour solliciter une permission d'absence pour assister aux assises de Bamako, d'où naquit le RDA par ces termes : « *Veuillez agréer, Monsieur le Gouverneur, l'expression de mon indéfectible attachement à France* » (c'est moi qui souligne) et ce qu'il disait était sincère.

Cet instituteur, président du Comité du PPN de Dori, parlait du fond de son cœur. D'ailleurs, M. Gosselin, administrateur en Chef des colonies qui assurait l'intérim du Gouverneur[270], marqua de sa propre main sur ce télégramme historique le 8/10/46 : « *D'accord. Prendre décision T.O. à Dori (cercle) et T.O. à Boubou Hama* ». Et il partit, en compagnie de son camarade de l'Ecole Régionale de Dori, M. Diamballa Maïga, devenu commis expéditionnaire du cadre local, en service au Bureau des Finances, de Toro Antoine, originaire du Dahomey, commis des Services Administratifs et Financiers (SAF) et d'autres militants du PPN qui n'avaient que quelques mois d'existence[271].

---

[270] Jacques Gosselin assura l'intérim de Toby de mai à novembre 1946.
[271] Dans *Itinéraire* p 80, Boubou Hama précise : « *Le PPN décida de participer au congrès de Bamako. Il me désigna pour y conduire sa délégation* ». C. Fluchard indique que la délégation était conduite par Issoufou Saïdou (*Le PPN/RDA* p 45). C'est d'ailleurs de cette époque que date l'opposition entre Boubou Hama et Issoufou Saïdou. A Bamako, les Nigériens seront surpris de voir que Fily Dabo Sissiko, pour qui ils avaient voté aux assemblées constituantes, s'opposait aux communistes et n'adhérait pas aux thèses majoritaires du congrès. D'autre part, Boubou Hama, à l'occasion du refus de sa proposition de l'autonomie financière et admi-

A Bamako, les militants du PPN choisirent M. Diori Hamani[272], alors Directeur de l'Ecole Primaire de Filingué, comme candidat aux élections législatives prochaines[273]. Devançant leurs camarades de route, Boubou et Diambala prirent un camion en partance pour Niamey et regagnèrent aussi vite qu'ils le pouvaient la capitale du Niger pour procéder aux formalités de dépôt officiel de candidature[274]. Ils savaient qu'ils arriveraient plus rapidement que le candidat lui-même, voyageant à cheval ou à dos de chameau. Après mille péripéties, ils débarquèrent au bac de Niamey, traversèrent le fleuve en pirogue, préparèrent aussitôt les papiers nécessaires et les déposèrent une ou deux heures avant celle de la clôture des dépôts de candidature[275]. *Alea jacta est !*[276] Boubou, Diori, Diamballa devenaient du coup les piliers du

---

nistrative, comprit que le Parti communiste n'envisageait pas l'autonomie des territoires d'outre-mer.

[272] Dans *Itinéraire* p 94, Boubou Hama indique : « *A deux, Djamballa et moi, nous nous concertâmes et nous proposâmes la candidature de Diori Hamani à notre organisation politique. Celle-ci l'accepta (…) Notre choix était juste, car ni la candidature de Djamballa ni la mienne n'auraient pu, dans le contexte de 1946, enlever l'adhésion de nos compatriotes* ». C'est pourquoi, ils se présentent aux élections du Conseil général et non aux élections législatives.

[273] En réalité, à leur grande surprise, Issoufou Saïdou était aussi candidat à la députation (cf. C. Fluchard *Le PPN-RDA*, p 49-50).

[274] Dans *Itinéraire*, Boubou Hama explique que le gouverneur Toby avait refusé de valider sa candidature par procuration et exigé sa présence (ce qu'il avait pourtant accepté pour un autre candidat, « *le gouverneur de l'époque vichyste étant foncièrement hostile au PPN* »). C'est en effet un cas presque unique d'un gouverneur qui a traversé le régime de Vichy et qui a été maintenu après la Libération.

[275] Le congrès de Bamako eut lieu du 18 au 21 octobre. Les élections législatives devaient avoir lieu le 10 novembre : il restait donc fort peu de temps pour aller jusqu'à Niamey déposer la candidature de Diori avant le 26 octobre à minuit. Boubou Hama et Diambala arrivent à 6 heures du matin et reçoivent de Filingue la candidature de Diori, envoyée par Jean Kaba et Ousmane Bassarou. Toutefois, malgré ses promesses à Bamako, Issoufou Saïdou fait lui aussi acte de candidature, en dehors du PPN-RDA.

[276] « *Les dés sont jetés, le sort est jeté* » : parole de Jules César lorsqu'il franchit avec son armée la petite rivière, le Rubicon, qui était à l'entrée de l'Italie et que le Sénat avait interdit de traverser aux légions venues de Gaule.

PPN, devenu section du RDA depuis la fin du Congrès de Bamako.

Leur candidat fut élu le 10 novembre 1946[277]. J'étais son représentant au Bureau de vote de Maradi. Il va sans dire, je ne cachais pas ma joie. Quelques jours après, le 15 décembre 1946, Boubou fut élu au Conseil général[278]. Le 3 novembre 1947, le conseiller général, devint Conseiller de l'Union Française[279], siégeant à Versailles en France et, en juillet 1948[280], grand Conseiller à Dakar.

Dès le 8 août 1947, le Député Diori Hamani et le Conseiller de la République, Sénateur de la Communauté, Djibrilla Maïga[281], demandèrent par lettre adressée au Gouverneur du Niger l'affectation du Conseiller Boubou Hama à Niamey.

Par décision du 22 septembre 1947, M. Boubou Hama, Instituteur du cadre supérieur, Directeur de l'Ecole Régionale de Dori, fut affecté au collège moderne de Niamey comme Adjoint par intérim. Etait-ce un poste vacant ou une création ?

---

[277] Sur 57.276 inscrits, il y a seulement 26.159 votants : Hamani Diori l'emporte avec 8.250 voix, Issoufou Saïdou 5.141 voix, Djibrilla Maïga 486 voix. Les candidats français : 7.213 voix Borrey et 4.729 voix Gougis.

[278] Dans *Itinéraire* p 96-97, Boubou Hama se rit du gouverneur Toby : en l'affectant à Dori pour le punir, il lui a donné toutes les chances d'être élu, car tout le monde le connaissait et l'estimait.

[279] Il y avait cinq listes en présence. Furent désignés : Boubou Hama, Borrey et Issoufou Saïdou. Francis Borrey (1904-1976) était chirurgien du corps de santé colonial, élu en 1946 au titre du 1er collège, il est Conseiller de l'Union française en même temps que Boubou Hama. Il est battu aux élections législatives en juin 1951 et en 1956. Il exercera cependant des postes de conseiller technique auprès d'Houphouët-Boigny et de Diori Hamani.

[280] Les grands conseillers furent élus en 1947, puis renouvelés en 1948 : c'est à ce moment que Boubou Hama devint grand conseiller.

[281] Mahamadou Djibrilla Maïga (né en 1908) avait été élu au Conseil de la République en janvier 1947, pour le deuxième collège. Il sera remplacé par Oumar Bâ en novembre 1948.

Enfin, par décision du Gouverneur général N° 104 /P/2 du 3 janvier 1948, l'Instituteur du cadre supérieur de 4è classe Boubou Hama est mis en position de congé hors cadre, sans traitement, à compter du 4 novembre 1947, lendemain de son élection au Conseil de l'Union Française[282].

Après, par la grande porte si je puis me permettre l'expression, Boubou Hama, ancien élève de l'Ecole Préparatoire de Téra (1916), de l'Ecole Régionale de Dori (1918-1924), de l'Ecole Primaire Supérieure de Ouagadougou, choyé par son maître, M. You, élève non moins choyé de M. Dupont, le Directeur de l'Ecole William Ponty en 1926-1929, bon instituteur du cadre secondaire (DAP en 1931), bon instituteur du cadre supérieur (DSAP en 1946), ethnographe et sociologue, en plus de son engouement pour l'histoire générale du monde et de l'Afrique, de l'empire de Gao en particulier, quittait honorablement l'enseignement sans décevoir ni ses anciens maîtres, ni ses directeurs d'Ecole successifs, ni ses inspecteurs d'Enseignement Primaire.

Il entrait dans une autre vie, une nouvelle vie, la vie politique avec un grand P. Là aussi, il ne déçut pas, car il sut tout de suite se mettre au diapason de la discipline des comités des cellules du parti, des chambres institutionnelles du Niger, de l'Afrique Occidentale, de la France.

En hiver 1947, Boubou Hama fit donc connaissance avec la France, cette France dont il se faisait une certaine idée. Pour la première fois, il foulait ce sol qu'il avait appris à aimer depuis l'Ecole de village de Téra, qu'il avait chanté à ses élèves pendant dix-huit ans tout en leur inculquant l'amour de la terre natale, celle du Niger, de l'Afrique. Dès les années 1936, à la naissance du syndicat des Instituteurs de l'Afrique

---

[282] La première réunion de l'Assemblée de l'Union Française s'est tenue le 10 décembre 1947. Il fallait donc que le statut administratif de Boubou Hama soit clarifié.

Occidentale Française[283], le Directeur de l'Ecole Elémentaire de Tillabéry d'alors s'était montré un grand patriote, un défenseur des Africains faibles, démunis, dans les limites tracées par la loi française.

Voilà le nouvel élu à Paris, la ville où, en 1789, furent réunis et ajustés ensemble pour l'éternité, les mots : *Liberté, Egalité, Fraternité*. Boubou croyait fermement et profondément en la vertu de ce triptyque des Révolutionnaires français de la fin du XVIIIe siècle, qui vit fleurir les idées des encyclopédistes de Diderot. Certes, mon grand frère, dès l'adolescence, était un révolutionnaire en herbe et ruminait en lui-même l'égalité entre les hommes créés par un seul et même Dieu. Il constatait déjà que tous les êtres humains sont égaux en naissant. Les différences entre eux surviennent au cours de la vie et d'après les préjugés forgés au cours des âges. Il constatait aussi que personne n'est éternel, que la mort frappe aussi bien le prince, le noble, que le plébéien et le patricien. Il acceptait donc et faisait sien le préambule des révolutionnaires, rédacteurs des Droits de l'Homme et du Citoyen : « *Tous les hommes naissent libres et égaux...* [284] »

Pénétré jusqu'au fin fond de son être moral par ces idées, Boubou Hama, fils de Fonéko, village de Téra, au cœur de l'Afrique Occidentale, éducateur formé et forgé par des maîtres de la Troisième République, prenait pied dans une des trois grandes chambres issues de la Constitution de la Quatrième République : le Conseil de l'Union Française, qui s'installa en fin de compte dans le Palais du « Roi soleil » à Versailles, non loin de la Ville lumière de Victor Hugo, Paris éternel. Son frère aîné, l'ancien tirailleur sénégalais de la guerre du Rif marocain, lui avait parlé de cette ville énorme ;

---

[283] Dans *Souvenirs* T6, parlant de ses activités avec Boubou Hama, L. Kaziendé rappelle : « *Depuis 1936, nous luttions ensemble dans le Syndicat des Instituteurs de l'AOF* ».

[284] Libellé exact de l'article 1 : « *Les hommes naissent et demeurent libres et égaux en droits. Les distinctions sociales ne peuvent être fondées que sur l'utilité commune* ».

son ancien maître, M. Hama Yobi, sorti de l'Ecole Normale d'Aix-en-Provence en 1924 avec son Brevet Supérieur d'Instituteur aussi. Il se faisait une idée de la capitale de la France, mais malgré son ambition de s'élever dans l'échelle sociale africaine, il n'avait jamais pensé qu'il pourrait, un jour, fouler les trottoirs des Champs Elysées.

L'y voici, décidé à jouer le nouveau rôle qui lui était désormais imparti, parmi ses camarades et collègues élus de RDA, à l'époque affiliés au Parti Communiste Français.

Il retrouva à Paris son aîné d'un an à Ponty, M. Ouezzin Coulibaly[285], député de la Côte d'Ivoire, avec lequel il avait partagé l'internat de Ouagadougou en 1924-1925, puis celui de Ponty en 1926-1927, 1927-1928 ; M. Mamadou Coulibaly, son promotionnaire, élu à Versailles comme lui ; Maître Lamine Gueye qu'il connut lorsqu'il s'opposait à M. Blaise Diagne à la députation du Sénégal entre 1926 et 1929[286] ; M. François Bouda[287], sorti aussi de Ponty, commis des Services administratifs et financiers de l'A.O.F. et qui servit au Niger entre 1936 et 1945 ; et naturellement son compatriote et collègue M. Diori Hamani, Député du Niger au Palais Bourbon. Il s'inscrivit tout naturellement au groupe RDA. Ainsi, il travailla d'arrache-pied avec des collègues soudanais, ivoiriens, gabonais, tchadiens, congolais.

---

[285] Dans *Albarka* T2 (p 111), on lit à propos de l'EPS de Ouagadougou : « *Il y avait aussi le grand Ouezzin Coulibaly. Je l'ai retrouvé bien des fois au cours de ma vie. A l'école normale fédérale de Gorée. En France, où il était député de Côte d'Ivoire. En 1952, il se trouvait en Afrique, mais il dut fuir à Paris, car il était poursuivi dans quarante-deux procès politiques. Longtemps après, il devint vice-président du gouvernement de la Haute-Volta* ».

[286] Quoique maire de Saint-Louis (1925), Lamine Guèye est battu aux élections législatives de 1928 par Blaise Diagne et aux élections municipales de 1929. Ce double échec le conduit à quitter le Sénégal pour devenir magistrat à La Réunion.

[287] François Daniel Bouda (1916-1991) : conseiller général en 1946-1957, élu à l'Assemblée de l'Union française (1948-1957), il sera ministre du gouvernement de la Haute-Volta (1961-1963, 1978-1980).

Les élus RDA agissaient de concert avec ceux du Parti Communiste Français. Des cours de politique, de dialectique leur étaient dispensés chaque soir par de grands professeurs aux idées socialistes. Boubou, très assidu, accomplissait de grands pas, des progrès énormes. Il aimait voir et entendre disséquer les grands problèmes brûlants du moment, suivait avec beaucoup d'attention la manière de raisonner, de démontrer scientifiquement la valeur et la vérité de ce qu'avançaient les éminents conférenciers. Des hommes très cultivés et remarqués. Le Conseiller de l'Union française du Niger ne perdait pas une minute. Il prenait des notes, était très attentif à tout ce qui se disait, absorbait fidèlement la façon d'exposer des grands tribuns socialistes. Le soir, couché souvent tard, sur son lit, il revoyait en mémoire ce qu'il avait vu comme gestes et entendu comme paroles dans la journée. Boubou s'instruisait à vue d'œil à l'Ecole socialiste. Marx et Friedrich Engels qu'il s'était procurés. Il voulait arriver à exposer avec talent, à parler en orateur avisé. Du médiocre, il en avait horreur. De l'à-peu-près, il n'en voulait pas entendre parler. Il était décidé à bien faire en toutes circonstances. Aussi, retournait-il rarement en Afrique, d'autant plus que certains de ses collègues restaient comme lui, assidus aux cours et aux conférences.

Ouezzin Coulibaly, du Comité de Coordination du Parti, aussi volontaire, aussi résolu que lui, légèrement plus ancien dans la vie parlementaire, l'entraînait dans son sillage. Habitant le même hôtel grâce à l'entremise du Parti, ils passaient ensemble des nuits blanches pour polir, astiquer, façonner un discours, une communication, un texte de grande portée politique et historique. Ils ne laissaient rien au hasard, prévoyaient toutes les ripostes, préparaient en conséquence les réponses possibles. Sûrs du cheminement dialectique de leurs idées, ils appliquaient en toutes circonstances les lois de l'art de s'imposer, de convaincre et de subjuguer son auditoire. Les deux anciens élèves de l'Ecole Primaire Supérieure de Ouagadougou et de Ponty fourbissaient chaque jour de mieux en mieux leurs armes. A la tribune du Palais Bourbon et à celle de Versailles, leurs interventions faisaient l'effet qu'ils escomptaient : on les écoutait avec intérêt et souvent avec respect.

Certes, à l'époque, tous les discours attaquaient fortement le colonialisme. Les sujets, relativement aisés à traiter à cause des exemples concrets que l'on pouvait citer, n'avaient rien d'aride et n'appelaient pas de sinueux développements philosophiques subtils. Cependant, il fallait quand même beaucoup de qualité oratoire pour se faire écouter, pour retenir l'attention des hautes assemblées de la République Française. Il fallait d'abord un style policé dans un discours proportionné, rédigé de façon à intéresser le plus de monde possible par son fond comme par sa forme. Bref, il fallait parler la langue de Descartes, clairement, nettement, de la façon la plus convaincante. Ce n'était pas facile pour ces deux instituteurs diplômés de Ponty, ces primaires qui ne pouvaient, en l'occurrence, que se confier à leur bon sens inné ; d'où leur zèle à suivre les cours et les conférences prodigués par le Parti Communiste français auquel ils étaient affiliés.

Le Conseiller de l'Union française Boubou Hama, parallèlement à ses activités normales, s'occupait d'une affaire qui lui tenait à cœur : le retour de Dori, son fief électoral, au Niger. En effet, la loi[288] avait reconstitué la Haute-Volta dans ses limites de 1926 qui englobaient Dori.

On sait que, s'agissant de cette réunification, le Morho Naba Saga ayant consulté le Naba du Yatenga (Ouahigouya – Haute-Volta) à l'occasion du 14 juillet 1946, les deux grands chefs du pays Mossi étaient tombés d'accord pour cette reconstitution (Ouahigouya faisait partie du Soudan Français depuis 1932). En avril 1947, le même Morho Naba Saga et le chef de Fada N'Gourma demandèrent officiellement au Président de la République française, M. Vincent Auriol, lors de son voyage à Niamey, la reconstitution de la

---

[288] la Loi n°47-1707 du 4 septembre 1947.

Haute-Volta. Le 4 septembre 1947, le décret portant reconstitution de la colonie défunte était pris par Paris ; deux mois avant l'élection de mon grand frère au Conseil de l'Union française. Dori retourna à la Haute-Volta après quinze ans passés au Niger. Le Conseiller général Ali Diaroumeye[289], vétérinaire africain au Niger, ne siégea plus à Niamey, mais à Ouagadougou où il se rendait à chaque session. C'était, naturellement, bien gênant et Boubou, devenu parlementaire à Paris, fit des pieds et des mains pour le retour de Dori au Niger. Il évoqua les liens historiques, religieux, économiques qui lient depuis Mathusalem, le Liptako à la région du fleuve. Il s'appuya sur les amitiés personnelles liées depuis sa tendre enfance avec certains groupes ethniques de la région. En vain. Dori resta en Haute-Volta, alors que sa population active vit plus avec les Nigériens que les Voltaïques. C'était un baroud d'honneur qu'il lui fallait livrer par acquit de conscience. Jusqu'à sa mort, le Président de l'assemblée disait de temps en temps : « Si les Nigériens m'agacent, je retourne dans mon pays, en Haute-Volta ».

En 1947, le Président du PPN- RDA était M. Mamadou Lamine Koumba, un Malien installé à Niamey depuis 1922. D'abord commerçant de bétail sur pied qu'il conduisait saisonnièrement à Koumassi (Gold Coast, aujourd'hui Ghana), cet homme qui pouvait bien à l'époque avoir une cinquantaine d'années, sérieux, riche, d'une moralité exemplaire, en imposait par sa conduite, son allure de proconsul, sa pipe monumentale, sa tenue toujours sobre, mais respectable, son sens de la démocratie et surtout par son autorité indiscutable et indiscutée.

A cette époque, le combat épique contre le PPN, devenu section territoriale du RDA, battait son plein. Le président

---

[289] Ali Diaroumeye (1916-1988) : ancien élève de l'école William Ponty (1930-1931) puis de l'école de médecine vétérinaire de Bamako (1932-1935), il est Conseiller général de Dori sur liste PPN-RDA en 1946 et Grand Conseiller à Dakar pour le Niger. A partir de 1947, il se retrouve en Haute-Volta

du Conseil territorial, un Français, devait tout faire pour soustraire ses conseillers à l'influence *néfaste* (comme on disait) du nouveau parti, né en octobre 1946 à Bamako. Des démissions furent remises, des lâchetés constatées, des consciences remuées très fortement, des combats intérieurs épuisants, éprouvants. Les chefs des colonies africaines avaient reçu l'ordre de tout mettre en œuvre pour arrêter d'abord l'expansion du RDA, et de l'extirper ensuite de leurs territoires respectifs. Ils devaient, en l'occurrence, se soumettre à la volonté de la Rue Oudinot où régnait un ministre MRP[290] ou se démettre. L'Eglise, elle-même, fut mise à contribution. En Haute-Volta, par exemple, des curés de paroisses n'hésitaient pas à qualifier les partisans du RDA de personnes vouées aux flammes les plus terribles de l'enfer. Leurs souffrances, dans l'au-delà, dépasseraient même celles de Lucifer en personne. Pourtant, l'Evêque de Ouagadougou, Monseigneur Thévenoud[291], que j'ai comparé en plusieurs circonstances à Richelieu, le cardinal premier ministre de Louis XIII, approuvait entièrement la lutte du Parti d'Houphouët-Boigny et souhaitait seulement son désapparentement d'avec le PC français. Il était pour les faibles, les paysans, le peuple qu'il côtoyait chaque matin et dont il connaissait les réelles souffrances. Le premier, il avait applaudi la suppression des travaux forcés. Jamais, il ne jeta l'anathème sur les dirigeants progressistes comme le voulaient et le demandaient certains directeurs de diocèses. Personne ne fut excommunié à ma connaissance, parmi les catholiques pratiquants du RDA, qui n'étaient pas légion, il est vrai.

La section nigérienne subit son lot de souffrances. Son représentant à Tillabéry fut trouvé pendu dans sa cellule à Tillabéry ; les affectations arbitraires accablèrent les fonctionnaires.

---

[290] Du 22 octobre 1947 au 28 octobre 1949, le ministre est Paul Coste-Floret ; du 28 octobre 1949 au 3 juillet 1950, le ministre est Jean Letourneau. Ces deux ministres sont MRP.
[291] Joanny Thévenoud (1878-1949) arriva en 1903 à Ouagadougou. Il resta 46 ans en Haute-Volta, dont il fut le premier évêque, le 1er mars 1922.

Ceux du cadre commun secondaire se virent déplacer pour d'autres colonies. La Guinée, le Soudan, la Haute-Volta reçurent les indésirables du Niger, surtout après la motion remise au Ministre des Colonies, de passage à Niamey, laquelle demandait le déplacement de M. Jean Toby, alors Gouverneur du Niger. Les élus RDA dans les différentes assemblées à Paris protestèrent. Ils étaient déjà amputés d'une unité : le Sénateur Mamadou Djibrilla ayant perdu sa place au Sénat de la Communauté dès la fin de la première année de fonctionnement de cette institution. En fait, il ne restait que Boubou à Versailles et Diori Hamani au Palais Bourbon. Soutenus par leurs camarades de Côte d'Ivoire, du Soudan (Mali), du Tchad, du Congo, du Gabon, ils exposèrent du haut de leur tribune respective, les évènements que vivait le territoire du Niger en 1947-1948. Boubou attaquait fort à Versailles. Des camarades, restés au Niger exposaient dans le journal *Réveil* (paraissant à Dakar, dont le Directeur M. Etchévérry[292] devait répondre moult fois devant les tribunaux), les excès de pouvoir public des « colons » comme on les appelait à l'époque. C'était une lutte sans merci entre l'intelligentsia groupée dans la section nigérienne du RDA et le parti UNIS créé par l'administration coloniale pour contrer le rayonnement de cette section.

---

[292] De mars 1944 à 1950, paraît *Le Réveil*. Charles-Guy Etcheverry, précédemment journaliste à *Paris-Dakar*, conseiller général socialiste, en est le directeur très actif. Il finira par être obligé de quitter le Sénégal, après avoir été emprisonné et obligé de payer des amendes pour délit de presse. *Le Réveil* publia des articles de Doudou Gueye, Ouezzin Coulibaly, Modibo keïta, Houphouët-Boigny, Ruben Um Nyobé, d'Arboussier, Bernard Dadié, Sékou Touré – côté nigérien, Djibo Bakary fut celui qui y publia le plus d'articles. Dans le n°350 du 7 février 1949, on lit un article de Boubou Hama : « Du Niger à la Côte d'Ivoire, l'Afrique s'éveille à la vie moderne ». Dans *Enquête*, Boubou Hama parle de : « *Doudou Guèye, le dynamique rédacteur de notre premier journal de combat Réveil* » p 525.

A l'époque, M. Djibo Bakary[293] tenait une place prépondérante dans le Bureau du PPN-RDA. Je le voyais bien souvent dans le sillage des deux élus lorsqu'ils se déplaçaient dans la subdivision de Filingué. Il va de soi que les visiteurs logeaient tous ensemble chez le directeur de l'Ecole. L'homme le plus agacé pendant ces visites était l'administrateur adjoint M. Espallargas[294], commandant la subdivision de Filingué à l'époque, partagé entre ses sentiments très humains qui le poussaient vers les Africains évolués (il s'était d'ailleurs marié légitimement et légalement à une métisse nigérienne, institutrice sortie de Rufisque, et son devoir de fonctionnaire français devant réprimer énergiquement le RDA, parti politique de la grande majorité de ces derniers. Le commandant de la subdivision et le directeur de l'Ecole, en privé, étaient des amis qui se comprenaient très bien. Mais, le premier faisait surveiller les alentours de la demeure du second dès l'arrivée des élus du RDA. Il exécutait les ordres reçus de Niamey et faisait rapport chiffré confidentiel chaque matin. En mon âme et conscience, je pense que le chef hiérarchique de l'enseignant était d'une probité exemplaire et tâchait, à chaque occasion, d'allier cette qualité à une conscience professionnelle aiguë. Homme mûr d'un certain âge en 1947-1948, pétri de vraie démocratie, honnête, il n'avait jamais travesti la vérité dans ses communications officielles avec les autorités de Niamey. En tout cas, pendant tout le temps qu'il était resté à la tête de la subdivision, aucun ennui n'arriva aux représentants locaux du PPN-RDA. Il est bon d'ailleurs de rappeler que l'administrateur des colo-

---

[293] Djibo Bakary (1922-1998) : ancien élève de l'école normale William Ponty (Sébikhotane), instituteur, secrétaire général du PPN-RDA (1947-1951) dont il est exclu en 1951, quand il refuse le désapparentement avec le PCF. Il dirige l'UDN (1954), le Sawaba, le MSA (1956), vice-président du conseil de gouvernement (mars 1956), maire de Niamey (19 novembre 1956). Il a raconté sa carrière politique, mouvementée, dans *Silence, on décolonise* (L'Harmattan, 1992).
[294] L. Kaziendé parle en termes très chaleureux de J. Espallargas dans *Souvenirs* T4.

nies, Jean Espallargas, est décédé à Niamey d'une crise cardiaque alors qu'il exerçait les fonctions de Directeur de Cabinet du ministre de l'Intérieur qui lui faisait entière confiance.

En 1947-1948, Boubou avait officiellement 42 ans. Replet, il était pourtant énergique et se déplaçait très aisément à pied. Un matin, alors que le chauffeur avait pénétré dans la brousse proche du logement du Directeur de l'Ecole, après le petit déjeuner, il parcourut presque au pas de gymnastique les quatre cents mètres qui séparent le lieu du bureau et la subdivision. Les camarades kourfeyaouas, adeptes du RDA, qui ne manquaient jamais l'occasion de venir saluer les représentants de « ceux qui ont supprimé les travaux forcés et les greniers de réserves de triste mémoire » (nous sommes en 1947-1948 et ce grand évènement n'aura jamais d'égal dans les annales du Niger), le suivaient avec peine. Il avait un rendez-vous avec le chef de la subdivision et ne tenait pas à avoir une seconde de retard. L'instituteur consciencieux dominait et dictait la conduite à observer par le parlementaire de l'Union française. « L'exactitude est la politesse des rois ! », m'a-t-il dit en ramassant son attaché-case.

Le Conseiller de l'Union Française à Versailles était resté ferme sur sa ligne de conduite de toujours : éviter tout ce qui peut conduire au tort, rester en toutes circonstances noble d'esprit, constant dans les idées, ferme dans les décisions, ne jamais chercher à tromper, à biaiser, aller droit au but, lutter jusqu'au bout pour ce qu'on croit être la vérité ; autant que possible écouter les autres et tenir compte de leurs avis, de leurs désirs et conseils, rester dans le juste milieu entre le rigorisme et le pragmatisme. La bonne foi ? Ce sera son violon d'Ingres jusqu'à la tombe : comme tout être humain qui agit, il commettra des erreurs ; mais ce sera toujours de bonne foi. Jamais, au grand jamais, le fils de Fonéko ne chercha, toute sa vie durant, à induire en erreur ceux qui l'écoutaient. Et, si jamais il l'a fait, c'est qu'il a cru que cette erreur était la vérité qu'il a voulu découvrir en toutes circonstances.

Truculent ? Oui, quelquefois. Présomptueux, outrecuidant, non. Boubou, en effet, aimait, dans l'exposition de ses idées, dire le plus possible, exposer longuement les arguments dans un style quelquefois pompeux. Ce défaut est d'ailleurs commun aux Africains de sa génération, de la précédente, et de la suivante dont la rhétorique s'appelait tout simplement le bon sens.

Certes, avec les « camarades » communistes français, en compagnie de Ouezzin Coulibaly et des autres élus du RDA, il était, comme je l'ai dit plus haut, assidu aux cours de dialectique, professés le soir par de hautes autorités, de grands professeurs, maîtres de l'éloquence du Parti. Ces exposés didactiques l'intéressaient à tel enseigne qu'il oubliait souvent le dîner ou le déjeuner. Il voulait posséder à fond l'art de la discussion, de la persuasion qui correspondait à une prédisposition de son psychisme, de sa conscience, de son moi. Depuis l'Ecole Primaire de Dori, sa mémoire lui permettait non seulement de retenir par cœur le texte de n'importe quelle leçon, mais surtout de vivre intensément, de sentir effectivement la poésie des récitations que ses maîtres successifs avaient cru bon de confier à sa mémoire d'adolescent. Jeune homme, à Gorée, il imitait le style des Parnassiens et apprenait tout seul de longues tirades de ces auteurs. A Ponty, durant trois ans, il admira M. Dupont, le Directeur de l'Ecole, dont il conserva cette habitude d'avoir toujours un livre à la main et un crayon pour souligner, un passage intéressant. Son ancien maître M. You lui avait déjà communiqué à l'Ecole Primaire Supérieure le goût de vivre avec le livre, à consulter même en pleine rue n'importe où, au risque de se faire écraser par un bolide quelconque.

Nous avons vu que Boubou aimait passionnément l'histoire, la sociologie et toutes les sciences humaines. Jeune instituteur, il se lança de bonne heure dans les recherches sur le grand empire de Gao en même temps qu'il essayait de comprendre les us et coutumes du peuple songhaï. Détecté par le Docteur Boulnois, un passionné aussi du passé médiéval des Songhaïs, ils écrivent ensemble dès 1938[295], le livre sur l'empire de Gao des Askias.

C'est pétri de cette formation personnelle autodidactique que le quinquagénaire Boubou Hama entrait de plain-pied dans l'arène politique africaine ; avide de savoir, de comprendre, avide surtout de convaincre. Débordant d'énergie, entièrement occupé par son nouveau rôle, différent de celui d'éducateur, insensible aux attractions de la rue, de la ville, réfractaire aux charmes féminins. Un seul idéal l'absorbait tout entier : la réussite du Parti en Europe et en Afrique. Dans ce but, il avait engagé son corps, son âme et ses biens.

Sans idée préconçue sur les problèmes qu'il rencontrait sur son nouveau chemin, mais imbu des nouvelles connaissances théoriques, logiques qu'il acquérait, il aimait appliquer la dialectique dans toutes les discussions, surtout pour décortiquer les situations présentes qu'il trouvait au bureau du RDA à Niamey. Alors ses développements, souvent longs, quelquefois même assez brumeux, devenaient ennuyeux pour ceux qui essayaient de suivre ses idées. Et comme son péché mignon était celui de ne pas tolérer les interruptions, ses compagnons locaux lui avaient collé l'étiquette de *dictateur*[296] et ses adversaires celui de *bulldozer*.

---

[295] Comme il a été indiqué précédemment, le Docteur J. Boulnois est au Niger de février 1941 à juin 1943.
[296] Boubou Idrissa Maïga, allant dans le même sens que Léopold Kaziendé, écrit à propos de son père : « *Je voudrai m'arrêter sur un côté de mon père, d'autant plus que ce côté est moins connu, je dirais même méconnu, car on l'a toujours présenté comme une sorte de « Jupiter cynique », toujours prêt à lancer son tonnerre contre ses amis, ou même contre ses ennemis. Mais celui qui, une seule fois, a pu voir ses yeux si pénétrants et doux, si pleins d'amour et de bonté, celui qui a entendu son rire contagieux et souvent aux éclats, celui-là saura que le cynique et froid n'est qu'un homme, un grand, un très grand sonrai, de toute bonté. On le présente souvent comme un dictateur, alors qu'il n'est autre qu'un cœur, un grand cœur inépuisable accessible à tous - grands et petits - surtout à la jeunesse nigérienne pour le compte de laquelle il a écrit beaucoup de livres. Beaucoup pourraient au Niger apporter ce témoignage en toute honnêteté intellectuelle, car je l'ai vu, à plus d'un titre, laisser, abandonner ses travaux personnels pour être utile aux jeunes ; je l'ai vu aider de ses propres deniers, les premiers pas et même l'adolescence du Parti PPN-RDA et quand il fallait soutenir un*

Ce mot *dictateur*, il ne l'avait jamais accepté. Il en souffrait cruellement au tréfonds de son âme et jusqu'à sa mort, de temps en temps, il se rappelait l'attitude faussement méchante de ceux qui l'avaient affublé de ce nom. Certes, dans les discussions, il pouvait s'enflammer, mais jamais, au grand jamais, il n'avait voulu se départir intentionnellement de la démocratie, jamais au grand jamais il n'a eu l'idée d'imposer coûte que coûte ses idées. Ses interlocuteurs ne faisaient pas la part des choses et ne comprenaient pas que le néophyte en dialectique adorait parler, expliquer pour convaincre. Il avait acquis ce défaut, si défaut il y a, en écoutant, en imitant les érudits en la matière du Parti Communiste Français. Il mettait tout simplement en application des théories marxistes-léninistes qu'il venait de découvrir et qui sont d'une logique indiscutablement convaincante. Au cours des réunions internes du PPN-RDA, il recevait souvent à brûle-pourpoint ces avertissements :

- Toi aussi, laisse les autres parler !
- Tu ne dois pas être seul à tenir le crachoir !
- Tu n'es pas seul à avoir une bouche !
- Tu exagères Boubou, laisse la parole aux autres !

Les plus sévères criaient :

- Halte, dictateur ! Assieds-toi, passe la parole aux autres !

Boubou ne se fâchait pas. Il se remettait à sa place, mais son raisonnement continuait à se développer dans sa tête à tel point que, quelquefois, sans demander l'autorisation au Président de séance, sans entendre ce que disaient les autres orateurs, il se levait brusquement et continuait tout bonnement son exposé. On le priait alors de s'asseoir, d'écouter les autres et d'attendre son tour.

Ainsi était sa nature. Lutter ? Il aimait le faire à armes égales. Il goûtait jusqu'à la moelle de ses os la victoire. Mais,

---

compagnon de lutte, un compagnon dans le malheur, là aussi ; il était présent » (p 83 de *Figure d'ange, âme de revenante*).

s'il se commandait, il ne laissait jamais apparaître sa joie, comme il savait cacher sa peine en cas d'insuccès. Il répétait à ses familiers : « Sachez vous maîtriser devant toutes les vicissitudes de la vie, sinon vous ne serez pas dignes de vous appeler hommes. Les grands hommes tels les Alexandre de Macédoine, Napoléon 1er, les grands prophètes tels Jésus-Christ, Mahomet commandaient effectivement leurs systèmes nerveux et ne réagissaient que selon leur propre volonté ». A quoi je répondais : « Tout le monde n'a pas le menton volontaire du général Bonaparte ».

Boubou exécrait, par-dessus tout, les machinations, les faussetés, les tractations mal famées, les affaires louches montées de toutes pièces dans le but de salir un adversaire et d'induire les militants du PPN-RDA en erreur. Malheureusement, fort malheureusement, ceux qui venaient le voir n'étaient pas tous des anges et le conduisaient quelquefois dans des marais où l'on s'enlisait et d'où l'on ne sortait que fourbu, blessé, incapable de regagner le bon terrain ferme. C'est humain. Partout où il y a des hommes, ces erreurs communes à l'humanité entière se produisent : la vie humaine se passe. Elle s'est ainsi passée et, demain, elle passera ainsi comme en l'an 1 et en 1983. La médisance et la calomnie sont deux vices qui troublent la jungle terrestre, égoïstement dominée par les plus forts depuis des siècles et des siècles.[297]

Cette vérité, le fils d'Hama de Fonéko la savait. Il se méfiait comme de la peste des interventions dans les affaires publiques ou privées. Il évitait à tout prix que les membres de sa famille se mêlassent aux tractations inévitables qui se

---

[297] Cette rare reconnaissance d'erreur est rattachée à la nature humaine, et ne peut donc être rapportée au PPN-RDA en tant que tel. On trouve le même genre de jugement dans *Souvenirs* T6, quand L. Kaziendé entend à la radio les anciens profiteurs du régime Diori qui font allégeance aux militaires : « *Des Judas ? Ma foi, depuis que le monde est monde, il en existe, il en existera toujours, partout, dans tous les siècles. C'est comme qui dirait une tare de l'espèce humaine* ».

nouaient autour de lui. Rétif, il rabrouait les autres familiers venus « lui raconter des histoires ». Et combien de fois Madame Boubou a répété cette phrase avant sa mort en 1980 : « Eh ! Ne perdez pas votre temps, *Samafou* ne m'écoute en rien ; ne perdez pas votre salive ! » Et le visiteur ou la visiteuse s'en retournait la tête basse.

Dans les années 1948, les affaires, qui conduisaient nos militants de la région de Niamey au bureau du RDA, concernaient surtout la propriété des terres dans la vallée du fleuve et ses alentours. Ce problème, l'ancien directeur de l'Ecole Elémentaire de Tillabéry, l'instituteur du cadre secondaire Boubou Hama, l'avait déjà abordé dans son étude chez les Kourtey, les Woghos, les Sonraïs, les Zarmas du cercle. Plus tard, entre 1953 et 1958, il approfondit cette question.

En France donc, alors que son collègue au Palais Bourbon se concentrait sur le problème des Anciens Combattants de l'Outre-Mer, lui, à Versailles, outre ses occupations écrasantes au Bureau de Coordination du Parti et à l'Union Française, réfléchissait sur la question des terres et exécutait des recherches sur la propriété foncière en Afrique et singulièrement au Niger. Cette question l'intéressait depuis bien longtemps, depuis sa sortie de l'Ecole William Ponty en 1929. Au même moment où il se familiarisait avec l'occultisme, il pensait à la genèse de la propriété des terres dans les îles et la vallée du Niger, de Labezenga à Gaya. Il prenait des notes, compulsait des documents, des études faites par des africanistes, qui s'étaient penchés sur ce problème depuis la conquête. Je me rappelle encore les citations de Maurice Delafosse[298], de Tauxier[299], d'Ardant Du Pic[300] et d'autres encore qu'il aimait à

---

[298] Maurice Delafosse (1870-1926) : auteur d'une vingtaine d'ouvrages sur l'Afrique de l'Ouest. Il avait épousé en 1907 la fille du grand arabisant Octave Houdas (1840-1916), traducteur du *Tarikh es Soudan,* et il avait traduit avec son beau-père le *Tarikh el Fettach* – ces deux tarikhs si souvent cités par Boubou Hama.
[299] Louis Tauxier (1871- 1942), administrateur colonial, est l'auteur d'une trentaine d'ouvrages sur l'Afrique de l'Ouest ; Boubou Hama cite *Le Noir*

rappeler pour étayer ses idées. Si au Fouta Djallon, la terre appartient au chef féodal et si, en pays mossi, les us prévoyaient des propriétaires de la terre différents des chefs coutumiers, descendants de Ouédraogo, leur ancêtre à tous, en pays songhaï-djerma, la question n'était pas aussi nettement tranchée. Avant la conquête française, à qui appartenait la terre ? Qui détenait le pouvoir de sa distribution ? Appartenait-elle à la famille ? À la tribu ? Au plus brave de la famille ou de la tribu ? Au guerrier réputé de la région ? A qui ?

Les migrations très récentes des Woghos, des Kourtey, des Bellahs et des Songhoïs (XVIII° siècle) n'ont pas eu assez de temps pour se forger une coutume sur la propriété foncière sur une terre fort agitée par de fréquents remous meurtriers. Boubou les énumère toutes dans son étude *Problème agraire au Niger* et indique que le chef wogho est devenu propriétaire féodal de la terre occupée par sa tribu entre Tillabéry et Niamey grâce à l'administration française ; que celles des îles appartiennent aux Kourtey, conquérants redoutables, sans spécifier si cette propriété s'exerçait par le canal d'un chef coutumier ; que les Bellahs, ces « *serfs noirs à l'origine et dans bien des endroits encore, entièrement dévoués à leurs maîtres touareg dont ils ont assimilé la culture* », étaient déjà descendus assez au sud du Sahel, le long du Niger, jusqu'aux environs de Daïkaïna, Daïberi, Sona, à l'ouest dans l'hinterland jusqu'aux environs de Dori, de Tombori, Téra, à l'est le long de Dallol Bosso (Imanan, Tagazzar). A Dargol s'étaient installés les Bellahs Saramsaram. Leurs maîtres, les Logomaten à l'ouest, les Ouillimiden à l'est, leur rendaient visite et prélevaient des redevances. Les Songhaïs, les Kourtey, les Woghos, prêtaient des terrains de cultures à ceux qui exprimaient le vœu de

---

du Yatenga (1917) dans *Le retard de l'Afrique* (Présence africaine, 1972) p 46, dans *L'empire songhay* (PJ Oswald1974) et dans la plupart de ses livres.
[300] Charles Pierre Ardant du Picq (1879-1940) auteur de plusieurs ouvrages ethnographiques dont : *Une population africaine : les Dyerma* (Paris, Larose, 1932) ; *La langue songhay : dialecte dyerma* (Paris, Larose, 1933).

devenir cultivateurs. Mais, en fait, ce ne fut que le Chef An-Awar, un notable targui créé et soutenu par les conquérants français en 1898 et placé à la tête des Bellahs sédentaires ayant refusé de suivre les Ouillimiden dans la région de Ménaka absolument pastorale, qui accentua la sédentarisation. Elle est donc très récente pour se forger un régime domanial. Et Boubou se résume en ces termes[301] :

« En règle générale, les usages du sol (…) mettent en cause le Droit, la Propriété de la terre, mais donnent des indications utiles sur l'étendue, la localisation et l'urgence des problèmes domaniaux dans une région déterminée. Le cas du Niger n'est pas suffisamment connu.

Il se manifeste à l'observateur comme un malaise. Du moins, on l'a regardé comme tel. L'exécutif, dès qu'il a songé à revaloriser le paysannat, s'est trouvé en face de cette difficulté. En ce moment même, celle-ci, en maints endroits, s'exprime dans un langage humain déchirant.

Nous qui représentons les usagers de la terre, qui sommes auprès de l'administration leurs mandataires, il nous appartient d'intervenir dans le débat, d'y apporter, pour l'éclairer, notre concours entier.

Là où les conditions sont remplies, ne pouvons-nous d'ores et déjà sur le plan de la coutume, affirmer qui est le véritable Propriétaire coutumier de la Terre, donnant droit à l'évolution d'installer celui-ci dans son droit ?

Le triomphe de cette idée nous mène vers l'établissement du Cadastre où, selon les cas, à un mouvement d'approche semblable.

Recensement des champs, leur immatriculation ou tous autres genres d'identification susceptible, progressivement, de conduire à l'inventaire des terres, à la création d'un cadre.

Seul le fonctionnement de celui-ci permettra à l'exécutif de suivre avec certitude l'émancipation du droit d'usage sur le sol, dans le temps et dans l'espace, de profiter des leçons de cette émancipation dans le triple champ de l'action économique, sociale et politique ».

Certes, Boubou écrivait ce texte lorsqu'il était Conseiller général, Grand Conseiller de l'AOF pendant la lutte épique du

---

[301] Cf. aussi *Kotia Nima* T2 : « Le problème domanial dans les pays zarma et songhaï » (p56-80).

PPN-RDA pour l'émancipation des peuples africains en général, et des Nigériens en particulier. A l'époque, l'administration coloniale appuyait à fond l'idée que la terre du canton (souvent créée pendant ou immédiatement après la conquête, 1898… 1916) appartenait à son chef, lequel, trop souvent, exagérait et arrachait des champs aux militants du RDA au profit des adversaires de ce parti. Nombreux étaient les cas d'expropriation à cause de cette malheureuse situation. Le militant devenu responsable à l'échelon de l'Union Française s'efforçait d'expliquer qu'en réalité, la terre, de père en fils, appartient au cultivateur. D'où l'idée de cadastre lancée.

D'ailleurs, pendant l'autonomie et surtout après la proclamation de l'indépendance du Niger le 3 août 1960, les vrais propriétaires des terres aux alentours de Niamey se signalèrent par des ventes de parcelles prélevées sur leurs domaines à des privés en quête de vergers, de terres de maraîchage, ou, tout simplement, de terrains d'habitation. Les gens de Saga (haoussa et gourma) de Kirkissoï, de Lamordé, de Yantala, de Goudel, descendants des familles aborigènes ou conquérantes des siècles passés, firent valoir leurs droits, même à l'Administration qui les admit et dédommagea moult fois les propriétaires dits « coutumiers » en cas d'expropriation pour utilité publique. Aucun chef de canton ni de village ne leva la voix pour réclamer son dû au nom de la coutume, pour empêcher ces transactions qui continuent d'ailleurs de nos jours et de plus belle. En réalité, les terres dont il était question avaient des propriétaires : les descendants des derniers conquérants avant la conquête française entrée dans sa phase active à partir des dernières années de XIXe siècle. Dans le canton de Lamordé, il eut des scènes très poignantes. Les *rimaïbés*, captifs de Peuls exploitant des terres sur le bord du fleuve, furent purement et simplement expropriés par ceux qui prétendaient être leurs maîtres et qui vendaient leurs champs à des étrangers, en quête de rizières, de potagers, de jardins potagers. Souvent, maîtres et captifs se targuaient de militantisme dans le RDA. Alors le Parti, saisi par les uns et les autres, passait des moments difficiles, critiques même. Des défections dangereuses avaient lieu au profit du parti adverse, les Sawaba à teinture socialiste.

Le problème domanial a sérieusement remué la région de Téra, initialement acquise à la cause du RDA. Si en 1964[302], la résistance des sawabistes a duré dans le Songhoï, c'est qu'il avait des complices intérieurs, anciens du RDA, qui reprochaient au Parti d'avoir mal réglé un litige des champs. Dans Téra, Dargol, Kokoro, Diagourou, Gothey, des Sonraïs et des Peuls d'une certaine notoriété, aidaient, ravitaillaient les porteurs de mitraillettes et de pistolets venus du Ghana et du Mali, lesquels pensaient être reçus en libérateurs par la population rurale. Si le triomphe en leur faveur n'eut pas lieu, ils furent quand même incessamment aidés par des hommes se croyant frustrés par le RDA au pouvoir. Ce sacré litige des champs était parfois malaisé, inextricable. Au tout début, le Conseiller général, grand Conseiller, Conseiller de l'Union, Boubou Hama, intervenait dans le règlement des litiges, surtout dans les environs de son Fonéko natal. Très tôt, les différents plaignants lui firent comprendre que, coutumièrement parlant, il n'avait pas le droit de « parler » dans pareilles circonstances, étant donné son origine *castée*. Il y eut dans le Dargol et le Kokoro des paroles désagréables à son adresse. Il se retint dorénavant et laissa les autorités et les élus locaux s'occuper des litiges de champs, ces sombres histoires éclatant chaque année au début de chaque hivernage. Les administrateurs français, sur la brèche, essayaient, de leur mieux, de faire la part des choses et souvent se faisaient appeler colonialistes par un Parti ou l'autre suivant que le règlement était favorable à l'un ou à l'autre militant. Quelquefois, deux militants du même parti s'affrontaient, rageurs. Dans ce cas, indubitablement, l'affaire traînait en longueur pendant des mois, des années même, car son règlement me-

---

[302] En septembre octobre 1964, les éléments du Sawaba commencent à attaquer les postes frontières. Le 13 avril 1965 aura lieu une tentative d'assassinat de Diori.

naît toujours à une scission parmi les militants du Parti intéressé.

Pourtant, à partir de 1945, à la naissance de la quatrième République, la France qui avait admis le principe de la représentation des populations d'outre-mer dans les Assemblées françaises (qui avait aboli le travail forcé par la loi Houphouët-Boigny du 11 avril 1946[303], et qui, par celle dite de Lamine Guèye[304] en date du 7 mai 1946[305], faisait de tous ses anciens *sujets* des *citoyens* français sans mettre en cause le statut civil personnel des intéressés), la France des Encyclopédistes, dont les idées universellement acceptées parce qu'universellement vraies, la France avait ainsi, aux yeux du monde ébahi, révélé qu'elle restait égale à elle-même, protagoniste des vérités éternellement acceptées par l'Humanité tout entière. Fort de ces deux grandes conquêtes initiales de cette époque où, récemment sortie victorieuse, mais absolument meurtrie de la Seconde Guerre mondiale, la Métropole cherchait la voie future à suivre avec ce qu'on appelait alors la France d'outre-mer ou l'empire français, le conseiller de l'Union, le grand Conseiller et le Conseiller général Boubou Hama demandait aux autorités d'être conséquentes avec elles-mêmes en admettant que la terre appartînt, outre-mer, au citoyen qui la travaille, que sa propriété fût reconnue et

---

[303] Dans *Itinéraire* p 71, Boubou Hama reproduit les trois articles de la loi. Il ajoute aussi la loi de liberté d'association (13 mars et 18 avril 1946), la loi sur la liberté de réunion (11 avril 1946), la suppression de la justice indigène en matière pénale (30 avril 1946) et la loi sur la liberté de la presse (27 septembre 1946).

[304] Lamine Guèye (1891-1968) : avocat, magistrat, maire de Dakar, sous secrétaire d'Etat, député.

[305] Loi du 7 mai 1946 : « *Article unique : A partir du 1er juin 1946, tous les ressortissants des territoires d'outre-mer (Algérie comprise) ont la qualité de citoyen, au même titre que les nationaux français de la métropole et des territoires d'outre-mer. Des lois particulières établiront les conditions dans lesquelles ils exerceront leurs droits de citoyens. La présente loi, délibérée et adoptée par l'assemblée nationale constituante, sera exécutée comme loi de l'Etat. Fait à Paris, le 7 mai 1946. Signé : Félix Gouin* ». Repris tel quel dans l'article 80 de la Constitution de la IV° République, cela n'empêcha pas l'institution des deux collèges électoraux !

matérialisée par un cadastre. Il demandait simplement l'application des lois votées par l'Assemblée Nationale française au Palais Bourbon.

Malheureusement, les autorités administratives en place à Madagascar, Brazzaville, Dakar réagissaient à ces lois jugées trop progressistes et résistaient énergiquement à l'action des élus locaux. L'affaire des députés malgaches[306] et les divers remous çà et là en AOF, en AEF, au Cameroun, au Togo, assombrirent l'horizon ; la répression contre le RDA en Côte d'Ivoire, au Soudan français, au Niger entra dans sa phase active.

En vérité, à cette époque et depuis surtout la Constitution d'avril 1946, qui consacrait l'abolition du travail forcé et entérinait la loi Lamine Guèye, les Français restaient divisés sur la conception future des rapports de la Métropole et de son empire. Les uns, les progressistes, soutenus par l'intelligentsia africaine, demandaient purement et simplement l'Assimilation avec ses conséquences à la République française, une et indivisible. Cela donnerait une France aux cent millions d'habitants citoyens français égaux en droits comme en devoirs. C'était le but cherché pour la loi Lamine Guèye. Les autres refusaient l'Assimilation, qui, par le jeu de la majorité, donnerait la suprématie aux peuples d'outre-mer plus nombreux. Ils prônaient le fédéralisme « avec le dessin de soustraire les colonies au courant démocratique qui prévaut dans la Métropole ». L'article 40 proclame pourtant la France une et indivisible. Les articles concernant les territoires d'outre-mer sont disséminés dans le reste du texte. L'article 41 dit que *« la France forme avec les Territoires d'outre-mer et leur popula-*

---

[306] Suite à l'insurrection malgache et à sa violente répression, la levée de l'immunité parlementaire des trois députés malgaches (Raseta, Ravoahangy et Rabemananjara) à l'Assemblée nationale, le 6 juin 1947, donna lieu à des débats houleux, dans lesquels l'ensemble des députés d'outre – mer, *toutes tendances politiques confondues*, s'unirent contre la décision qui fut prise de lever leur immunité – pour pouvoir les condamner, le 4 octobre 1948, à mort ou aux travaux forcés à perpétuité.

tion d'une part, et avec les Etats associés d'autre part, une Union librement consentie dont les ressortissants jouissent des droits et libertés de la personne humaine garantie par la Présente Constitution »[307].

Les dispositions de la loi sont nettes et claires. Les habitants des anciennes colonies appelées désormais territoires d'outre-mer étaient devenus des citoyens français. Dans la pratique, les décrets d'application ne pouvaient plus dérober au texte de la Constitution la teneur des dites dispositions. En conséquence, le Conseiller de l'Union Française réclamait le « Droit à la possession de la terre pour le citoyen qui la cultive, la soigne, de père en fils ». Mais sa voix s'est évanouie dans le labyrinthe des considérations locales, dans le glacis des réalités propres à chaque région, à chaque ethnie, aux us et coutumes plus ou moins codifiés propres à chaque ancienne colonie. Les administrateurs français, en contact avec la population, sonnaient l'alarme et attiraient l'attention sur la situation dans les cercles et subdivisions sous leur commandement. Alors, la dialectique du représentant du Niger à Versailles se perdit comme celle de ses camarades députés et sénateurs dans les échos sonores des voûtes des augustes Assemblées à l'échelon de Paris. Boubou se savait

---

[307] La première Assemblée Constituante a proposé un projet de Constitution, où figurent les articles 40 et 41 cités par Kaziendé. Mais le texte, voté par la deuxième assemblée constituante, a réorganisé les articles. En effet, dans la Constitution de la IV° République, le titre VIII est entièrement consacré à l'Union française (articles 60 à 82). Mais, déjà, dans son Préambule, il est déclaré : « *La France forme avec les peuples d'outre-mer une Union fondée sur l'égalité des droits et des devoirs, sans distinction de race ni de religion. L'Union française est composée de nations et de peuples qui mettent en commun ou coordonnent leurs ressources et leurs efforts pour développer leurs civilisations respectives, accroître leur bien-être et assurer leur sécurité. Fidèle à sa mission traditionnelle, la France entend conduire les peuples dont elle a pris la charge à la liberté de s'administrer eux-mêmes et de gérer démocratiquement leurs propres affaires ; écartant tout système de colonisation fondé sur l'arbitraire, elle garantit à tous l'égal accès aux fonctions publiques et l'exercice individuel ou collectif des droits et libertés proclamés ou confirmés ci-dessus* ». Dans la Constitution, les articles 40 et 41 concernent le Président de la République. Il y a probablement une erreur sur les numéros des articles.

incompris sur ce terrain qualifié de « glissant » par les tenants de la colonisation telle qu'elle existait avant 1946. Il se savait aussi incompris par ceux-là mêmes qu'il représentait à Versailles et qu'il défendait. Alors, il se contenta désormais de la lutte contre les adversaires politiques, ceux de l'UNIS, d'obédience gouvernementale qu'il culbutait à chaque rencontre face à face, comme le bulldozer déracine les rochers sur le parcours des routes nouvelles. Ainsi, les camarades du PPN-RDA le surnommèrent le « bulldozer ». Les occasions de rencontres contradictoires ne manquèrent pas entre 1945 et 1950 où le gouvernement provisoire devint la quatrième République ayant à sa tête le premier Président de la République, le socialiste M. Vincent Auriol,[308] qui visita Niamey en avril 1947[309]. Au Palais Bourbon, le député Diori Hamani, à Versailles le Conseiller de l'Union Boubou Hama, s'occupaient des affaires nigériennes, africaines et malgaches.

La visite du Président de la République réunit pour la première fois, à Niamey, tous les chefs coutumiers du Niger dont le grand sultan de Zinder Moustapha et le souverain de Fada N'Gourma (Fada faisant encore partie de la Colonie du Niger). Le Morho-Naba Saga de Ouagadougou, arrivé par la route logeait chez Tinga Mossi, un originaire de la région de Koudougou, surveillant des travaux publics en poste à Niamey. Le Gounga-Naba, Baloum Naba, le Ouidi Naba, accompagnaient l'Empereur. La réception fut grandiose pour l'époque. Le Président de la République, en tenue blanche barrée de l'écharpe du Grand Cordon de la Légion d'honneur, un casque colonial sur la tête, peinait visiblement, en ce jour de mois de mars, très chaud et couvert de brume

---

[308] Vincent Auriol (1884-1966) : ministre de 1936 à 1938, président de l'Assemblée constituante puis de l'Assemblée nationale (1946-1947), il est le premier président de la République de la IV° République.

[309] Dans *Souvenirs*, T4, Kaziendé a consacré une dizaine de pages à cette visite au cours de laquelle il reçut les palmes académiques. L'administrateur Pierre Cros l'a raconté aussi, de son point de vue, dans *Niger, la paix nazaréenne* (p 179-183).

sèche augmentant la lourdeur de l'atmosphère pesante. Debout dans une voiture blanche découverte, M. Vincent Auriol remerciait du geste des deux mains, au nom de la France tutélaire, la foule serrée et multicolore dont les claquements des paumes se perdaient dans les rugissements des tam-tams, des tambours, des trompettes. Depuis l'aéroport jusqu'à l'entrée du Palais du Gouvernement, le Niger entier ovationnait le premier président de la République française à fouler son sol. C'était du « Jamais vu ». C'était l'explication de son allégresse malgré le temps lourd défavorable aux festivités.

Quelques semaines avant l'arrivée en visite au Niger du Président Vincent Auriol, des évènements de grande importance se déroulaient en Côte d'Ivoire. Depuis la création en octobre 1946, le RDA, affilié en métropole au parti communiste fut la cible des nombreux colons puissants installés en Côte d'Ivoire. Le Gouverneur Latrille[310], qui appliquait sur place les recommandations de Brazzaville, travaillait en parfaite symbiose avec le syndicat des planteurs africains présidé par le Député Houphouët-Boigny. Il fallait s'en débarrasser à tout prix. Pendant deux ans, de 1945 à 1947, les colons ivoiriens y travaillèrent de toutes leurs forces et à la force de leur intelligence. Le Ministère des colonies fut inondé de plaintes contre le Gouverneur et son Député qui avaient osé envoyer en France en octobre 1946 cent cinquante étudiants qui reviendraient en Côte d'Ivoire aussi instruits que les Blancs et revendiqueraient leur place au soleil. On colla l'étiquette *communiste* au chef du territoire. Son chef de Cabinet Lambert[311] était détesté dans les milieux européens : Gouverneur

---

[310] André Latrille (1894-1987) sert au Cameroun, en Oubangui ; il est au Tchad en 1940 dont il est gouverneur en 1942. De 1943 à 1945, il est gouverneur en Côte d'Ivoire puis, à nouveau d'avril 1946 à février 1947. Comme il n'y avait pas de lycée en Côte d'Ivoire, il aida l'initiative d'Houphouët-Boigny, pour envoyer les élèves ivoiriens en France – ce que l'administration coloniale vit d'un mauvais œil.

[311] Jean Lambert (1898-1961), ingénieur électricien, diplômé de l'école coloniale, médaillé de la Résistance, il était membre du parti communiste depuis 1922. Il servit en Côte d'Ivoire en 194041 puis à nouveau comme

rouge, chef de Cabinet rouge, Député à la solde de Moscou, devaient être mis à l'écart, coûte que coûte. Il fallait trouver une cause, une raison acceptable par Paris. Cette raison fut offerte par le Révérend Père Favier en congé en France en 1946, qui entretint certains milieux politiques de ce qu'il avait appelé le scandale de l'Indénié. Il s'agissait, en réalité, d'un chef indigène, révoqué en 1945 par le Gouverneur Latrille, du nom de Essey Bonzo, convaincu de prévarication, d'escroquerie et de violation grave de la coutume. Ce chef, qui portait le titre de roi de l'Indénié, se réfugia en Gold-Coast (Ghana) avec des partisans. Son remplaçant, son neveu Amoikon Dihyé, intronisé, apparenté au Député Houphouet-Boigny, fut pris en aversion par le R.P. Favier parce qu'il refusa de lui céder une parcelle de terrain près de la chapelle. Le représentant de l'Eglise catholique entreprit une campagne en faveur du retour du « bon chrétien » détrôné. En 1946, début 1947, les partisans de Bonzo s'agitèrent et annoncèrent le retour prochain du « Vrai roi ». Le 1er février, le Père Favier le reçut, en effet, dans la concession de la Mission catholique, vidée de ses habitants pour la circonstance. Le roi Amoikon Dihye, assiégé, ne put bouger de son palais.

Le Gouverneur Latrille, en tournée au Nord de la Côte d'Ivoire, prévenu, se rendit aussitôt[312] à Abengourou accompagné de son chef de cabinet. Tous deux furent contraints de gagner l'estrade de la résidence, la foule étant surexcitée. Lambert protégeant son chef reçut un coup de bâton. Les gendarmes, après sommation, intervinrent ; résultat : quatre morts sur le terrain, fuite effrénée des assaillants qui croyaient que les balles des militaires étaient chargées à blanc.

---

chef de cabinet du gouverneur Latrille. Il était l'ami d'Houphouët-Boigny. Il eut maille à partir avec les colons et des administrateurs et dut partir en Mauritanie en 1948 puis fut révoqué en 1949.
[312] Le 7 février.

Après ces évènements tâchés de sang, montés de toutes pièces par les anti-RDA, Latrille partit pour toujours de la Côte d'Ivoire et demanda aussitôt sa retraite[313].

L'affaire d'Abengourou préoccupait les élus RDA de Paris, appuyés, en cette circonstance par le PC français. C'était normal. Boubou, parmi eux, remplissait comme il fallait son devoir à l'Union française, dans les réunions du Comité de Coordination, dans toutes les instances du Parti.

1948, vit la résurrection de la Haute-Volta, détachée, et pour cause, de la Côte d'Ivoire. Le Soudan perdit Ouahigouya et Tougan, le Niger Dori et Fada N'gourma. On plaça à la tête de la Colonie recréée le Gouverneur Mouragues[314], qui eut pour consigne de la préserver à tout prix de l'infiltration éventuelle du RDA. Malgré l'évêque progressiste de Ouagadougou de l'époque, Mgr Thévenond, on se servit de l'Eglise catholique comme fer-de-lance du combat. A l'Ouest du pays, des fonctionnaires étiquetés comme pro-RDA connurent la révocation, l'emprisonnement, la torture même. Le Territoire fut interdit à son ancien député Houphouët-Boigny, et à son compagnon Ouezzin Coulibaly. Ô ironie du sort ! Dire que, dix ans plus tard, l'infatigable Ouezzin devenu Vice-président du Conseil des Ministres de Haute-Volta, hospitalisé lors du Congrès RDA de la Haute-Volta, vint dormir pour l'éternité à Bobo-Dioulasso, pleuré par tout le pays, honoré par la France, adulé par ceux-là mêmes qui connurent la révocation et la prison pour avoir été ses partisans.

Le Gouverneur Général, M. Paul Béchard[315] de Dakar, encourageait publiquement les subordonnés de Bamako (M.

---

[313] Le 18 février Latrille est reçu à Paris par Marius Moutet, le ministre de la FOM qui le met en congé. Latrille demande sa mise à la retraite en mai. En janvier 1964, Houphouët-Boigny l'invitera à Abidjan, où il sera fêté et on donnera son nom à une avenue de la ville.

[314] Albert Mouragues est gouverneur de la Haute-Volta du 29 avril 1948 au 23 février 1953.

[315] Paul Béchard (1899-1962), officier, fut gouverneur général de l'AOF du 27 janvier 1948 au 24 mai 1951. Il fut secrétaire d'Etat de 1946 à 1948, député du Gard (1945-1948, 1951-1955, 1958-1967), sénateur.

Louveau[316]), Niamey (M. Toby) et Abidjan (le sanguinaire Péchoux). Les ordres et contre-ordres pleuvaient sous forme de chiffres successifs. A la poste, au bureau, au fil des jours, on pouvait lire : « Gou. Gal. télégraphie citation… »

On débusquait partout des « communistes », souvent des pauvres cultivateurs illettrés, traînés devant les tribunaux et condamnés à des peines excessives…

En 1949, le 6 février, à Abidjan éclata l'affaire Djaument Etienne[317]. Le PDCI-RDA, n'ayant pas cru devoir renouveler le mandat de ce dernier comme sénateur (Conseiller de la république), il se livra à une campagne contre la direction du Parti et se lia au Gouverneur Péchoux contre ses anciens camarades. Des amis l'y aidèrent. Le 6 février les militants du RDA, en masse, assaillirent la maison de Djaument qui, se croyant menacé dans sa vie, tira des coups de pistolet[318]. Le tribunal saisi admit la légitime défense et une centaine[319] de militants arrêtés sont emprisonnés à Bassam. La masse riposta et demanda leur libération. Le Ministre de la FOM[320] entreprit une tournée en Afrique Noire et demanda, partout où il passa, des sanctions sévères pour les détenus de Bassam. Alors le Gouverneur Péchoux lança l'épreuve de force.

Avec l'appui et l'accord du Gouverneur Mouragues de Haute-Volta, il essaya de soulever les travailleurs mossis contre le RDA et ses dirigeants. Une douzaine de Conseillers

---

[316] Edmond Louveau (1895-1973), résistant compagnon de la Libération, gouverneur du Soudan de 1946 à 1952. Il a raconté son incarcération par le régime de Vichy *Au bagne entre les griffes de Vichy et de la milice* (Bamako, 1947). Sa thèse de droit *Essai sur l'influence sociale et économique des religions de l'Afrique Occidentale Française* a été publiée en 1910.

[317] Né en 1911, cet instituteur est élu Conseiller de la République (Sénat) de janvier 1947 au 14 novembre 1948. Il est candidat évincé, aux élections législatives de 1951 et à celles de 1956.

[318] Se croyant menacé, il avait obtenu, de l'administration, l'autorisation de port d'armes (pour ses gardes du corps et lui-même).

[319] G. Chaffard dans *Les carnets de la décolonisation*, que suit L. Kaziendé, parle d'une *trentaine* d'arrestations, dont neuf membres du comité directeur du RDA.

[320] Paul Coste-Floret.

généraux démissionnèrent. Les détenus de Bassam lancèrent une grève de la faim soutenue dans le pays. A Abidjan, la population indigène décida la grève des achats pendant plus d'un mois. Les centimes se mirent en grève[321]. Les femmes militantes manifestèrent devant la prison de Bassam...

Les élus du RDA, à Paris, avaient du pain sur la planche. Le pays du Président du Parti était au bord de la rébellion. Depuis 1948, M. Houphouët était tantôt à Abidjan, tantôt à Yamoussoukro, tantôt sur la brèche.

A l'aube de 1950, le 22 janvier exactement, le commerçant Sékou Baradji de Bonaflé passant en voiture sur une route est injurié par des militants cyclistes. Il s'arrête. Pendant les altercations et les invectives, Sékou de sa voiture titre des coups de feu. Personne n'est blessé. Les militants de la région ayant appris la nouvelle envahissent la maison du commerçant de Bonaflé réfugié dans la résidence du Commandant de cercle. Ils l'y poursuivent. Les forces de l'ordre et une compagnie de Bataillon autonome de Bouaké évacuent les lieux sans faire usage de leurs armes. Les civils européens tirent : trois militaires tués.

Le 23 janvier 1950, le substitut du Procureur de Bassam se présente à Yamoussoukro avec un mandat d'arrêt contre le Député Houphouët-Boigny jouissant de l'immunité parlementaire. Il surmonte l'épreuve. Ses amis de Dakar agissent sur le Procureur général de Montéra[322], qui demanda au Parquet de Bassam de surseoir à l'exécution du fameux mandat d'arrêt. Mais le 1er février 1950, le Conseil des Ministres à Paris interdit les réunions du RDA en Côte d'Ivoire et, partant, dans toute l'Afrique française[323] !

---

[321] Quand le petit commerce (centimes) s'arrêta, rapidement cela affecta les grands commerçants européens.
[322] Il viendra à Abidjan le 7 février avec le gouverneur général Béchard et le commandant des troupes d'AOF. Le 3 mai 1950, une commission parlementaire sera nommée – son rapport se perdra dans les tiroirs...
[323] L'interdiction concerne la Côte d'Ivoire, mais cela pouvait servir d'exemple pour l'ensemble des territoires. Au Niger, Ignace Colombani prit un arrêté le 9 février 1950 pour interdire les réunions du PPN-RDA.

Pendant ce temps, que se passait-il au Niger ? On sait que le 12 mai 1946, l'intelligentsia créa le PPN à l'instar du PPS du Soudan français. Onze mois après, le 29 avril 1947, par une chaleur torride, le Président de la République Française, le premier de la quatrième République, atterrissait à Niamey, accompagné de M. Paul Béchard, Gouverneur général de l'Afrique Occidentale Française. Les élus nigériens aux différentes chambres à Paris présentèrent à l'illustre hôte une pétition de la situation des anciens combattants, et des greniers de réserves.

En mi-août, début septembre 1947, le PPN organisa un grand meeting sur la place du grand marché. Les parlementaires Diori Hamani (Député), Djibrilla Maïga (Sénateur), Boubou Hama (Conseiller de l'Union) devaient, tour à tour, rendre compte de leurs mandats respectifs. On devait aussi présenter le nouveau secrétaire général de la permanence du Parti, M. Djibo Bakary, parler de l'affiliation du PPN-RDA au Parti communiste français et du départ du Camarade Sayfoulaye Diallo[324], affecté en Guinée française par mesure disciplinaire. Tout cela s'exécuta sous la Présidence de M. Mamby Sidibé, Président du PPN. M. Boubacar Bolho[325], membre du Comité local prononça le discours d'accueil. Le député Diori Hamani, le Conseiller de l'Union Boubou Hama intervinrent pour rendre compte de leurs mandats. En-

---

Djibo Bakary ayant adressé une requête au Conseil d'Etat, un arrêté du 22 mars supprima l'interdiction, cependant ce nouvel arrêté eut moins de publicité.

[324] Ibrahim Issa dans *Nous de la Coloniale* p 101 : « *Il y avait là, en particulier, un certain Saïfoulaye Diallo, qui écrivait dans les journaux de gauche ou gauchisant des articles pleins de vitriol sur les méfaits du colonialisme et ses suppôts. C'était la bête noire du gouverneur et de tous les administrateurs des colonies du territoire. Tentatives d'attentat criminel, chantage, rien ne lui fut épargné. Il fut étiqueté d'office communiste* ». Et p 105-106 : « *Ce Saïfoulaye Diallo, Guinéen affecté au Niger par mesure disciplinaire, dangereux syndicaliste, dénonciateur de la présence française en Afrique, un anti Français, anti Blanc, un nègre trop émancipé* ». Il avait créé le 31 janvier 1947 une section du Groupe d'études communistes (GEC) à Niamey.

[325] Boubakar Bolho (né en 1920), ancien élève de William Ponty (Sébikhotane), fonctionnaire des Postes, élu en 1948 sur la liste UNIS de Niamey.

suite la réunion approuva l'affiliation du PPN-RDA au Parti Communiste Français. A partir de cet instant, la lutte contre le PPN-RDA débuta et se développa de jour en jour, de semaine en semaine, de mois en mois jusqu'en 1951, date du désapparentement avec le PCF. Comme en Côte d'Ivoire, au Soudan français, en Haute-Volta, les militants fonctionnaires subirent des sévices, qui obligèrent certains d'eux à changer de cap pour recouvrer la tranquillité du corps et de l'âme.

Mais, en 1947, El Hadj Harouna Dessa[326] un militant du village de Dessa (Tillabéry), ancien élève de l'école des fils des chefs de Kayes, promotionnaire de Moumouni Aouta devenu Djermakoye[327] à Dosso, de Karanta, ancien Djermakoye du Tondikandia (Filingué), arrêté pour ses idées progressistes qu'il ne cachait pas, fut découvert un beau matin, pendu dans sa cellule de la prison de Tillabéry ! De nombreux articles dont la plupart étaient signés du Secrétaire général du PPN-RDA M. Djibo Bakary, avaient essayé de faire la lumière sur les circonstances de cette mort demeurée... mystérieuse jusqu'ici. Officiellement, on avait murmuré le cas de « suicide » difficilement défendable, étant donné les circonstances dans lesquelles s'étaient déroulés les évènements[328].

Cette année-là, les perquisitions inopinées se succédèrent au siège du PPN-RDA. Les dossiers d'affaires à suivre disparurent. Les camarades de la permanence, Djibo Bakary, Mamane Dandobi, Gandah Djibo, Abdou Gao[329], Issaka Gâni, Boubacar Laloumi, étaient continuellement interpellés par la police comme fauteurs de troubles présumés. L'ex-sénateur

---

[326] Dans *Bi Kado* (p 436), Boubou Hama écrit un poème : « *Oui, gouverneur,/ c'était la vérité,/ ,car vous pouviez/ tuer/ comme on a/ tué/ Hadj Harouna / l'oncle de ma femme/ dans la prison/ de Tillabéry.* »
[327] Moumouni Aouta (1891-1953), enseignant, chef de province de Dosso, élu en 1946 à Dosso, élu en 1848 Grand conseiller de l'AOF ; réélu en 1952 sur la liste UNIS.
[328] Selon C. Fluchard p 87 *Le PPN-RDA,* il aurait été étranglé par un prisonnier sur ordre de l'administration.
[329] Abdou Gao (né en 1922) : très lié au PPN-RDA depuis sa fondation, il est chef de cabinet de Diori jusqu'en 1974.

Djibrilla Maïga et le Secrétaire général Djibo Bakary, n'ayant pas rejoint leurs nouveaux postes d'affectation, furent révoqués de leurs fonctions. Ils devaient, tous deux, rejoindre le Dahomey (Bénin actuel).

Le 31 mai 1948, pour contrer le RDA et en vue des élections législatives complémentaires du 27 juin[330], le Gouverneur du Niger, M. Toby, créa l'Union des Nigériens Indépendants et Sympathisants, UNIS, qui recruta dans son sein et pour la circonstance tous les fonctionnaires dits loyaux à la politique du Gouvernement de l'époque.

Aux élections législatives, le candidat de l'Administration, Georges Condat, battit le candidat du PPN-RDA, M. Djibo Bakary[331]. « C'était bizarre, mais c'était comme ça ».

Pour arriver à ce résultat, le Gouverneur général, Paul Béchard, avait dû faire un voyage incognito à Niamey. Il avait donné des ordres précis. Quelque temps après, il accompagna le Ministre des Colonies, Paul Coste Floret, MRP, qui reçut du Comité Directeur du PPN-RDA une motion demandant le départ du Gouverneur Jean Toby, président aux destinées de la colonie depuis des années. Il va sans dire que tous les signataires de ce document historique furent punis. Notons qu'ils étaient tous des fonctionnaires fédéraux ou locaux.

Les premiers, MM. Antoine Toko, Bolho Boubacar, Monzo Djibo, Moumouni Dioffo[332], Mamadou Alzouma,

---

[330] Suite à la reconstitution de la Haute-Volta, la loi du 1er avril 1948 décida que le Niger aurait un deuxième député à l'Assemblée nationale à Paris.
[331] Condat avait officiellement obtenu 15 219 voix et Djibo Bakary 7 975 voix. Cependant, Djibo contesta la validité du vote en invoquant des pressions administratives et des irrégularités. Le député Hamani Diori plaida en sa faveur à l'Assemblée nationale, mais le 30 juillet 1949 l'élection de Condat fut validée.
[332] Moumouni Dioffo (1908-1971). Député en 1957 jusqu'en 1974, chef de canton de Kirtachi. Dans *Histoire traditionnelle d'un peuple : les Zarma-Songhay*, Boubou Hama a mis une photo de lui (p 57). Il est le père d'Abdou Moumouni, le physicien spécialiste de l'énergie solaire, qui a donné son nom à l'université de Niamey.

Noma Kaka[333], Gaston Dori, Adjaji Prosper, Quénun Joseph, Mamane Dandobi[334] furent affectés en Haute-Volta, en Guinée française, au Soudan français et mis en route immédiatement.

Les seconds, les fonctionnaires du cadre local, les Bayard (Mamane Ousmane), Yansambou Amadou changèrent de postes à l'intérieur du Niger. Le camarade Sambo Hama rejoignit, d'Agadez, la délégation du Niger à Cotonou.

La décision N° 1581 /CP, du 23 octobre 1948, ventile, aux quatre coins du Niger, les jeunes instituteurs servant à Niamey ou nouvellement sortis des Ecoles normales. Les Issaka Maga, Moussa Idé, Amadou Zakou, Abdoulaye Kégi, Barkiré Alidou[335], Alicot Eiffat, Combary, Diallo Boubacar[336], Mathias Kodjo, Maïda Mamoudou, Boukary Sabo, Kélessi Sidikou, Amadou Maïzoumbou, Onadja Jean, Amadja Edouard, Siddo Hassane, Mahamadou Sidibé, Moussa Mayaki, Abdoulaye Diallo, Kabani Gao, Moroh Diakité, Souley Tanko, furent touchés par cette mutation arbitraire à tous les points de vue.

C'était aussi en cette année fatidique 1948, année funeste pour le PPN-RDA, que fut révoqué Djibo Magasinier, le chef du village de Niamey assimilé, au point de vue prérogative et hiérarchie, au grade de chef de canton. Cette révocation ramena ledit Djibo Magasinier, militant du PPN-RDA,

---

[333] Noma Kaka (1920-1993), ancien élève de W. Ponty, enseignant, député (1958), membre du Grand Conseil de l'AOF (1958-59), ministre sous Diori (1965-1974).
[334] Né en 1923, ancien lève de W. Ponty. Membre fondateur du PPN, il est affecté hors du Niger par le gouverneur Toby, député en 1957, ministre de Diori (1970-1974). Il est l'auteur de pièces de théâtre *Kabrin Kabra* (1958), *L'aventure d'une chèvre* (1965). Il était l'ancien élève de L. Kaziendé qui lui consacre plusieurs pages dans le T6 de ses *Souvenirs*.
[335] Barkiré Alidou : né en 1925, enseignant, membre du PPN, directeur de l'Amicale (1955-1973), ministre (1965-1974).
[336] Diallo Boubacar (1906-1965), chef de canton de Lamordé, élu en 1952 (liste UNIS) conseiller et Grand Conseiller de l'AOF, réélu en 1958 (liste UCFA), ministre (1959-1964). Destitué de ses fonctions de chef de canton, arrêté et mort tragiquement.

au grade de chef de quartier de Kalley dans lequel habitait en voisinage presque immédiatement, Ô ironie du sort, le Conseiller de l'Union Française, Boubou Hama, en même temps Grand Conseiller de l'A.O.F.

Au même moment, des bagarres furent provoquées à Boubon (circonscription de Niamey) afin de neutraliser le grand marabout du lieu, absolument acquis aux idées du RDA. Le Commandant de cercle de Niamey ne pouvait, en l'occurrence, tolérer pareille situation dans sa circonscription.

Toujours à la même époque, les militants de Goudel furent provoqués, attaqués, traînés devant les tribunaux.

1948 avait vu maître l'UNIS comme dit plus haut. Son premier Congrès se réunit à Maradi et celui des chefs traditionnels à Zinder, toujours dans la même année fertile en innovations pratiques pour lutter efficacement contre le RDA, qualifié de *communiste fieffé*. Georges Condat, candidat désigné par le Gouvernement du Territoire, fit campagne sous l'égide de l'UNIS, soutenu à fond par les chefs traditionnels. Malgré tout, le RDA faillit, de peu, remporter la victoire.

La candidature de M. Djibo Bakary aux élections partielles de juin 1948 avait été contestée par certains de ses camarades du RDA pour être du même village que le Député Diori Hamani. Tous deux, en effet, sont de Soudouré, non loin de l'ouest de Niamey, près du camp militaire de Tondibia. Ces militants auraient préféré une autre candidature, celle d'Adamou Mayaki[337] par exemple, originaire de Filingué et dont le fief électoral incontesté était Maradi, le comité directeur maintint sa désignation : la réaction fut que des partisans de la seconde formule s'attiédirent, ce qui favorisa la réussite de Condat et la grande dissidence de certains éléments RDA,

---

[337] Adamou Mayaki (1919-2003) : élu en 1952 sur la liste UNIS à Maradi et Grand conseiller de l'AOF (1952-1958), élu à l'Assemblée de l'Union française (1953-1958) ; élu sur liste MSA en 1957 à Maradi, réélu en 1958 sur liste UCFA, ministre (198-1965), Ambassadeur (1966-1970), Préfet (1970-1971). Il est l'auteur de *Les partis politiques nigériens de 1946 à 1958*, Niamey, INN, 1991.

sensibles à l'appel du Gouverneur Toby, qui préconisait, depuis 1948, la réunion des « fils de Chefs » contre les « roturiers », élus au suffrage universel.

Dans les années qui suivirent, des désaffections notoires eurent lieu, surtout parmi les conseillers généraux. Cet état des choses causa la chute verticale du tribun Boubou Hama, démis de ses fonctions de Conseiller de l'Union, de Grand Conseiller en fin 1953, parce que certains hommes avaient obéi, obéissent, et obéiront toujours à l'appel alléchant de leurs intérêts personnels. C'est humain, après tout !

En 1949, les escarmouches ne manquèrent pas. La férule du Gouverneur frappa des fonctionnaires, des militants anonymes du PPN-RDA. Dans toutes les circonscriptions, les prisons regorgèrent d'innocents emprisonnés sur simples présomptions. Il fallait faire peur, montrer la force, la puissance, le pouvoir.

Dans Niamey, le climat était tendu. Le PPN-RDA refusait de se saborder malgré les désaffections nombreuses. Ces dernières poussaient plutôt les gens à adhérer au Parti purement africain le RDA. Pourtant, l'UNIS s'activait, le RPF recrutait, la SFIO, le MRP aussi. Le nouveau député élu en juin 1948 s'était affilié à un des petits partis métropolitains de l'époque, l'UDSR, dirigé par deux hommes politiques de grande valeur : MM. Pleven et Mitterrand[338].

Ce qu'il faut retenir, afin de comprendre les évènements politiques de cette époque (de 1945 à l'indépendance) survenus dans les anciennes colonies et territoires sous mandat de la France, c'est que tout était lié à la politique de la Métropole. Les élus africains et malgaches devaient s'apparenter à des partis

---

[338] René Pleven (1901-1993) : préside la Conférence de Brazzaville, député UDSR (1945-1958) puis dans d'autres partis (1958-1969), ministre (1958, 1969-1973), président du conseil (1950-1952). François Mitterrand (1916-1995) : ministre (1947-1948, 1950-1951, 1952, 1953-1957), sénateur (1959-1962), député (1946-1958, 1962-1981), président de la République (1981-1995). Dans *Kotia Nima* T2 p 36, Boubou Hama parle de Mitterrand et de son ouvrage *Aux frontières de l'Union française*.

français pour faire aboutir leurs revendications. D'autres, plus simplement, s'inscrivirent dans ces partis. Ainsi il existait des députés SFIO, RPF, MRP africains, en plus de ceux qui avaient leurs partis locaux, affiliés à eux. En 1945, durant le Gouvernement provisoire de de Gaulle, durant toute la Quatrième République et le début de la Cinquième République, les choses marchaient ainsi. Répartis dans les diverses Assemblées à Paris, les élus africains et malgaches essayaient d'arracher à la Métropole le maximum de lois possibles en faveur de l'outre-mer. La suppression du travail forcé, puis de l'indigénat, l'obtention de la citoyenneté pour tous en 1946, avaient été acquises grâce à l'appui des partis métropolitains intéressés par les voix de l'outre-mer pour l'aboutissement de leurs projets. C'est de la symbiose de cette vie parlementaire que sont sorties les décisions les plus hardies que la France ait consenties à ses colonies… L'indépendance était déjà perçue par certains hommes politiques perspicaces qui, à l'heure voulue, se montrèrent décisifs en l'occurrence.

Or, en France, après la libération, régnait l'anticommunisme. Tous les partis s'étaient ligués contre le Parti Communiste Français[339] à cause duquel démissionna avec fracas le Général de Gaulle, chef du Gouvernement provisoire[340], qui préféra se retirer à Colombey jusqu'en 1958, pour laisser libre cours aux partis métropolitains en lutte les uns contre les autres, et tous contre celui de M. Jacques Duclos[341].

Voici, en vérité, les raisons de la haine de certains représentants de la France outre-mer contre le RDA, votant avec

---

[339] Le PCF est, juste après guerre, le parti qui a le plus de voix : 26% aux élections de 1945 (159 députés), 28% en novembre 1946 (182 sièges). A partir de 1947, il n'y a plus de communistes dans le gouvernement.
[340] Le gouvernement provisoire fut successivement dirigé par de Gaulle (10 septembre 1944 au 20 janvier 1946), Félix Gouin (26 janvier – 24 juin 1946), Georges Bidault (24 juin au 16 décembre 1946), Léon Blum (16 décembre 1946 au 16 janvier 1947).
[341] Jacques Duclos (1896-1975) député communiste (1926-1932, 1936-1940, 1945-1958), sénateur (1959-1975). Il fut un des dirigeants du PCF.

les communistes. *Affiliation* n'est pas synonyme d'*adhésion*. Malgré tout, la confusion était totale au Palais-Bourbon, au Luxembourg, à Versailles, RDA = PCF, donc appliquons-lui la répression totale, excessive même puisque nous sommes en tête du Gouvernement français. Les ministres MRP ou SFIO de la France d'outre-mer ordonnèrent la Répression en Côte d'Ivoire, au Soudan, et Guinée, au Niger, au Tchad, au Congo-Brazzaville, au Sénégal même où régnait en maître incontesté et incontestable la SFIO.

En 1950, au mois de mars, la fin du Ramadan arriva. Le climat politique, surchauffé par ce qui se passait à l'époque en Côte d'Ivoire et ailleurs propagé par la radio, sembla au bord de l'émeute. Les dirigeants du Parti savaient tout cela et s'évertuaient à éviter le pire. Bref, ils contenaient leurs hommes qu'ils avaient en mains.

Mais, ce jour-là, les militants du RDA se séparèrent de ceux de l'UNIS et prièrent derrière le chef de Niamey Djibo, qu'ils considéraient comme étant l'Amirou de Niamey. Leurs adversaires endigués par le commerçant-transporteur El Hadj Alcadidi Touré, originaire de Tombouctou (Soudan-Mali), prièrent derrière le patriarche Youba, arabe de la même région. L'Autorité administrative procéda à l'arrestation de El hadj Makada, Souley Dioula, Alla Gouba (cuisinier), Badié Liboré (guitariste) et du chef Amirou Djibo de Niamey, tous militants du RDA. Deux jours après, ils furent relâchés. Cependant M. Alcadidi Touré[342] porta plainte contre certains d'entre eux. Le Secrétaire général du PPN-RDA, Djibo Bakary qui relata les évènements fut traîné devant les tribunaux.

Le Conseiller de l'Union, Boubou Hama, Conseiller RDA à Dakar, avec ses camarades des Assemblées parisiennes, avait du pain sur la planche. A Niamey (chaque fois qu'il était de passage), en France, il parlait, expliquait, preuves en mains, les injustices subies par les militants du RDA outre-mer. Il ne disait que la vérité et ne se contentait jamais des

---

[342] Alkaïdi Touré était vice-président de l'UNIS, dont il sera exclu en 1954.

« on-dit ». Il vérifiait dans les moindres détails ce qu'il devait dire à Versailles, à Paris dans les conciliabules, à Dakar au Grand Conseil. A Niamey, infatigable, il écoutait, des nuits entières s'il le fallait, fouillait, vérifiait. Sûr de ce qu'il allait dire, il tonnait alors au cours des meetings populaires. Il aimait les bains de foule, adorait les réunions contradictoires avec les adversaires. Il ne provoquait jamais, n'insultait jamais, mais désarmait toujours avec des arguments irréfutables, des preuves plausibles, des idées de clarté absolue. Prenant la parole, il était sûr de convaincre. Le secret ? Hélas, il est mort avec. Mais je crois pouvoir affirmer qu'en toutes circonstances, il tenait à la vérité, rien qu'à ce qui est vrai, palpable, indubitable. Boubou ne tramait jamais, ne trompait jamais, ne tergiversait jamais. C'était là la base du secret de sa réussite. Il ne mettait jamais des bâtons dans les roues de personne, pas même dans celles de ses adversaires, il s'éloignait des affaires peu claires, ambiguës. Ces adversaires momentanés, après tout, étaient souvent des Africains, des Nigériens, des frères. Il tenait à la fraternité[343] et ne luttait qu'à armes égales. Loin de lui, loin de mon grand frère, les idées tortueuses, tordues, obscures qui conduisent l'interlocuteur dans les labyrinthes fatals. Pour lui, tout devait être clair, net, limpide comme de l'eau de roche.

Et alors, même ses « ennemis » (je crois ce mot trop fort, il ne l'eût peut-être pas accepté) admiraient cette pureté de l'âme, cette candeur sans tâche, cette probité intellectuelle continue, jamais prise en défaut.

Boubou, petit à petit, depuis l'Ecole, s'était forgé ce personnage, cette âme de penseur, de philosophe qu'il garda toujours jusqu'au dernier souffle.

Certes, ce n'était pas un fin styliste et ses écrits ne manquaient pas, souvent, de lourdeur. Il affectionnait surtout les

---

[343] La devise du Niger est « Fraternité, Travail, Progrès ». « Fraternité » est placé en premier, à la différence de la devise française, où « Fraternité » est placé en dernier lieu : « Liberté, Egalité, Fraternité ».

phrases longues, incommensurables[344]. Mais, en dévidant patiemment les écheveaux qu'il enroulait, on retrouve les idées directrices, d'une noblesse infinie, d'une poésie universelle. Il n'était pas Senghor, ni Césaire, ni Rabemananjara, ni même ses camarades d'Ecole Sadji Abdoulaye et Ousmane Socé[345]. Il différait de Mamby Sidibé, son maître, de Fily Dabo Sissoko aussi. Bref, il était Boubou Hama, fils d'Hama de Fonéko de qui il détenait le respect de la pensée d'autrui.

Bien sûr, dans les débats politiques, le besoin de clarté dans ses exposés, le désir surtout d'atteindre la perfection dans le déroulement et l'enchaînement de ses idées le rendaient trop long et ennuyeux pour ses interlocuteurs. Il lui arrivait d'être si encombrant qu'il empêchait, sans le vouloir et sans le savoir, aux autres de prendre la parole. Le bulldozer devenait alors d'autant plus agaçant qu'il frisait l'allure du dictateur. Non, Boubou n'était ni Mussolini ni Hitler ; son passé préparait plutôt le penseur, le philosophe, le chercheur qui, peu à peu, apparut dès son affectation à l'Institut Français de l'Afrique Noire en 1953[346] après son éviction de la scène politique internationale.

Beaucoup de militants l'admiraient lorsqu'il prenait la parole sans préparation préalable de son discours, lorsqu'il ne lisait pas. Primesautier, fertile, il disséquait les situations avec une logique et une dialectique hors pair. Il aimait parler, il adorait s'adresser oralement aux foules qu'il médusait spontanément : c'était un tribun indéniable, un entraîneur d'hommes

---

[344] Boubou Hama a fait précéder plusieurs de ses ouvrages par l'avertissement suivant : « *L'Auteur s'excuse auprès du lecteur de la forme de ces textes qui gardent plus d'une fois la liberté d'allure et, du même coup, l'imperfection de la communication orale. Il espère que la richesse de l'information rachètera ces défaillances* ». Toutefois, ce que signale Kaziendé ne tient pas à l'aspect oral.

[345] Ces cinq personnes sont considérées comme de vrais littéraires – poètes et romanciers.

[346] Ces prédécesseurs à la direction de l'IFAN au Niger sont : Mamby Sidibé (1949-1950) et F. Auriac (1950-1952). Ses successeurs seront Jean Rouch (1959-1969) et Dioulde Laya (1970-1977).

par le verbe fertile, volumineux souvent, convainquant toujours tout le monde.

Du haut des tonneaux renversés servant de tribunes dans les années 1946 à 1958, insensible aux applaudissements, son regard perçant voulait capter celui de tout le monde... Le geste accompagnait parfaitement le débit du discours et ponctuait les passages principaux. Ainsi, le bulldozer détruisait jusqu'à leurs racines les idées tortueuses, mal digérées, mal assimilées de ses adversaires. Mais lisez plutôt quelques spécimens de ses exposés de l'époque.

Le bulldozer excellait surtout dans les périodes préélectorales où il reversait, culbutait, ratissait, nivelait tous les terrains préalablement minés par l'UNIS. Ses antagonistes mêmes reconnaissaient la force du verbe de Boubou, qui maintenait le pays zarma-songhay dans le giron du RDA. Il s'exprimait alors dans sa langue maternelle et en poular pour se faire mieux comprendre et pour se mettre au niveau de l'homme de la brousse. Dans sa vieille Citroën, le seul véhicule du Parti (la Côte d'Ivoire, à chaque élection, aidait puissamment le PPN-RDA en lui envoyant des voitures, de l'argent, des propagandistes avertis), il parcourait en compagnie de certains camarades de la permanence, Tillabéry, Téra, Say, Filingué, Niamey, Birni, Dosso pour apporter la bonne parole. A l'époque, son compagnon habituel en l'occurrence était le Secrétaire général du Parti, M. Djibo Bakary, qui s'occupait spécialement des relations entre le Parti Démocratique de la Côte d'Ivoire - Rassemblement Démocratique Africain, PDCI-RDA, et le PPN-RDA, et gérait les fonds mis à la disposition de ce dernier. Le Secrétaire général du Parti tenait le journal *Réveil* au courant de ce que subissaient les militants du Niger. Traîné devant les tribunaux, toujours par les avocats que les amis communistes dépêchaient de Paris, il était toujours sur la brèche et vivait, comme on le disait en ce moment, sur des braises. Mais ce n'était pas un homme qui avait peur des intrigues administratives et des passe-droits des administrateurs et des Gouverneurs. Il écrivait sans cesse, et diffusait ce que l'UNIS et ses partisans tramaient, tissaient sur le dos de leurs adversaires politiques.

En Côte d'Ivoire, au Soudan, au Niger, en Guinée, au Congo, en Haute-Volta même, les prisons regorgeaient d'innocents, qui y ont quelquefois perdu leur vie. On avait tiré sur la foule à Bouaflé, à Dimbokro[347]. On avait pendu à Tillabéry au Niger et peut-être ailleurs. Oh ! Que de victimes anonymes ! Que d'orphelins ! Que de veuves ! Que le Parti ne pouvait, à l'époque, soulager.

Alors, son président, le Guide incontesté de l'époque, réfléchit et depuis 1950, chercha la voie à suivre pour diminuer les larmes des femmes et des enfants de ceux qui souffraient parce qu'ils avaient mis en lui toute leur confiance. Il dit à ses proches :

« Il faut arrêter les tueries, les emprisonnements, les tortures, la seule porte de sortie de l'enfer que nous vivons est le désapparentement avec le Parti Communiste Français. Certes, je mesure le mécontentement de nos amis qui nous ont puissamment aidés. Je leur resterai toujours reconnaissant. Mais leur réaction ne peut pas se comparer à ce qui se passe chez nous en ce moment. Là-bas, on fusille, on pend, on torture, on honnit nos pères, nos frères, nos sœurs, nos enfants. Là-bas, on tue froidement ceux qui ont adhéré à notre parti. Il faut que ça change, le plus tôt possible. Les contacts, que j'ai eus avec les responsables français et dont vous êtes au courant, permettent de voir le bout du tunnel. Le chemin à suivre est bon. Permettez-moi d'engager, en votre nom, officiellement, les pourparlers avec le PCF pour

---

[347] « *Le PDCI lance une grève des achats des produits importés et défend les prix légaux payés aux producteurs africains de café et de cacao. Sous prétexte de défendre la liberté du commerce, les administrateurs coloniaux font intervenir l'armée à Bouaflé le 21 janvier (3 morts), à Dimbokro le 30 janvier (14 morts, 50 blessés), à Séguéla le 2 février (3 morts) et tentent le 27 janvier d'arrêter Houphouët. À Dimbokro, le commandant de cercle fait tirer sur la foule qui manifeste devant sa résidence. Il apparaît que, en dehors des forces de l'ordre, des civils européens ont tiré. Les réunions du RDA sont interdites par Paris qui voit dans ses évènements la main de Moscou.* » Wikipedia.

le désapparentement, et avec l'UDSR, pour l'apparentement[348] ».

Ainsi parla le sage. La majorité des présents dit « oui » ; une minorité, vraiment infime, désapprouva, dans laquelle se trouvait le terrible d'Arbousier.

Cet homme, administrateur des colonies, comte de la noblesse française, membre fondateur du RDA, n'était pas un inconnu au Niger ni en Afrique française. Voici son portrait succinct par Georges Chaffard, dans les *Carnets secrets de la décolonisation* (Paris, Calman-Lévy, 1965, T 1, pages 103-104) :

> « *Mais parmi les dirigeants et militants du RDA, il en est qui sont plus engagés que leur président. Pour ceux-là, l'apparentement n'est plus tactique, mais doctrinal. C'est le cas de ceux issus des « Groupes d'études communistes » (GEC) créés en Côte d'Ivoire, au Soudan, en Guinée par des fonctionnaires ou enseignants français servant en Afrique*[349]. *C'est le cas surtout, du secrétaire général du Rassemblement, l'homme qui a organisé l'appareil, l'intelligent, habile et séduisant Gabriel d'Arboussier, alors Conseiller de l'Union Française au titre de la Côte d'Ivoire. D'Arboussier est un métis eurafricain. Son père, gentilhomme de vieille souche gasconne, a été Gouverneur du Soudan*[350]. *Sa mère, issue d'une illustre lignée africaine, descend*

---

[348] Sous le gouvernement Pleven (4 juillet 1950-28 février 1951), François Mitterrand, chef de l'UDSR, ministre de la FOM, fait venir Houphouët-Boigny à Paris en octobre 1950 pour le convaincre de se désapparenter du PCF et pour s'allier à son parti. En contrepartie, il demandera à l'administration de ne plus harceler le RDA. Au cours de son voyage à Abidjan, début 1951, Mitterrand obligera les autorités, fort réticentes, à recevoir officiellement les membres du RDA.

[349] Le GEC de Niamey a déposé ses statuts en janvier 1947. Il avait été créé à l'initiative de Marcel Faure, secrétaire général du Territoire, et de Saïfoulaye Diallo – qui seront tous deux mutés hors du Niger par le gouverneur Toby. Le président en sera Djamballa Yansambou Maïga. En 1949, Boubou Hama semble bien en faire partie (cf. Djibo Bakary p 116 de *Silence on décolonise* L'Harmattan 1992).

[350] D'Arboussier est commandant de cercle à Bandiagara, à Ouagadougou.

d'El Hadj Omar, l'adversaire de Faidherbe. Le plus influent chef religieux du Sénégal, El Hadj Seydou Nourou Tall, est son cousin. Gabriel a connu une enfance et une adolescence vagabondes au gré des affectations paternelles. Il a vécu aux Antilles et en Nouvelle-Calédonie. Il a aussi passé quelques années au célèbre collège dominicain de Sorèze où enseigna Montalembert, et parlé le patois gascon avec les fils de métayers du domaine familial. Au Quartier latin, à l'époque du Front Populaire, il fréquenta le cercle des jeunes intellectuels de gauche, notamment ceux qui se réclament du courant démocrate-chrétien, comme Madaule[351], fait la connaissance de Senghor alors socialiste. Elève de l'Ecole Coloniale, au temps où Robert Delavignette[352] en était le Directeur, il y a manifesté des opinions avancées. Administrateur en Haute-Volta puis en AEF, il s'était fait élire en 1945 député du Moyen-Congo à la première Assemblée constituante. Il soutient à l'époque des idées très proches du communisme et quitte l'administration pour se consacrer à la politique africaine. Il est l'un des fondateurs du RDA, et en devient rapidement le Secrétaire général. Infatigable commis voyageur du progressisme africain, il est aussi à l'Assemblée de Versailles, l'orateur le plus écouté dans les débats sur les affaires d'outre-mer. Car si les thèses qu'il défend sont dures, leur expression est toujours mesurée. D'Arbousier ne se départit jamais, à la tribune, d'une courtoisie qui lui vaut l'estime de nombreux adversaires. Il siège, à l'époque, au Comité Directeur du Mouvement de la Paix et se lie d'amitié avec Frédéric Joliot-Curie[353] ».

---

[351] Jacques Madaule (1898-1993), agrégé d'histoire, enseignant, écrivain et intellectuel catholique.
[352] Robert Delavignette (1897-1976) fit une carrière dans les territoires d'outre-mer et au ministère ; il dirigea l'école nationale de la France d'outre-mer (ENFOM) de 1936 à 1946.
[353] Frédéric Joliot (1900-1958) physicien : il épouse en 1926 Irène Curie, fille de Pierre et Marie Curie – d'où le nom de Joliot-Curie. En 1935, avec son épouse Irène, il obtient le prix Nobel de chimie. Pendant la guerre, il

Pour ajouter à ce portrait fort ressemblant, disons que le jeune d'Arbousier fréquenta, dans les années 1914, la classe de l'instituteur Fily Dabo Sissoko, à l'Ecole Régionale de Ouagadougou. Son père, administrateur des colonies, commandait le cercle de Ouagadougou dans la colonie du Haut Sénégal-Niger comprise entre celle du Sénégal à l'ouest, et le Territoire Militaire du Niger lequel s'arrêtait au tracé du cours du fleuve de même nom, à l'est.

Plus tard, bien plus tard, l'ancien élève de M. Fily Dabo Sissoko, sorti administrateur de l'Ecole Coloniale, fut affecté dans la nouvelle colonie de Haute-Volta, créée en 1919, et commanda la subdivision de Yako, une portion de l'ancien cercle de Ouagadougou, que dirigea son père au temps de la Grande Guerre.

L'administrateur Gabriel d'Arbousier parlait encore le moré qu'il avait appris avec ses camarades de la classe de M. Fily Dabo Sissoko, comme le gascon paternel. Il n'avait pas besoin d'interprète pour se faire comprendre dans l'exercice de son métier. D'ailleurs, au hasard des rencontres du Niger et ailleurs en Afrique comme en Europe avec l'auteur de ces lignes, mossi de naissance, l'intimité de la conversation se faisait en moré qu'il possédait à la perfection. Le sort voulut que l'administrateur d'Arbousier devînt le député du Moyen-Congo, un des membres créateurs du RDA en 1946 à Bamako.

D'Arbousier se sépara du président du RDA depuis le désapparentement avec le Parti Communiste Français en 1951 et ne le retrouvera qu'en 1956[354].

Au Niger, il entraîna dans son sillage le Secrétaire Général du PPN-RDA, M. Djibo Bakary qui créa alors l'Union Démocratique Nigérienne, UDN. Syndicaliste de formation, ce

---

s'affilia au PCF en 1942 et fut membre du Comité central en 1956. Boubou Hama le mentionne dans *Hon si suba ben* (1973), à la page 125.

[354] Elu au Niger, il sera au Grand Conseil de l'AOF, qu'il présidera (1958-1959). Plus tard, il sera ministre de la Justice au Sénégal (1960-1962), ambassadeur à Paris, puis directeur adjoint de l'UNESCO (1963-1964) et assistant du secrétaire général des Nations Unies (1965-1966).

dernier draina vers son nouveau Parti le menu monde syndicaliste : gens de maison, ouvriers, employés des secteurs privés qu'il défendait d'ailleurs avec beaucoup de crânerie contre les abus de l'administration. L'UDN, dès le début, fut un concurrent sérieux du PPN-RDA, beaucoup plus que l'UNIS.

A Paris, les instances du Parti décidèrent le départ d'une mission d'explication du désapparentement au PCF. MM. Mamadou Konaté[355] (député du Soudan), Ouezzin Coulibaly du Comité Directeur, Diori Hamani (député du Niger) furent désignés pour parcourir la Côte d'Ivoire, la Guinée, le Soudan, le Niger, le Congo Brazzaville, le Tchad et le Gabon. Certes, la tâche était ardue, mais le chef de la Mission, M. Mamadou Konaté était un sage, insensible à toute épreuve. Ses deux compagnons avaient de la bonne volonté et se montraient actifs. En plus, des instructions de la Rue Oudinot devaient faciliter leur tâche. Mais les autorités locales ne mettaient aucun empressement à prouver, par leurs actes, leur respect des instructions ministérielles. En plusieurs endroits, les trois missionnaires furent interrogés par la police, durent se battre pour obtenir l'autorisation de tenir des réunions, manquèrent d'être arrêtés. Les Gouvernements envoyèrent des rapports inquiets. A les en croire, si le RDA reparaissait en se prévalant de l'autorisation du ministre, les populations loyales seraient désorientées et « basculeraient de son côté. Le travail entrepris depuis 1948 serait perdu ».

« Pas un instant, à cette époque. M. Péchoux et ses collègues, Louveau au Soudan, Toby au Niger, Mouragues en Haute-Volta, ne croyaient à la sincérité du RDA. Pour eux, le ministre s'était laissé berner par Houphouët. Il faudra de longs mois et plu-

---

[355] Amadou Hampaté Bâ : « *J'eus pour maître Mamadou Konaté, qui sera plus tard le deuxième député du Soudan et l'un des grands leaders du RDA avant que des rivalités n'entraînent sa fin tragique* » in *Amkoullel,* (p 494). Mamadou Konaté (1897-1956) fut le premier Africain à devenir vice-président de l'Assemblée nationale française. Boubou Hama, dans *Enquête,* parle de « *Mamadou Konaté dit 'le Saint-Père' à cause de sa ferme sagesse et de son amour profond de l'Afrique* » p 525.

sieurs changements de Gouverneurs pour que la politique de coopération avec les élus du RDA, passe dans les mœurs ».
(Georges Chaffard, op. cit. T1, p 127).

Arrivent les élections législatives de juin 1951[356]. Voici ce qu'en dit Georges Chaffard p 128-129 :

> « Ces élections, Mitterrand s'en préoccupe pour les Territoires d'outre-mer, une idée quelque peu machiavélique a germé dans l'esprit de ce joueur amateur de « combinazione », passionné par l'histoire des Médicis. Si le RDA gagne trop d'élus et de voix, l'opinion européenne, encore mal rassurée, prendra peur et maudira la politique de coopération. Si, au contraire, le RDA n'enregistre que des gains limités, il n'effrayera pas, et les Européens auront le temps de s'habituer peu à peu à collaborer avec lui. Plus tard, quand la réconciliation sera complète, on admettra mieux une victoire du RDA, correspondant à sa juste représentativité. Moralité : il faut faire battre en 1951 un nombre judicieux de candidats du Rassemblement. Honnêtement, Mitterrand en prévient Houphouët. Il ne va pas jusqu'à lui demander son approbation. Il lui explique simplement ses raisons. Houphouët s'incline.
>
> « Le Ministre n'a même pas à donner des instructions à ses Gouverneurs. Il suffit qu'il laisse fonctionner la machine administrative comme à l'accoutumée. D'eux-mêmes, les chefs de Territoires freineront le succès du RDA. Ainsi est battu Gabriel Lisette[357] au Tchad. (Mais Mitterrand lui avait promis à l'avance de le repêcher en cas d'échec. Bon prince, il le prend à son cabinet avec Péchoux). Ainsi est évitée de justesse, en Côte d'Ivoire, l'élection d'un second député RDA et, au Soudan, celle du lieutenant de Mamadou Konaté, l'instituteur Modibo Keïta. En Côte d'Ivoire, le 17 juin à minuit, le RDA mène par 64 000 voix contre 20 000 à la liste « Union Française » du sortant Sékou

---

[356] Où sont élus G. Condat et Zodi Ikhia, tous deux de l'UNIS.
[357] Gabriel Lisette (1919-3001) d'origine antillaise, administrateur des colonies, député du Tchad de 1946 à 1951 et de 1956 à 1958. Il est cofondateur du Parti Progressiste Tchadien section RDA en 1947.

Sanogo[358]. *Manquent encore les résultats de trois circonscriptions. Selon toutes probabilités, les chiffres attendus confirmeront la victoire du RDA. Mais voilà que la proclamation des résultats est retardée de 24 heures. Pendant la journée du 18, le black-out est fait sur les opérations électorales. Et le 19 au matin, à la stupeur générale, on apprend que dans les trois derniers centres, le Rassemblement n'a obtenu que 2 600 voix contre 15 000 à la liste adverse. Ce qui permet à Sékou Sanogo d'être élu à la proportionnelle, avec un total de 35 000 voix. Avec 67 000 suffrages, le RDA n'a qu'un élu, Félix Houphouët-Boigny. L'Administration a mené là une opération de haute précision… <u>Au Niger, en revanche, elle a un peu forcé : Hamani Diori devait être élu de justesse. Il est battu par erreur »</u>.* (C'est naturellement moi qui souligne).

Le comble du malheur du PPN-RDA arrive en 1952. A la tête de la Colonie du Niger, l'intérimaire de M. Toby à partir du 11 février 1952[359], M. Casimir Roland Georges Gaston[360], décida, de chasser les élus du RDA de toutes les Assemblées (la Territoriale et la Fédérale) en falsifiant les élections du 30 mars 1952. Le titulaire, le Gouverneur hors classe, M. Jean Toby, avait pris son congé quelques jours auparavant afin d'être conséquent avec sa propre conscience. Il n'ignorait nullement la loyauté envers la France de Diori Hamani et de Boubou Hama, les deux leaders du PPN-RDA. Il n'ignorait surtout pas que leur parti avait pénétré profondément la masse nigérienne depuis la suppression des travaux forcés et

---

[358] Sekou Sanogo (1921-1962), ancien élève de Ponty, conseiller de Côte d'Ivoire en 1946 et grand conseiller à Dakar, il est membre fondateur du RDA, dont il démissionne en 1949. Député de Côte d'Ivoire du 1 juin 1951 au 1er décembre 1955, apparenté RPF puis MRP. En 1956, il est largement battu par la liste d'Houphouët-Boigny.

[359] La loi du 6 février 1952 changeait le Conseil général en Assemblée territoriale et, surtout, augmentait le nombre de conseillers : le premier collège passait de 10 à 15 élus et le deuxième collège de 20 à 35. D'où l'enjeu pour le PPN-RDA.

[360] R. Casimir assura l'intérim de Toby de février 1952 à mars 1953.

des greniers de réserve, et qu'il constituait une force incontestable, que la Rue Oudinot était décidée à contester. Il fallait donc « fausser » les élections. Sa conscience n'acceptant pas pareille vilenie, il préféra laisser à M. Casimir le soin d'agir. Et ce dernier agit tellement bien que le 30 mars, aucun candidat du PPN-RDA ne fut élu au Niger[361]... C'était quand même un peu trop fort : M. Casimir fut titularisé dans ses fonctions le 24 septembre 52 ! C'était sa récompense...

Ces élections ont trouvé le rédacteur de ces lignes Directeur d'Ecole Primaire de Filingué. Le Chef de la subdivision, M. Paul Urfer[362], bon catholique et considéré comme trop droit pour accepter certaines « combines électorales », fut remplacé le 25 mars 1952 (cinq jours avant les élections) par le jeune administrateur adjoint M. Daniel Taillandier.

Le 30 mars donc, les urnes s'ouvrirent selon les dispositifs prévus par l'Administration. Au dépouillement, le soir, le PPN-RDA était majoritaire dans presque tous les bureaux de vote. Mais, Filingué n'était pas une circonscription électorale indépendante ; il faisait partie de la grande circonscription du grand cercle de Niamey qui comprenait la subdivision centrale (Niamey) Margou, Say et Filingué. On apprit par la suite que le PPN-RDA n'obtint aucune voix à Margou qui fit pencher la balance en faveur de la liste UNIS. Ainsi, furent élus Conseillers généraux du deuxième collège de Niamey le 30 mars 1952, MM. Boubacar Diallo, Yanikoye Alio, Amadou Kountché, Hamani Lossa, tous de l'UNIS. La liste UNIS passa aussi au deuxième Collège de Maradi : MM. Malik N'Diaye[363],

---

[361] L'UNIS remporte 34 des 35 sièges.
[362] Paul Emile Urfer, quand il était stagiaire de l'Ecole coloniale, avait rédigé en 1949 un mémoire sur les migrations des Zarma vers la Gold Coast et la Côte d'Ivoire 1946/1947. Il était en 1947 dans le cercle de Dosso ; et en 1951, dans le cercle de Niamey, subdivision de Filingué (en remplacement d'Espallargas). Dans ses *Souvenirs* T4, Kaziendé lui consacre une belle page.
[363] Malick Ndiaye (1912-1968), élu en 1952 à Maradi sur liste UNIS, réélu en 1957 sur liste MSA-Sawaba, expulsé du Niger en 1959.

Adamou Mayaki, Labo Bouché, Salha Ali, Balay Fernand[364], Rabo Néino, à N'Gnigmi : M. Toumani Sidibé ; à Zinder : MM. Maïtournane Moustapha, Amadou Issaka, Yacouba Siddo, Abdourahmane Maréni, Yaro Mamoudou, Boubakary Amadou ; à Tillabéry : MM. Maï Moussa, Boukar Zakaria ; à Agadez : M. Paul Odet ; à Dosso : MM. Issifou Seydou, Djermakoye Tiémoun Gaoh, Moussa Modi (sauf M. Rabo Maïnassara UPN). Furent élus au premier collège à Niamey, MM. Fourrier Gaston[365], Muret Emile, Ricci Pierre, Vidal Pierre[366], Audu Jean[367], Souchette Pierre, Leroy Robert, Bidourat Jacques, Hongrois André, Gleizes André, tous RPF. La liste RPF passa aussi à Zinder : MM. Achaume Joseph[368], Génest Paul, Moulard Charles, Guillot Pierre ; le seul Conseiller de Tahoua, M. Assens Georges,[369] était inscrit indépendant.

Comme on le voit, le PPN-RDA n'apparaît pas dans cette liste qui aurait été entièrement RPF-UNIS sans les deux exceptions suivantes : Rabo Maïnassara (UPN) et Assens Georges (indépendant).

---

[364] Fernand Balay (né en 1910), commerçant transporteur, élu du 1er collège en 1946, il est réélu en 1952 à Maradi sur liste UNIS, puis en 1958 sur liste UCFA. Il arrête ses activités politiques en 1960.
[365] Gaston Fourrier (1903-1976) : élu du 1er collège en 1946 ; Conseiller de la République (Sénat) en 1948, réélu en 1952 et 1958 ; en 1958, député de Tahoua sur liste UCFA ; sénateur de la communauté (avril-juillet 1959), il cesse ses activités à l'indépendance.
[366] Pierre Vidal (né en 1906), élu en 1946 réélu en 1952, il préside l'assemblée territoriale de 1954 à 1957. Ministre du gouvernement Djibo Bakary, il démissionne avant le referendum de septembre 1958. Elu en décembre 1958 sur liste UCFA à Madaoua, il se retire à l'indépendance.
[367] Jean Audu (né en 1908), docteur vétérinaire, résistant dans les FFL ; au titre du 1er collège, il est conseiller de l'Union française en 1953, et conseiller territorial RPF en 1954 à Niamey (remplace J. Perrineau décédé).
[368] Joseph Achaume (né en 1903) : élu en 1952 sur liste RPF, il est réélu en 1957 sur liste MSA-Sawaba, et c'est sur une liste UCFA qu'il devient député de Tessaoua en 1958 (après invalidation de la liste Sawaba). Il arrête sa carrière politique à l'indépendance.
[369] Georges Assens (né en 1903), chef de subdivision des Travaux Publics, élu du 1er collège en 1946 à Zinder et en 1952 à Tahoua sur liste indépendante. Il se retire de la vie politique en 1957.

Le Conseil Territorial choisit son Président : M. Fourrier Gaston RPF ; ses grands Conseillers : MM. Adamou Mayaki, Issifou Seydou Djermakoye, Zodi Ikhia[370], Boubacar Diallo, tous de l'UNIS et M. Achaume Joseph, RPF de Zinder.

Déjà en juin 1951 le député RDA, Diori Hamani, fut battu, dit-on « par erreur ». Eliminé du Palais Bourbon, il fut nommé Directeur de l'Ecole Nord à Niamey qu'il ouvrit à la rentrée d'octobre 1951. Certainement, à l'échéance de 1953, le Conseiller de l'Union Boubou Hama du RDA sera impitoyablement éliminé sans tambour ni trompette. A partir de cette époque, le PPN-RDA ne sera plus représenté ni à l'Assemblée Territoriale, ni à l'Assemblée Fédérale de Dakar, ni à l'Union Française de Versailles, ni au prestigieux Palais Bourbon ! La victoire de L'UNIS est totale. Le parti de l'Administration avait rusé et gagné une bataille.

Le 25 février 1953, M. Toby, Gouverneur hors classe, reprend le commandement du Niger. Il assista à la liquidation de M. Boubou Hama, Conseiller de l'Union, vivement attaqué et vilipendé en hauts lieux métropolitains par ceux-là mêmes qu'il avait mis en place, le cœur ulcéré par l'ingratitude de ces derniers, il quitta « son cher Niger ». Dégoûté (il refusa d'assister aux fêtes du 1er Anniversaire de l'Indépendance du Niger en 1961), fourbu, vieilli, soucieux, aigri. Son remplaçant fut M. Jean-Paul Ramadier[371], Gouverneur de troisième classe, fils de l'homme politique SFIO bien connu[372].

---

[370] Zodi Ikhia (1919-1996), instituteur, élu en 1948 à Tahoua sur liste UNIS ; député en 1951 à l'Assemblée nationale à Paris ; élu Grand conseiller de l'AOF en 1952 ; élu en 1958 à Filingué sur liste UCFA ; ministre (19581963) ; arrêté en 1963, condamné à mort (1965), gracié (1971).

[371] Jean Ramadier (1913-1968) fils de Paul Ramadier : gouverneur du Niger de décembre 1954 à novembre 1956, gouverneur de Guinée (1956-1958), haut commissaire au Cameroun en 1958.

[372] Paul Ramadier (1888-1961), maire de Decazeville (1919-1959), député (1928-1940), ministre à plusieurs reprises et président du conseil (1947). Il fut à la SFIO de 1928 à 1932 et de 1945 à 1958.

Durant la campagne pour les élections territoriales de 1952, le bulldozer Boubou Hama, Conseiller de l'Union, fit des prodiges. Infatigable, dans le grand soleil de mars, il parcourut tout l'ouest du Niger, parla, sans discontinuer, détruisit les thèses des adversaires. Mais à Téra, son cercle natal, les rivalités entre les militants mêmes du parti, divisés sur la question domaniale, favorisèrent le parti de l'Administration. A Tillabéry au Zarmaganda, il se maintint imbattable. Mais à Margou, à Say, le RDA vacillant ne put contrôler tous les bureaux de vote. Où il y eut, paraît-il, du remplissage pur et simple des urnes. L'apport notoire de Filingué ne put redresser le plateau de la balance lourdement chargé de bulletins bourrés par des hommes sans conscience que ne voulait pas cautionner le Gouverneur Toby. Le Gouverneur Casimir les couvrit et reçut, en récompense, sa titularisation à Niamey.

Alea jacta est ![373] Le sort du PPN-RDA « était bien jeté » ce jour-là, qui sonnait le glas de la situation politique du seul parlementaire nigérien en place, le Conseiller de l'Union, Boubou Hama : il fut, en cours d'année, remplacé par M. Adamou Mayaki, l'auteur du fameux article du *Réveil*, qui fit frissonner des Administrateurs des Colonies et le Gouverneur Toby en place au Niger en 1948. A l'époque, le futur Gouverneur de la Haute-Volta en 1960, M. Masson, alors administrateur adjoint, chef de la subdivision de Filingué (cercle de Niamey, Colonie du Niger), avait ordonné, dans un mouvement d'humeur, de brûler le village de Yanta à quelques quatre ou cinq kilomètres au sud-est de Filingué. Les gardes exécutèrent sur-le-champ les ordres. Le village flamba parce que ses habitants ne s'étaient pas assez vite rassemblés au passage du Commandant de subdivision ! Quelques semaine après, un article saumâtre relatant les faits

---

[373] L. Kaziendé aime cette expression déjà employée plus haut et qu'on retrouve ailleurs, par exemple dans *Mayaki* (p 134).

sous la plume d'un certain Adjard Quinet[374], qui n'était autre chose que le militant du PPN-RDA, affecté à Maradi (Tarma) en fin 1947, témoin de l'évènement parce qu'il séjournait en ce temps-là dans son village natal (Filingué), le Gouverneur Toby, qui connaissait bien sa famille, jura de l'attirer à lui et le fit en 1957… En 1952, il était non seulement Conseiller territorial, ayant pour Président M. Fourrier (RPF), mais Grand Conseiller à Dakar… en 1953 ; il remplaça le bulldozer Boubou Hama à Versailles…

Et dans le reste de l'AOF, principalement en Côte d'Ivoire, au Soudan, en Guinée, en Haute-Volta, où le Gouverneur Mouragues venait de créer l'Union des Chefs traditionnels pour mieux lutter en profondeur contre le RDA insinueux[375], l'atmosphère était la même qu'au Niger, malgré le désapparentement, vieux bientôt de deux ans, les proconsuls en place n'avaient pas confiance et savaient parfaitement bien que les partis administratifs, créés çà et là, ne pouvaient pas, à armes égales, lutter contre le Parti de M. Houphouët comme ils l'appelaient.

Boubou regagna donc le Niger, pris en charge par l'Institut Français d'Afrique Noire. Ce n'était pas un étranger pour le Directeur, M. Th. Monod[376], qui le connaissait par ses écrits sur l'Empire de Gao[377] et la métaphysique des Africains. Car, déjà et depuis, le fils de Fonéko disséquait le problème de la place de l'homme dans l'Univers, tel que le con-

---

[374] Pseudonyme qui joue sur le nom Edgard Quinet (1803-1875), ardent partisan de la République, qui, comme Victor Hugo, s'exila toute la durée du Troisième Empire.
[375] Insinueux : qui s'infiltre, qui s'insinue. Le RDA s'infiltrait partout et il fallait le contrecarrer en créant l'association des chefs traditionnels qui pouvait avoir une action réelle sur les populations.
[376] Théodore Monod (1902-2000) : naturaliste, auteur de nombreux ouvrages et articles, Professeur au Muséum d'Histoire naturelle à paris, directeur de l'IFAN à Dakar.
[377] Th. Monod a préfacé *L'empire de Gao*, qui paraît en 1954, et qui lui est dédié. De plus, Jean Rouch connaissait bien Th. Monod qui l'avait reçu après son expulsion du Niger par Falvy en automne 1942.

cevaient les Africains en général et les Sonraïs en particulier. Il remplaçait son maître le chercheur *indigène* M. Mamby Sidibé, président du PPN-RDA au Niger : le « Vieux Mamby », comme on l'appelait, parti, l'ancien Conseiller de l'Union s'installa. Il s'était juré de faire du bon travail, comme dans l'éducation des enfants. Instituteur, il l'était resté. D'ailleurs son dernier diplôme conquis « à la sueur de son front » ne datait que de 1945 seulement et on n'était qu'en 1953 ! Il « n'avait déposé le cadre » qu'en 1947. En six ans, on n'oublie pas son labeur entrepris depuis octobre 1929. Oui, l'Instituteur surnuméraire du cadre secondaire, Boubou Hama, de la Haute-Volta, mis sur sa demande expresse à la disposition du lieutenant gouverneur de la Colonie du Niger par le Gouverneur général de l'Afrique Occidentale, depuis sa prise de service et jusqu'à son élection comme Conseiller de l'Union Française en 1947, durant dix-huit années consécutives, ne s'était jamais offert la jouissance d'un congé administratif : instituteur, il enseignait, recensait pendant les vacances scolaires, cherchait à comprendre certains comportements de ses compatriotes, les protégeait, les défendait à la limite des lois coloniales de l'époque de l'Indigénat, disparu aux coups de bélier des premiers élus africains aux Assemblées métropolitaines en 1945 et 1946.

Une vie nouvelle commençait pour le Bulldozer installé dans sa demeure en banco, dans le quartier Kalley non loin du second château d'eau de la ville de Niamey, à côté de la demeure de Djibo l'Amirou (le chef) de la ville de Niamey, anciennement assimilé aux chefs de cantons, chef de quartier en 1953. Djibo et Boubou restèrent liés jusqu'à la séparation finale : la mort. Le fils du premier fut son héritier et lui emboîta le pas jusqu'en cette nuit fatidique du 14 au 15 avril 1974[378], au cours de laquelle un coup d'Etat militaire, contre toute attente, renversa le régime du PPN-RDA. Je dis bien « contre toute attente » parce que, cette nuit-là, celle d'un

---

[378] C'est-à-dire du dimanche de Pâques, 14 avril, au lundi de Pâques, 15 avril 1974.

lundi de Pâques, rien ne laissait présager un tel évènement : Niamey était calme, pas de grève, pas de troubles, même estudiantins ; à l'intérieur du pays, certains responsables administratifs et politiques avaient bien aperçu les colonnes venant de Zinder et de Tahoua, mais ne pouvaient penser qu'à des manœuvres de routine... Certes, il y avait pénurie de nourriture à l'intérieur du pays, surtout chez les nomades. Mais nulle part, il n'y avait soulèvement, révolte... Le geste des militaires avait un tout autre mobile que celui d'appuyer des revendications de gens mécontents, des mouvements de peuple en révolte contre un gouvernement vomi !

III

LE BULLDOZER

Voilà donc Boubou installé sous un hangar couvert de tôles, sans faux plafond, entouré de *balanites aegyptiacae* aussi vieux que l'oued Gountouyéna coulant à l'ouest dans un lit fort encaissé creusé dans un terrain dont on peut compter les strates. Le moniteur d'agriculteur Albert Trapsida venait tout juste de planter sur les deux bords de jeunes neems pour contenir l'érosion. A l'ouest, on apercevait, à travers la forêt d'*ayvgoohylla erae* sans feuille pendant la saison froide, les nouveaux bâtiments de l'Hôpital de Niamey, surtout celui baptisé « Hôpital africain », construit par le Dr Pinson, aujourd'hui agrégé en chirurgie dirigeant une clinique personnelle dans une banlieue de Paris. Le pavillon A existait, mais il était expressément réservé aux malades européens. N'oublions pas qu'on était en 1953, dans la Colonie du Niger commandée par le Gouverneur hors classe, M. Jean Toby, originaire du pays des genêts, des calvaires, la Bretagne des Bretons !

Le hangar sans faux plafond, primitivement construit pour je ne sais quel usage, sur un ancien cimetière du village de Niamey, dans cette futaie de *balanites aegyptiacae* hantée par tous les mauvais génies, les diables et les lutins aquatiques et aériens de la région, en cet endroit que les habitants de la bourgade lorgnaient pendant les épidémies encore nombreuses à cette époque, que les enfants des deux sexes évitaient de traverser, et même de côtoyer le jour comme la nuit, ce hangar quelconque était divisé en deux pièces sans véranda, en deux « entrer-coucher » comme on dirait en Abidjan, éclairée chacune par une porte et une fenêtre à un battant chacun, s'ouvrant vers l'extérieur. L'habillement était en dur, blanchi à la chaux à l'intérieur. C'est là que le Gouvernement colonial avait installé l'Institut Français d'Afrique

Noire (IFAN), dont le siège se trouvait à Dakar. Le savant Théodore Monod, très connu dans le monde scientifique, en était l'éminent directeur général. Le grand Mamby Sidibé, qui enseignait jadis à l'EPS de Ouagadougou, avait ouvert le Centre de Niamey vers 1945[379], en ces lieux redoutés des gens du pays. Il s'occupa, à partir de 1946, de la direction du Parti Progressiste Nigérien, PPN, remplaçant le premier président, M. Issifou Seydou Djermakoye, passé à l'UNIS. C'était l'époque de la lutte à outrance contre le RDA, affilié au Parti Communiste Français. Au départ de M. Mamby Sidibé, Mamadou Lamine Koumba le remplaça à la présidence du PPN-RDA, au moment où Boubou, le bulldozer, s'installait à l'IFAN, dans le bureau presque nu que lui cédait son ancien maître admis à la retraite et qui s'en retournait au Soudan (entendre Mali) pour se fixer définitivement à Bamako. M. Daddy Gao était le président du RDA. On y trouvait tout juste une table pliante en fer, surchargée de bulletins de l'IFAN[380], laissant tout juste une place pour l'encrier en verre, le crayon de papier, le porte-plume, et les pipes, que suçait sans discontinuer le nouveau directeur, matin et soir, surtout lorsqu'il pensait, écrivait, annotait ses lectures.

L'autre pièce, de surface égale, faisait office de secrétariat. Un Dahoméen, obséquieux, l'animait du bruit continu de sa machine à écrire. Cet homme, trop gentil, ne chômait pas, car son patron lui donnait tout le temps quelque chose à taper. Les feuilles dactylographiées s'accumulaient sur sa table et attendaient le moment de leur passage devant l'œil vigilant du bulldozer qui corrigeait, rectifiait, plaçait des ponctuations manquantes, redressait, polissait les phrases, les

---

[379] A la même époque, le 17 juin 1945, Mamby Sidibé fondait à Niamey une section du Comité d'études franco-africaines.
[380] Boubou Hama a publié dans la revue de l'IFAN *Notes Africaines* n°31 (juillet 1946) « Le culte des ancêtres. Quelques tableaux de la vie d'un prêtre de la terre » et dans le n°64 d'octobre 1954 « Langage d'association d'âge et langages secrets ». Kaziendé, lui aussi, avait publié dans le n°18 d'avril 1943 « Poison de flèches ».

rendait plus compréhensibles, plus intelligibles, bref, plus françaises.

En effet, avec la même détermination, la même foi, le même zèle connus de l'Instituteur, Boubou, l'ancien représentant efficace du Niger et du RDA à Versailles, s'acquittait de la nouvelle tâche qui lui convenait d'ailleurs. Chercheur curieux, historien né, philosophe se penchant sur la situation présente et future de son Afrique maternelle, il creusait l'éthique et la cosmogonie des Songhay et des Noirs en général. Il pouvait rester plusieurs heures à réfléchir sur ces questions, et à formuler des hypothèses. Il consacrait beaucoup de temps à la réflexion, à la méditation. Pour les mieux comprendre, il étudiait les mythologies anciennes, en passant par l'égyptienne et la gréco-latine. Il s'était, peu à peu, à grands frais d'ailleurs, constitué une bibliothèque fournie sur ce sujet précis et sur les sciences occultes qu'il étudiait aussi très sérieusement. Il voulait, comme je l'ai déjà écrit, trouver la Vérité, la Réponse à toutes les questions qui se posent dans le monde.

La nouvelle situation était pour lui une aubaine, une position inespérée pour s'adonner à la recherche et à la réflexion. « Ce sont les lutins de Fonéko qui m'ont placé là pour que je puisse penser et écrire », s'amusait-il à me dire en riant quand mon service m'emmenait à Niamey, chez lui, où je logeais toutes les fois. « Je peux t'initier à leur secret. Somyaïdo (un de nos camarades en service à Agadès), cet empâté, a refusé mon offre : aujourd'hui, il aurait été quelqu'un. Toi, tu es mécréant, un crétin (entendre chrétien), tu es difficile à convertir. Tant pis pour toi, idiot. En tout cas, l'Afrique n'a été chrétienne qu'en Ethiopie[381]. L'enseignement de Saint-Augustin en Afrique du Nord, au Ve siècle apr. J.-C. fut anéanti par l'invasion arabe et almoravide au VIII° siècle. Je ne nie pas l'action des missionnaires chrétiens (catholiques et protestants) avant et pendant la colonisation. Ils ont créé ça

---

[381] L'évêque Frumence introduisit le catholicisme au IV° siècle, mais, à partir de 451, l'Ethiopie devint copte.

et là des communautés non négligeables du Cap Gardafui à l'est au Cap Blanc à l'ouest, du Cap de Bonne Espérance au sud au Cap Bon au nord. Mais ces dernières restent des minorités. L'Islam, aux VII° et VIII° siècles, employa le prêche et l'épée pour s'implanter solidement dans le nord et l'est du continent. De là, il s'insinua, à travers les déserts, chez les Noirs du centre et de l'ouest, à partir du IX° siècle. Il continue aujourd'hui encore (mais par le prêche seulement) son travail de conversion. Ce travail dure depuis dix siècles et n'est nullement terminé, car l'âme noire africaine reste foncièrement animiste et refuse en fait le monothéisme. Elle a sa façon de concevoir le monde et son existence. Elle accepte difficilement l'assimilation pure et simple. Toi, tu es assimilé, tu ne connais pas l'Afrique, tu es étranger dans ton pays natal. Au lieu de t'appeler mécréant, j'aurais dû te désigner sous le nom d'apatride, car tu n'as pas de patrie. Ce nom te convient mieux. La cosmogonie africaine est loin d'être idiote. Elle est acceptable comme celle de l'Etrusque, du Grec ou de l'Aztèque. Et puis, je te le dis et te le répète : accepte ce dont tu ne peux pas démontrer l'absurdité. Pose comme postulat que tout est vrai, tant que sa fausseté n'a pas été prouvée. Ne crois pas que les sciences qui existent sont les seuls crédibles. Il en existe d'autres non moins crédibles. Hélas ! J'admets cependant que les découvertes appelées scientifiques sont loin d'avoir dit leur dernier mot. La technologie grandit à pas de géant. L'homme ira loin, très loin avant la fin du siècle, dans les connaissances en physique et autres. Mais avancera-t-il aussi rapidement dans la civilisation ? Je veux parler de la vraie civilisation, celle qui procède de l'éthique universelle ! C'est à voir ! »

L'éducateur modèle, l'homme politique truculent, se mit au travail, sérieusement, ponctuellement, avide de renseignements sur l'âme, la cosmologie, l'ethnologie, l'histoire africaine, l'histoire ancienne, la préhistoire. Curieux, il profitait pleinement de sa nouvelle situation pour « chercher » et « écrire les résultats de ses découvertes dans le *Bulletin de* l'*Institut Français d'Afrique Noire*, et le *Bulletin* trimestriel de l'Inspection Générale *de l'Enseignement en AOF*. Ainsi, de 1953 à 1957, il publia de nombreux articles…

Pour venir à son bureau, répondre aux convocations éventuelles des autorités locales, le Directeur du Centre IFAN de Niamey disposait d'une vieille U23[382], une camionnette poussive conduite par un chauffeur. C'était toute une histoire pour la mettre en route le matin, surtout pendant la saison froide. La camionnette pétaradait pendant longtemps, puis acceptait de bouger après le coup de manivelle. Souvent, il fallait la pousser. Elle acceptait alors de conduire le patron au bureau, d'amener le courrier tous les lundis à la poste, de se rendre aussi aux invitations officielles puisque le Directeur de l'IFAN était assimilé à un chef de service de l'administration centrale.

Boubou se mit rapidement au courant de sa nouvelle fonction, qui correspondait à son souhait le plus ancien, le plus profond, le plus tenace : laisser des traces de son existence au Niger, en Afrique, et à l'échelle mondiale, pourquoi pas. Il fouillait les documents à sa disposition, se débrouillait pour rentrer en possession de ceux qui lui manquaient, prenait des notes et, comme son maître M. You, soulignait au crayon les passages qui lui semblaient intéressants et instructifs. Il lisait, lisait, lisait beaucoup, en suçant doucement et successivement les quelques douze pipes bourrées par le chauffeur planton, le matin et le soir. Ainsi, son bureau sentait perpétuellement le tabac, malgré la fenêtre toujours grandement ouverte. Ses vêtements aussi. Il lui arrivait de brûler sa chemise ou son veston ; car à cette époque, le bulldozer s'habillait encore à l'européenne.

A même le sol cimenté du Bureau, dans les quatre coins, s'entassaient les écrits les plus anciens sur l'Afrique. Le *Tarikh es-Soudan*, le *Tarikh-el-Fettach*, traduits en français, avoisi-

---

[382] Le T23 Citroën date de 1935. « *Le Type 23 série U est un véhicule de 1 500 kg de charge utile en version plateau, ce qui lui donnait une charge totale de 2 300 kg (d'où sa désignation « 23 », avec « U » pour utilitaire)* » Wikipedia.

naient avec les récits des explorateurs, des navigateurs français, anglais, espagnols, portugais, et les écrits plus récents des administrateurs et gouverneurs des colonies. Naturellement, il ne manquait pas les spéculations de toute nature sur la société dite primitive, la cité dite antique, les livres sur l'Egypte, l'Islam (le Coran en tête). C'est dans le Bureau, pendant les vacances de 1954, que j'ai pris connaissance des écrits des ulémas de Tombouctou et de Djenné. Et l'ancien directeur de l'Ecole Elémentaire de Tillabéry, devenu assurément un africaniste éminent, publia sans interruption, en travaillant le jour dans son bureau, et la nuit, à côté de son lit, sur une table branlante en bois, à la lumière d'une lampe tempête. Chaque soir, il emportait dans le U23 vétuste, à bout de souffle, les documents et les livres à consulter, ayant sur place tout ce qu'il lui fallait pour écrire et corriger les premières frappes du dactylographe. Point de repos. Il faut faire quelque chose tant que la santé le permet. Boubou, déjà à cette époque, dormait peu, veillait tard, ne se donnait aucune distraction. Au fond, il s'adonnait à son métier de chercheur et accumulait connaissances sur connaissances, en autodidacte mû par une redoutable volonté.

En plus de tout cela, la présidence de la section nigérienne du RDA lui revint en 1955 : il remplaça M. Daddy Gao[383]. Diori Hamani, Directeur de l'Ecole Nord qui porte son nom, assuma le secrétariat général à partir de 1954. Il va sans dire que le directeur d'école ne disposait d'aucune machine à dactylographier, à polycopier. Le bureau du directeur du Centre IFAN se chargea automatiquement de ce travail. Bientôt, le Parti installa au domicile de son Président sa permanence occupée par M. Gandah Djibo, cet instituteur ancien directeur de l'Ecole Elémentaire de Téra, révoqué en 1948. Il était accusé de viol de mineurs ; en réalité il était victime de son appartenance au RDA.

---

[383] Daddy Gaoh (1906-1973) : vice-président puis président du PPN (1950-1956), ministre sous Diori, maire de Niamey.

Boubou et Diori se mirent à reprendre leurs partisans en main. Peu à peu, le désapparentement fut accepté par les Gouverneurs des colonies et les administrateurs. Les deux anciens parlementaires eurent droit de cité à Niamey et au Niger. Ils purent voyager, tenir des meetings, parler aux militants restés légion dans la brousse. Il n'était pas facile à l'UNIS et à l'UDN de faire oublier l'impact de la suppression de l'indigénat et des travaux forcés attribuée au RDA, remontant, rapidement, de sa chute artificiellement voulue. Rappelons qu'en 1952, personne ne représentait le RDA dans les diverses chambres au Niger, à Dakar, à Paris. Le Gouverneur Fernand, Georges, Gaston Casimir, intérimaire de M. Toby en congé en France, avait affirmé qu'il avait tué le RDA et fut titularisé à Niamey. Non, le Parti d'Houphouët-Boigny n'avait jamais été exsangue, moribond. La population que les Africains de l'ouest sous obédience française avaient donnée à la fin de l'indigénat et des travaux forcés était telle qu'elle n'a pas eu de précédent. Pour l'homme de la brousse, la proclamation de l'indépendance, la suppression du minimum fiscal sont loin d'égaler en importance ce fait. Les photos des députés Diori Hamani et Houphouët-Boigny conservées religieusement au fond des vieux canaris et des rares malles en bois, dans le coin secret de la case, scellaient la reconnaissance des hommes et des femmes de l'époque, de ceux qui ont constitué ces « théories » humaines dont parlait le Député de la Côte d'Ivoire dans son discours historique au Palais Bourbon en 1946, quand il demandait la suppression des travaux forcés.

Le Président de la section nigérienne du RDA et son secrétaire général en étaient conscients. Tous deux, persuadés de la justesse de leur orientation politique, fonçaient sans démagogie aucune sur leurs antagonistes, soutenus par le Gouvernement en place. Ils démontaient un à un leurs arguments, disséquaient les problèmes posés, les portaient à la hauteur de la compréhension du commun des mortels. A

l'époque, un jeune administrateur des colonies, rencontré dans la brousse, m'avoua :
- « Les interprètes, les commis et les chefs de canton sont les seuls vrais militants de l'UNIS. Les *talakas*[384] écoutent plutôt les instituteurs et les fonctionnaires représentant le RDA auxquels ils attribuent la suppression des travaux forcés et l'indigénat. Vous verrez que sous peu les greniers de réserves n'existeront plus au Niger puisque Boubou et Diori les attaquent. Pourtant, leur institution procède d'un sage idée. L'UNIS n'a personne pour expliquer aux gens de la brousse que le mil réservé sert à la soudure hivernale et permet ainsi à la colonie d'être autosuffisante. Convaincre l'auditoire me semble fort facile.
– Très juste, lui répondis-je. Les leaders du RDA ne critiquent pas l'idée d'épargner, de réserver, de mettre de côté pour parer à toute éventualité, mais la façon de réunir les bottes de mil des cultivateurs et le manque de sérieux dans le gardiennage des greniers. Tenez, jetez un coup d'œil sur ceux de Fillingué. Ils sont, pour la plupart éventrés, laissés à la merci des ânes, des porcs, des chèvres, des bœufs. Nous sommes en mars. L'engrangement a eu lieu en octobre. La moitié du mil réservé est perdue. Les épis, extraits des granges par les animaux, mangés aux trois quarts, jonchent le sol. Les granivores de tous bords les déchargent de leurs grains. Les épargnants, en juin-juillet-août, ne retrouveront pas leurs dépôts. Ensuite, il y a toutes les combines, les intrigues, accompagnant leur remplissage ! L'Administrateur, de bonne foi souvent, ordonne aux chefs indigènes de constituer les réserves de l'année. Selon le règlement en vigueur, chaque bouche qui mange doit réserver dix bottes de la récolte de l'année. Une famille de dix « bouches mangeuses » remplit donc, en principe, un grenier moyen de cent bottes (soit une tenue de grain) qu'elle doit retrouver à l'époque dénommée « de la soudure », pendant l'hivernage entre juin-juillet et août ».

---

[384] Les paysans, les travailleurs.

Les auxiliaires des chefs, chargés de surveiller l'exécution du travail trouvaient là l'occasion de sévir contre les gens. Ils en faisaient un vrai travail forcé où coups de cravaches, injures, cadeaux obligatoires, viols, toutes les vilenies possibles se pratiquaient journellement. A cause de la constitution des greniers de réserve, des milliers de Haoussas ont fui le Niger pour s'installer au Nigeria ; de nombreux Zarmas-Sonraïs ont rejoint la Gold-Cost (Ghana) pour ne plus revenir. Le RDA attaquait cette façon de traiter les paysans, proposait la suppression pure et simple de l'institution des greniers de réserve, bonne en soi, mauvaise dans la pratique.
- « Il a raison » dit le jeune administrateur, un catholique pratiquant, très large d'esprit.

La politique en profondeur dans la Colonie continue de plus belle. Quatre formations politiques se disputent l'audience des citoyens du Niger : le PPN-RDA, l'UDN de M. Djibo Bakary et la Convention[385] de M. Zodi Ikhia et le MSA, l'ancien parti UNIS, épaulé par le Gouverneur Ramadier. Le Représentant de la France, le Gouverneur des Colonies SFIO, Jean Ramadier, veillait sur l'ordre public. Les orateurs des différents horizons voyageaient beaucoup, tenaient des meetings publics, quelquefois contradictoires. Les partis s'affrontaient, dans les limites tracées par la loi française.

A l'extérieur, parmi les Colonies Françaises, l'Indochine demandait, à coups de canon, son indépendance. L'Algérie embrasée était à feu et à sang depuis le 1er novembre 1954 ; la Tunisie était indépendante depuis 1956, le Maroc aussi. On signalait des mouvements d'indépendance un peu partout. Les gouvernements successifs, en France métropolitaine, butaient et chutaient sur la guerre d'Algérie qui prenait des proportions fort inquiétantes. Les Gouverneurs généraux se remplaçaient rapidement. Les Français étaient forte-

---

[385] Zodi Ikhia avait créé le 6 mars 1957 Le Front Démocratique Nigérien (FDN) qui se lia à la Convention africaine fondée par L.S. Senghor avec les Indépendants d'outre-mer.

ment divisés sur ce qu'on appelait alors « l'Affaire d'Algérie », qui empoisonnait l'atmosphère en Métropole comme en Afrique du Nord. En Afrique Noire Française, beaucoup d'hom-mes politiques maugréaient contre cette guerre à laquelle prenaient part des contingents de tirailleurs 'sénégalais' recrutés en AOF, en AEF. Ils savaient que, puisque le Maroc, la Tunisie étaient indépendants, l'Algérie, insérée entre ces deux pays arabes, le serait tôt ou tard.

Les élections législatives de 1956 portèrent le secrétaire général du PPN-RDA, le Directeur de l'Ecole Nord, M. Diori Hamani, au Palais-Bourbon à Paris. Ce qui augmenta la crédibilité du Parti. Or, cette année-là, fut votée, le 23 juin par la chambre des Députés, la fameuse loi-cadre accordant assez d'autonomie aux colonies appelées désormais Territoires d'outre-mer (TOM)[386]. Certes la décolonisation amorcée par le discours de Brazzaville en 1944, entrait dans sa phase active. Des villes comme Abidjan, Conakry, Bamako, Niamey, etc. se virent érigées en communes de plein exercice, avec des maires et conseillers municipaux élus. Le PPN-RDA pensait enlever facilement la mairie de Niamey. C'était sans compter avec la présence à la tête du Territoire du Niger, du socialiste Ramadier fils dont le père était un notable socialiste de France. Les élections municipales ayant donné la majorité au PPN-RDA, celui-ci regroupa les élus de l'UDN, du MSA, de la Convention qui votèrent à une voix de majorité pour M. Djibo Bakary, inscrit maintenant au parti SFIO en France. Le même stratagème fut adopté lors de la formation du gouvernement.

---

[386] Loi n°56-619 du 23 juin 1956 : « Mesures propres à assurer l'évolution des territoires relevant du ministère de la France d'outre-mer » (l'Algérie dépendant du ministère de l'Intérieur n'était pas concernée). Il n'existe plus qu'un seul collège électoral et tous les adultes (hommes et femmes) âgés de 21 ans ou plus sont désormais électeurs.

Les élections législatives de 1957 dont les élus furent validés[387] les 5, 6, 9, et 13 avril 1957 étaient les suivants :

1. Circonscription de Téra – liste M.S.A.
    Mounkaïla Issifie, Assane Sourghia, Issaka Boulhassan

2. Circonscription de Doutchi – liste RDA
    Mahamane Dandobi, Amadou Gaoh .

3. Circonscription de Maradi – liste M.S.A.
    Amadou Mayaki, Maliki N'Diaye, Boua Souley[388]
    Adamou Sékou, Labo Bouché.

4. Circonscription de Tahoua – liste M.S.A.
    Djibo Bakary, Mouddour Zakara
    Moha Rabo, Lara Sakho, Dumoulin Robert.

5. Circonscription de Gouré – liste M.S.A.
    Gonomi Boucar, Boubacar Zakaria, Koké Issaka.

6. Circonscription de Fillingué – liste R.D.A.
    Madi Mayaki, Amadou Kountché, Mohamed Zodi

7. Circonscription de Tillabéry – liste R.D.A.
    Boubou Hama, Boret Georges
    Maïga Danbouzoua, Maïga Idrissa

---

[387] Ce sont les premières élections au suffrage universel. Cependant, il y eut moins de 29% de participation. Le MSA - qui provenait de la fusion de l'Union Démocratique Nigérienne (UDN) de Djibo Bakary, fondée le 28 mars 1954, et du Bloc Nigérien d'Action, BNA, créé en 1955 – obtint 41 sièges (221.000 voix) et le PPN-RDA 19 sièges (105.000 voix). Le MSA était lié à la SFIO – à laquelle appartenaient : les gouverneurs Ramadier et Paul Bordier qui le remplace, ainsi que les ministres de la FOM G. Defferre puis G. Jacquet qui le remplace.

[388] Dans *Souvenirs* T6, L. Kaziendé orthographie Bawa Souley. Ce dernier, membre du Sawaba, avait participé aux commandos sawabistes qui s'en prenaient aux postes frontières : « *le fameux Bawa Souley, qui a échappé à tous les coups de filet tendus contre lui. Ce dernier évoluait en terrain familier au milieu de parents dahoméens et nigériens. Il était imprenable comme une place forte défendue par Vauban* ».

8. Circonscription de Zinder – liste M.S.A.
   Maïtourman Moustapha, Abdou Boukary
   Mahamane Danbouzoua, Abdoussalé Tankari.

9. Circonscription de Madaoua – liste M.S.A.
   Ousman Dangaladima, Algabit Moha
   Fourrier Gaston, Abdoussalé Tankari

10. Circonscription d'Agadez – liste M.S.A.
    Yahaya Touraoua.

11. Circonscription de Niamey – liste R.D.A.
    Diori Hamani, Moumouni Dioffo
    Cissé Boubacar, D'Aboussier Gabriel, Diallo Altiné

12. Circonscription de Dosso – liste R.D.A.
    Sama Aladji Ibrahim, El Hadji Hima Hamani
    Noma Souna, Amadou Assane.

13. Circonscription de Magaria – liste M.S.A.
    Amadou Issaka, Moussa Maharou
    Yaou Ibrahim, Issa Diop.

Vues en 1983, ces élections de 1957 attirent les remarques suivantes :

1°) Six citoyens français (5 métropolitains, 1 Sénégalais des quatre communes) : MM. Dumoulin Robert (MSA de Tahoua), Boret Georges (RDA de Tillabéry), Achaume Paul (MSA de Zinder), Fourrier Gaston (MSA de Madaoua), d'Arboussier Gabriel (RDA de Niamey) et Issa Diop (MSA de Magaria) ont été élus.

Les 44 Conseillers élirent les représentants du Niger au Grand Conseil de l'Afrique Occidentale Française en mai 1957. Ce furent :

Nom	parti
Gabriel d'Arboussier	RDA
Maurice Camara	MSA
Mamani Abdoulaye	MSA

Paul Achaume	MSA
Adamou Mayaki	MSA

Le Gouvernement formé par le Président du Conseil, le Gouverneur Paul Bordier,[389] était absolument homogène. Les ministres appartenaient tous au MSA. C'étaient :

Nom	Fonction
Djibo Bakary	Vice-Président du Conseil
Maïga Abdoulaye	Fonction Publique
Koké Issaka[390]	Travaux Publics
Amadou Aboubacar	Economie
Vidal Pierre	Santé
Adamou Hassane	Agriculture
Diop Issa[391]	Finances
Fréminé Robert	Education
Coulibaly Tiémogo	Elevage
Traoré Salou	Travail

---

[389] Paul Bordier (1921-2003) est gouverneur de novembre 1956 à janvier 1958. C'est lui qui a supervisé les premières élections municipales le 18 décembre 1956 à Niamey (où Boubou Hama devient premier adjoint au maire – le maire étant Djibo Bakary) et à Zinder et c'est lui qui préside le conseil de gouvernement, avec Djibo Bakary comme vice-président. Paul Bordier sera remplacé le 25 janvier 1958 par le gouverneur Louis Rollet et sera Haut Commissaire en Oubangui-Chari.

[390] Lorsque G. Chaffard dans *Les carnets secrets de la décolonisation* T2, p 274 écrit : « *De tous les collaborateurs africains de Djibo, c'est le jeune ministre des Travaux publics, Adamou Sekou, un greffier des juridictions locales, qui paraît le plus compétent* », il s'agit, non du premier gouvernement de 1957, où Issaka Koké est bien le ministre des TP, mais du gouvernement de juin 1958. Issaka Koké devenant ministre de l'Agriculture. Issaka Koké (né en 1925) était docteur vétérinaire. Elu en 1957 à Gouré sur une liste MSA, il est ministre de mai 1957 jusqu'en octobre 1958. Arrêté en juin 1960 il est condamné à 2 ans de prison et une forte amende, il est gracié peu après et quitte le pays.

[391] Issa Diop (né en 1922 au Sénégal), ingénieur électricien, élu conseiller territorial en mars 1957 et ministre en mai de la même année. Il est expulsé en 1959 et continue sa carrière au Sénégal.

Deux citoyens français faisaient partie du premier gouvernement de la loi-cadre dite « loi Deferre » du nom du maire socialiste de Marseille[392] : MM. Pierre Vidal (entrepreneur) et Robert Freminé (professeur[393]). Le ministre des Finances était M. Diop Issa, citoyen français des quatre communes du Sénégal.

Ces deux remarques indiquaient bien que la politique d'assimilation était en vigueur à l'époque dans la Métropole[394]. La plupart des politiciens africains en place pensaient aussi que l'assimilation était la meilleure voie à suivre. Le doyen des députés d'outre-mer, le Député-Maire du Sénégal, Maître Lamine Guèye, qui fut Sous-secrétaire d'Etat dans un des Gouvernements de la quatrième République[395], luttait, avec la majorité de ses pairs, pour que Paris acceptât cette formule en gestation dans tous les esprits responsables de la troisième, quatrième, et même cinquième République Française. Cette dernière fit de M. Houphouët-Boigny, Président du RDA depuis 1946, Député-Maire d'Abidjan, devenue commune de plein exercice grâce à la quatrième République, ministre de la Santé Publique de la République Française[396]. Le Général de Gaulle, en tant que Président de la cinquième n'écartait pas, à ses débuts, la possibilité pour la France

---

[392] Gaston Defferre (1910-1986) : maire de Marseille (1944-1945 et 1953-1986) ; député (1945-1958, 1962-1981), sénateur (1959-1962) ; Ministre de la Marine (1950-1951), de la France d'Outre-Mer (1956-1957), ministre d'Etat (1981-1984, 1984-1986).
[393] Il est proviseur du lycée National à Niamey.
[394] En dehors de Djibo Bakary, seuls deux ministres sur neuf étaient nigériens (Amadou Aboubakar Kaou et Amadou Mayaki). Ce brassage avec des Aofiens et des citoyens français était perçu comme un signe de cette volonté d'assimilation.
[395] Sous-secrétaire d'État à la Présidence du Conseil du gouvernement Léon Blum, du 16 décembre 1946 au 22 janvier 1947.
[396] Ministre de la santé du 6 novembre 1957 au 14 mai 1958 sous le gouvernement de Félix Gaillard. Mais fut aussi ministre d'Etat du 13 juin 1957 au 6 novembre 1957 (gouvernement Bourgès-Maunoury), du 14 au 17 mai 1958 (gouvernement Pflimlin), du 1er juin 1958 au 8 janvier 1959 (gouvernement de Gaulle), du 8 janvier au 20 mai 1959 (gouvernement Debré).

d'assimiler ses Colonies, malgré la guerre d'Algérie et le départ d'Indochine après sa victoire de Diên Biên Phu le 13 mai 1954 sur les troupes françaises stationnées au Tonkin. Il essaya cette politique en Algérie, où il multiplia le nombre des départements, des communes de plein exercice, des investissements publics dans les domaines sociaux, économiques et culturels. Le fossé creusé par la guerre était si profond qu'il était impossible de le combler. Malgré l'OAS et les tenants de l'Algérie Française, le Président de Gaulle octroya l'indépendance à l'Algérie en 1962 et M. Ben Bella en devint le premier Président en 1963. L'assimilation s'avère impraticable hélas !

Les deux leaders du PPN-RDA revenaient donc, l'un en 1956 (le Député Diori Hamani), l'autre en 1957, le Conseiller de Tillabéry, Boubou Hama le Bulldozer. A cinquante-deux ans, courtaud, gros, bedonnant, Président du PPN-RDA, le fils de Fonéko, assagi par quatre années de recherches historiques et de réflexions métaphysiques à l'IFAN, plus mâle et plus mûr que jamais, reparaissait sur la scène politique de son pays. Certes, le Grand-Conseil lui échappa le 15 mai 1957, la Mairie aussi. Cela ne le découragea nullement. Il se préparait à jouer un rôle de premier plan, au Niger même.

En avril 1958[397], sa maison fut la cible de la horde des Gaoboros (« Originaire de Gao ») à la solde du Sawaba. Les défenseurs, jeunes gens militants du RDA, dissuadèrent les attaquants qui se ruèrent sur le domicile du pauvre El Hadji Hima, garde sanitaire retraité, qu'ils laissèrent pour mort devant la porte, après l'avoir roué de coups de bâton qui lui cassèrent deux côtes. Chez le Conseiller RDA Diamballa, il y eut un mort par balle de fusil.

---

[397] A la fin du T4 des *Souvenirs*, L. Kaziendé a reproduit le long communiqué du PPN-RDA, rédigé par Boubou Hama sur les évènements d'avril 1958 à Niamey. Après le congrès du Sawaba en avril 1958, les tensions avec le PPN-RDA prirent une tournure violente dans tout le pays : Zinder (8-9 avril), Margou (21-22 avril), Madaoua (21 avril), Niamey (27-29 avril), Tessaoua (16 mai).

L'orage passé, l'ordre rétabli par le Président du Conseil du gouverneur du Niger, le Bulldozer, devenu en 1958 le « Vieux Lion de Fonéko », sortit les griffes, montra les crocs et rugit. Ses rugissements, captés à Dakar, comme à Paris, réclamaient la Justice et la Paix pour le pays. Mais, à Dakar comme à Paris, les Gouvernements socialistes étaient menacés par les retombées de la guerre d'Algérie et la défaite (loin d'être oubliée) de Diên Biên Phu. On laissa faire le Vice-Président du Conseil, élu à une large majorité par les Conseillers de Téra, Maradi, Tahoua, Gouré, Zinder, Madaoua, Agadez, Magaria, soit par 30 voix sur 48 votants. Il n'était donc pas étonnant que le RDA n'ait qu'un représentant à la Chambre de Dakar dit « Grand-Conseil » : c'était M. d'Arboussier Gabriel, Baron de Montaigu, administrateur des Colonies, citoyen eurafricain français.

Un peu avant les évènements sanglants de Niamey, le Bulldozer, Président du PPN - RDA, et d'Arboussier, grand Conseiller, rendirent une visite à la ville de Maradi. L'éloquent compagnon de première heure du fondateur du RDA, prit la parole en public au siège du PPN-RDA, c'est-à-dire au domicile de Perret, alors Président de la section locale du PPN-RDA. Les paroles, logiques, convaincantes, sortaient de la bouche à une cadence voulue. Le ton montait et descendait, caressait et invitait à la conviction, au militantisme intelligent, sans arrogance, sans acrimonie. Elles étaient sages. Le Bulldozer appuya les dires de son compagnon. Après une journée torride et poussiéreuse à cause de la très nombreuse foule qui voulait voir et entendre les deux hommes, ces derniers retournèrent à Niamey après avoir réveillé la conscience et le militantisme des gens du RDA. Ce jour-là, MM. Niandou Madize de la Météo, Ari Tanimoun de la Justice et son ami Jean Pianelli de la Justice aussi, secondant M. François Perret, firent des prodiges pour endiguer la foule, la faire taire pour qu'on entende les discours. On se pressait, se bousculait à Maradi où le M.S.A. pensait avoir la majorité des habitants de la ville.

Le M.S.A., dénommé maintenant Sawaba, affecta pourtant des militants fonctionnaires au cercle de Maradi et dans sa subdivision de Madarounfa. En ce lieu, en avril 1958, lors d'une visite du Vice-Président du Conseil M. Bakary Djibo, il se passa la mascarade suivante.

Le Vice-Président avait, ce vendredi-là, décidé de faire une visite à Madarounfa, fief du Sawaba, où les troncs des arbres bordant la rue principale, de l'entrée du village à sa sortie au poste de douane, portaient, marqué sur leurs troncs au couteau, le mot Sawaba. L'instituteur du coin, un bon paresseux, passait tous les jours de la semaine à boire de la bière dans les cabarets de Maradi. Intouchable parce que sawabiste, il n'avait pas une présence effective d'un mois dans sa classe en 1957-1958. Avec d'autres notables de la région, aussi mauvais fonctionnaires que lui, réputé autrefois fort sévère et très irritable, on le laissait faire impunément.

Inutile de dire que Monsieur le Directeur sawabiste s'était occupé de la réception. L'après-midi du jour J, il fit placer dans la forêt épaisse qu'on traverse avant d'arriver au village, non loin de la route, une chamelle blanche harnachée[398]. Il était entendu que le convoi présidentiel s'arrêterait en ce lieu, que le Vice-Président bon méhariste pour avoir séjourné à Agadez, monterait la chamelle, et par un chemin de chèvres, à travers le fourré, gagnerait le village, paraîtrait à la foule en chamelle, tel le prophète Mohamed le jour d'Arafa. Les véhicules continuèrent, arrivèrent sans Vice-Président. Le bruit courut aussitôt que l'homme attendu, parti prier le vendredi à la Mecque, serait bientôt à Madarounfa. Quelques instants après, sur la chamelle blanche, en habits d'El Hadji, Monsieur Djibo Bakary fit baraquer sa monture au milieu d'une foule embrasée, presque folle de piété et de joie. Le service d'ordre fut débordé. Chaque habitant de Madarounfa voulait toucher sa gandoura et serrer religieusement sa main. La supercherie atteignit son but. Le délire était à son comble

---

[398] Le chameau est le symbole du Sawaba ; mais il y a aussi une référence religieuse : celle du Prophète sur sa chamelle.

lorsque le Vice-Président, difficilement, regagna sa voiture et retourna en trombe à Maradi. Lorsqu'il apprit l'anathème, l'auteur de ces lignes, alors Directeur de l'Ecole Centre de Maradi et du Foyer des Métis, dit en lui-même : « ça ne durera pas ; on ne trompe pas Dieu sans être puni en ce pays de croyants musulmans ».

A Niamey, les notabilités du Sawaba commettaient des impérities exploitées aussitôt par le PPN-RDA, jeté dans l'opposition ; le Bulldozer s'en servait à bon escient dans ses discours au cours des nombreux meetings de cette année. La ville semblait acquise aux thèses développées par les militants du PPN-RDA. Son Chef coutumier, militait dans les rangs du parti du Président Houphouët-Boigny : c'était là un atout incommensurable…

Alors les dirigeants sawabistes s'exaspérèrent. Les 28 et 29 avril 1958, ils décidèrent d'attaquer *manu militari* leurs adversaires. Ainsi se produisirent les évènements connus sous la dénomination « évènements de Niamey ». Les autochtones de Niamey avaient riposté violemment en tuant un nombre de « Gaoboros » dans les recoins et jetant des cadavres hors de la ville.

Le Bulldozer devint lion et remua sa grosse crinière. Il parla, expliqua, écrivit, rugit. Or, 1958 était une année fatidique pour la France dont le sort se jouait dans l'hexagone et en Algérie. Les Fellagas ensanglantaient tous les jours la Métropole et le Maghreb entier. Les « pieds-noirs » et l'armée française ripostaient. On égorgeait, on mutilait, on se découpait en morceaux, sauvagement, de part et d'autre. A Paris, on craignit un tantinet la prise du pouvoir par les militaires…

On appela de Gaulle, retranché dans sa propriété de Colombey-les-deux-églises, loin du pouvoir, en réserve pour ainsi dire. C'était en mai 1958. Il créa un groupe de travail pour préparer une nouvelle Constitution qu'il comptait proposer à la Métropole et à la France d'outre-mer. Ce groupe comprenait un Africain, Monsieur Houphouët-Boigny, Président du RDA et ancien ministre de la Santé dans le Cabinet socialiste de Guy Mollet[399].

En août 1958, le Général de Gaulle fit un long voyage en Afrique Noire[400] pour expliquer les raisons du référendum qu'il comptait proposer au monde français. A Conakry, le Vice-Président de la République, Sékou Touré, lui dit qu'il voterait et ferait voter « non », le 28 septembre prochain. Cette prise de position, conforme à celle prise le 30 septembre 1957 à l'issue du troisième Congrès du RDA à Bamako (bataille entre fédéralistes et non-fédéralistes dans l'affaire de l'exécutif fédéral) sema le trouble parmi les grands responsables africains. A Niamey, les militants du RDA disaient : « cette situation n'aurait pas été créée si le député Konaté du Soudan vivait et si le Vice-Président de la Haute-Volta, Ouezzin Coulibaly, n'était pas hospitalisé à Paris où il devait mourir le 7 septembre 1958. C'étaient les deux sages ».

La Guinée française vota « non » et obtint son indépendance immédiate à cette date. Le Sawaba proposa le « non » au Niger. Le PPN-RDA conseilla le « oui » qui emporta une très large majorité au scrutin[401]. Le Gouvernement « Sawaba »

---

[399] En fait, Houphouët-Boigny a été ministre de la Santé dans le gouvernement Félix Gaillard du 6 novembre 1957 au 14 mai 1958 ; mais, dans le gouvernement de Guy Mollet, du 1er février 1956 au 21 mai 1957, il était ministre délégué à la présidence du conseil.

[400] En tant que président du conseil, de Gaulle, à partir du 20 août, se rend à Fort-Lamy, Tananarive, Brazzaville, Abidjan, Conakry, Dakar.

[401] L. Kaziendé passe sous silence les évènements qui eurent lieu dans la période précédant le referendum : principalement le départ du gouverneur Louis Rollet en août 1958 remplacé le 20 août par Don-Jean Colombani nommé par Bernard Cornut-Gentille (1909-1992), ministre de la FOM dans le gouvernement de Gaulle (3 juin 1958-8 janvier 1959). Ce ministre avait donné l'ordre au gouverneur de contrecarrer le « non » au referendum. La rencontre de Djibo Bakary avec de Gaulle le 26 août 1958 à Dakar laissait un doute sur ses intentions, mais il maintint ses positions. Les résultats le 28 septembre : sur 1 320 174 inscrits, il y eut seulement 493 953 votants. Le « oui » obtint 372 383 voix et le « non » (Djibo Bakary) 102 395 voix. C. Fluchard attribue la faible participation

chuta, tomba[402]. Son parti se divisa. Le plus grand nombre de conseillers se joignirent au PPN-RDA et ensemble firent campagne pour les élections du 14 décembre 1958[403]. La liste « Sawaba » ne passa qu'à Zinder et à Tessaoua ; dans le reste du pays, les électeurs donnèrent leurs voix au PPN-RDA et à ses alliés.

Le Bulldozer reparut en pleine forme. Mué en Lion, il rugit si fort qu'il chassa ses antagonistes et accepta l'alliance qui prit le nom de UCFA.

Les élus du 14 décembre furent :

Lieu	Député	parti	Profession
Agadez	Maître Santoni	UCFA	Avocat
Birni N'Konni	El Hadji Hassane		Chef Canton révoqué par Sawaba
	El Hadji Kadri Oumani		Notaire d'Illela
	Kadri Attawal		Notaire Dogéraoua
	Nima Kaka		Instituteur
Dogondoutchi	Dandobi Mahamane		Commis SAF
	Maïzoumbou Issaka		Moniteur de l'enseignement
	Amadou Gaoh		Commis SAF
Dosso	Amadou Hassane		Infirmier
	Issifou Sâdou		Lieutenant de réserve
	Noma Souma		Assistant météo
	Sama Aladji Ibrahim		Commis SAF
	Amadou Kountché		Commis SAF
Filingué	Madi Mayaki		Commis expéditionnaire

électorale à deux causes : septembre coïncide avec la période des récoltes ; les femmes n'avaient pas l'habitude de voter (*Le PPN-RDA* p 257).

[402] L. Kaziendé passe sous silence les péripéties de la démission de Djibo Bakary (19 octobre) à qui on a promis la création d'un gouvernement d'union et les « démissions » (certaines voulues, d'autres extorquées) des conseillers territoriaux pour que l'Assemblée soit dissoute le 14 novembre 1958 afin de procéder à de nouvelles élections. Tout cela sous la férule du gouverneur Don Jean Colombani. (*Le PPN-RDA* p 260-265).

[403] L'assemblée territoriale fut dissoute le 14 novembre : d'où les nouvelles élections du 14 décembre.

	Zodi Ikhia		Instituteur
Gouré	Boulama Issa		Instituteur
	Ibra Kado		Inspecteur PTT
	Tanimoune Maï Ari		Secrétaire greffe et parquet
Madaoua	Abdoulaye Tankari		Notable Bouza
	Algabit Moha		Chef Arzerori
	Saadou Balla		Commerçant
	Vidal Pierre		Entrepreneur
Magaria	Amadou Issaka		Chef canton Kantché
	Laouan Moussa		Commerçant
	Sampastous Pierre		Commerçant
	Timi Kaoura		Instituteur
Maradi	Adamou Mayaki		Ingénieur agriculture
	Agada Nagogo		Chef Province Tibiri
	Balley Fernand		Entrepreneur
	Lawali Danzambadi		Employé de commerce
	Tron Maurice		Commerçant
Nguigmi	Arimi Mamadou	Indépendant	Greffier
Niamey	Altiné Aïdio Diallo	UCFA	Commis extraordinaire
	Cissé Aboubakar		Commis des SAF
	Diallo Boubacar		Chef canton Lamordé
	Elhadji Hima		Infirmier vétérinaire
	Moumouni Dioffo		Commis SAF
Tahoua	Cheffou Touba		Chef canton Tamaské
	Fourrier Gaston		Commerçant
	Hlidou Noma		Exp. Des SMI
	Moha Rabo		Notable Keïta
	Mouddour Zakara		Chef canton Bonkoukou
Téra	Idrissa Sorka		Infirmier
	Katkoré Amadou		Instituteur
	Yacouba Djibo		Instituteur
Tessaoua	Condah Georges	Sawaba	Cadre IFAN
	Hima Dembélé		Cinéaste
	Amadou Boubacar		Instituteur

	Saley Dankoulou[404]		Commis PTT
	Djougou Sangaré		Commis expéditionnaire
Tillabéry	Boubou Hama	UCFA	Instituteur
	Bret Georges		Commerçant
	Diambala Yansambou		Commis SAF
	Idrissa Saïdou		Infirmier
Zinder	Abdou Boukary	Sawaba	Ingénieur
	Beïdari Mahama		Commis SAF
	Brah Moustapha		Notable
	Mahama Danbouzou		Inspecteur du travail
	Mamani Abdoulaye[405]		Syndicaliste
	Tégama Eugène		Commis des PTT

Les listes Sawaba furent invalidées le 24 avril 1959[406], sauf en ce qui concerne le Député Condat Georges, passé ce jour-là à l'UCFA[407]. Des élections partielles eurent lieu le 27 juin 1959 concernant Tessaoua et Zinder.

Furent élus ce jour-là :

Lieu	Nom	parti	Fonction
Tessaoua	Achaume Joseph	UCFA	Ingénieur T.P.
	Boukari Sabo		Instituteur
	Gado Sabo		Chef Mayahi
	Maïdah Mamoudou		Instituteur
	Nignon Jacques		Commis
	Boukary		

---

[404] Saley Dankoulou – parfois orthographié Sallé Dan Koullou – (1931-1964), militant du Sawaba, élu à Tessaoua en 1958 puis invalidé en 1959. Il dirige le commando Sawaba qui attaque Madarounfa en 1964. Capturé le 7 octobre, il est fusillé le 13 octobre en public à Niamey.

[405] Abdoulaye Mamani (1932-1993), qui sera plus tard l'auteur de *Sarraounia* (1980), devançait de 126 voix Diori Hamani (cf. *Le PPN-RDA* p 269).

[406] En ce qui concerne Tessaoua, la commission d'enquête déclara qu'il y avait eu des irrégularités, mais pour Zinder (où Diori avait été battu), l'invalidation fut liée au fait que dans deux salles de vote il n'y avait pas de listes électorales (cf. *Le PPN-RDA* p 283). Le bureau du Sawaba décida le 6 juin qu'il ne valait pas la peine de représenter des candidats aux nouvelles élections de Zinder.

[407] L'Union pour la Communauté Franco-Africaine regroupe autour du PPN-RDA l'ensemble des partisans du « oui ».

Zinder	Diori Hamani	Instituteur
	Harou Kouka	Médecin africain
	Issa Ibrahim[408]	Instituteur
	Mahamane Manou	Commerçant
	Mahamane Sanda	Infirmier

A partir de juillet 1959, la chambre devint homogène et comprenait soixante élus, tous de l'UCFA, car entre-temps beaucoup de députés en provenance du Sawaba, formule socialiste du Gouverneur Ramadier, adhérèrent carrément au RDA.

Le 18 décembre 1958, les députés, réunis en Assemblée solennelle, proclamèrent la République, désignèrent M. Diori comme Président du Conseil des Ministres, Président de la République[409]. Ce dernier constitua le premier gouvernement autonome, partie intégrante de la Communauté Française, dont le premier et le dernier président, d'après la Constitution, fut le Général de Gaulle. Les grands responsables africains et malgaches se groupaient soit à Madagascar, soit en Afrique, soit en France pour discuter des affaires de la Communauté franco-africaine[410].

A Niamey, le Bulldozer, devenu Président de l'Assemblée nationale, se mit au travail d'arrache-pied pour doter la nouvelle République d'une constitution et d'une législation conformes aux droits de l'homme[411] et aux conceptions de la Charte de l'Organisation des Nations Unies (ONU).

---

[408] Issa Ibrahim (1922-191991), membre du PPN dès 1946, élu sur liste UCFA en 1959 à Zinder, sénateur de la Communauté (1959-1961), ministre (1960-1965-1974), incarcéré (1974-1984) puis en résidence surveillée jusqu'à la mort de Kountché en 1987.

[409] L'assemblée se déclara assemblée constituante : la constitution fut proclamée le 12 mars 1959 et l'assemblée devint assemblée législative. (Une nouvelle constitution est adoptée le 8 novembre 1960). Tout ceci se déroule avant même l'invalidation des députés de Tessaoua et Zinder.

[410] Le Niger adhère au Conseil de l'Entente (Niger, Haute-Volta, Côte d'Ivoire, Dahomey) le 29 mai 1959.

[411] Relevons cependant que le 22 janvier une loi donne pleins pouvoirs au gouvernement pour six mois (renouvelée le 7 août), qu'en mars avril

Le Bulldozer hérissa sa crinière, aiguisa ses griffes acérées, racla sa voix de stentor, se redressa d'un bloc et s'attaqua résolument à sa nouvelle tâche. Il avait 52 ans, donc encore en possession de toutes ses forces d'homme d'action, de recherche et de pensée.

C'était lui, Président de l'Assemblée nationale qui entérina la nomination des ministres du premier gouvernement de la République du Niger. Ce gouvernement mis en place le 18 décembre 1958 comprend :

Nom	Fonction
Diori Hamani	Président
Issifou Saïdou	Vice-Président
Diamballa Yansambou	Ministre de l'Intérieur
Courmo Barougné	Ministre des Finances
Kaziendé Léopold	Ministre des Travaux Publics, des Transports, des Mines, PTT et de l'Urbanisme
Harou Kouka[412]	Ministre de la Santé
Diallo Boubacar	Ministre de la Fonction Publique
Zodi Ikhiya	Ministre de l'Education Nationale
Maïda Mamoudou	Ministre de l'Elevage, des Eaux et Forêts
Adamou Mayaki	Ministre du Plan
Mouddour Zakara[413]	Secrétaire d'Etat aux Affaires Nomades
Maïzoumbou Samna[414]	Secrétaire d'Etat aux Affaires coutumières

Il entérina aussi la désignation des Sénateurs des Communautés[415] suivantes :

---

les journaux *Azalaï*, *Talaka* et *Sawaba* sont interdits et que le 12 octobre 1959, le parti Sawaba est dissout et interdit (décret 59-174).
[412] Harou Kouka était un ancien élève de L. Kaziendé qui en fait le portrait dans le T6 de ses *Souvenirs*.
[413] Mouddour Zakara (1912-1976) élu en 1957 à Tahoua sur liste MSA. Démissionne du Sawaba, élu en 1958 sur liste UCFA, ministre (1959-1974).
[414] Maïzoumbou (1898-1967), chef traditionnel, interprète.
[415] Cette institution éphémère (15 juillet 1959- 10 janvier 1961) comptait 284 sénateurs : 186 pour la France et 98 pour les 12 Etats membres – Gaston Monnerville en fut le président. Le Niger avait neuf sénateurs désignés par l'Assemblée législative le 29 avril 1959. Boubou Hama fut

Nom	Député de
Arimi Mamadou[416]	N'Guigmi
Fourrier Gaston	Tahoua
Katkoré Amadou[417]	Téra
Noma Kaka	Konni
Dandobi Mahamane	Dogondoutchi
Vidal Pierre	Madaoua
Amadou Issaka[418]	Magaria
Boubou Hama	Tillabéry
Boulama Issa[419]	Gouré

Il prit en main le travail parlementaire auquel il initia les nouveaux venus sur l'arène politique. Les sessions ordinaires du parlement se doublaient de sessions extraordinaires. Il fallait au Gouvernement, comme à l'Assemblée, discuter les projets de lois qui pleuvaient de tous les ministres, mettre sur pied un Etat nigérien moderne. Ce n'était pas facile. Tout était à faire, y compris l'hymne national et les armoiries[420]. Le parti aussi, bien que datant de mai 1946, avait besoin de restructuration. Le Président du Parti, en même temps Président de L'Assemblée, s'y attela vigoureusement, épaulé sérieusement par le Secrétaire du Parti, le Président de la République, Diori Hamani. Tous deux mirent en place un

---

premier vice-président de ce sénat et appartenait au Groupe de l'alliance pour l'unité de la communauté, Gauche démocratique.

[416] Arimi Mamadou (né en 1926) était greffier. Il n'est entré dans la vie politique qu'en 1958 comme député de Nguigmi (liste UCFA).

[417] Dans *Enquête*, Boubou Hama écrit : « *Le député Kaktoré Amadou m'a communiqué des légendes concernant le cercle de Téra* » (p 179). Dans *Essai*, il est cité p 118-119.

[418] Amadou Issaka (né en 1924) : élu en 1946, réélu en 1952 sur liste UNIS, réélu en 1957 sur liste MSA-Sawaba, réélu en 1958 sur liste UCFA, il est ministre de 1965 à 1974.

[419] Boulama Issa (né en 1928), instituteur, élu en 1958 député de Gouré, sur la liste UCFA, député jusqu'en 1974, ambassadeur du Niger au Nigeria (1964-1971). Il poursuit sa carrière dans l'enseignement de 1974 jusqu'à sa retraite en 1984.

[420] L'hymne est officialisé le 12 juillet 1961 et les armoiries le 1er décembre 1962.

Bureau Politique National et une permanence occupant un local à l'Est du Grand Marché, dans le quartier Koaratigui. Niamey devint un vaste chantier où se construisaient non seulement des bureaux pour les ministres, mais surtout l'Administration et l'Etat nigérien. Une première ébauche de la Capitale vit le jour ; des places publiques furent retenues. Niamey s'embellissait, l'urbanisation commençait selon un premier plan directeur.

Alors, alors, le Bulldozer s'était transformé en bœuf de labour.

Ministre des Travaux Publics, des Transports, de l'Urbanisme, des Mines, des Postes et Télécommunications dans le Premier Gouvernement Diori Hamani[421], je restais son jeune camarade d'Ecole Primaire Supérieure de Ouagadougou. Je l'appelais « Grand Frère », le considérais comme tel, le fréquentais, le consultais sur beaucoup de problèmes se posant à moi journellement. De son côté, le fils de Fonéko ne se dérobait pas, s'ouvrait à moi, et me convoquait lorsqu'une question, même d'ordre familial, se posait. Nous vivions en parfaite symbiose, même pendant notre détention, car les autorités militaires, qui n'ignoraient pas la situation[422], nous avaient permis de vivre ensemble. Nous sommes restés attachés l'un à l'autre jusqu'à la dernière minute du Bulldozer, survenue le 29 janvier 1982, en son domicile sis Avenue de l'OUA, dans le quartier Nouveau Marché à Niamey.

---

[421] Dans le dernier gouvernement Diori Hamani, L. Kaziendé était ministre de la Défense du 17 août 1972 au 22 avril 1974 – c'est-à-dire au moment du coup d'Etat de Seyni Kountché, qui était le chef d'Etat-major depuis le 6 juillet 1973 (cf. *Souvenirs* T6).
[422] En commençant par Seyni Kountché, qui avait été l'élève de L. Kaziendé, à l'école primaire de Filingué dès 1941 et à qui il devait son orientation vers la carrière militaire en avril 1943 (*Souvenirs* T4 et T6).

TABLE DES MATIÈRES

INTRODUCTION 7

I - LE CRAYON ET LA PIPE 21

II - TOI AUSSI, LAISSE LES AUTRES PARLER ! 95

III - LE BULLDOZER 195

Le Niger

aux éditions L'Harmattan

Dernières parutions

CHRONIQUE DES KWANAWA
Mémoire des Anciens
Issa-Danni Soumana Dangaladima
Préface de Boubé Namaïwa
Cet ouvrage présente l'histoire d'une communauté, celle des Kwanawa dans la région de Dogondoutchi, au Niger. Remontant à l'alliance originelle nouée entre les humains et les forces de la nature, retraçant l'épopée légendaire qui aboutit à l'organisation des différents pouvoirs avec l'aide des reines du Daura et de Lougou, le récit se poursuit jusqu'à l'époque actuelle, à travers la période coloniale et le Niger indépendant, sans que le fil ne soit à aucun moment rompu.
(Coédition Tarbiyya Tatali, 20.00 euros, 208 p.)
ISBN : 978-2-343-05104-8, ISBN EBOOK : 978-2-336-36804-7

PROFESSION : MARABOUT EN MILIEU RURAL ET URBAIN
L'exemple du Niger
Diarra Mohamed Abdoulay
Le maraboutisme est très présent dans la société contemporaine africaine, aussi bien en milieu urbain que rural. Si l'auteur de ce livre a eu des entretiens avec différents marabouts, il s'interroge sur la compréhension de leur histoire, leurs différentes activités dans la société, les relations qu'ils entretiennent avec leurs clients, les témoignages de ces derniers, et le déroulement de leurs travaux. Ce livre identifie les conditions de l'activité des marabouts au Niger, des origines à nos jours.
(Coll. Études africaines, 26.50 euros, 254 p.)
ISBN : 978-2-336-30132-7, ISBN EBOOK : 978-2-336-35835-2

TRACES (LES) DE MA MÉMOIRE
Souvenirs d'un instituteur nigérien
Boubacar Hama Beïdi
Né vers 1951 à Birni N'Gaouré, à une centaine de kilomètres au sud-est de Niamey (Niger), l'auteur nous fait découvrir sa vie d'enfant et d'adolescent jusqu'à sa sortie du lycée avec son BEPC, en 1967. Son vécu, c'est à la fois celui de la culture peule, sa communauté, sous ses divers aspects, et celui de l'histoire du Niger, qui nous conduit de la fin de la période coloniale au début, difficile et

violent, de l'indépendance, quand s'affrontent les partis de l'éléphant (RDA) et du dromadaire (SAWABA).
(Coll. Écrire l'Afrique, 23.50 euros, 272 p.)
ISBN : 978-2-343-04199-5, ISBN EBOOK : 978-2-336-35704-1

COMMERÇANTS ET ENTREPRENEURS DU NIGER (1922-2006)
Gandah Nabi Hassane
Préface de Odile Goerg
Cet ouvrage porte sur l'organisation du commerce au Niger de l'époque coloniale à nos jours et appréhende à travers les mutations socio-économiques et politiques les trajectoires personnelles des entrepreneurs et les principaux ressorts de l'accumulation.
(Coll. Études africaines, 36.00 euros, 352 p.)
ISBN : 978-2-336-29136-9, ISBN EBOOK : 978-2-296-51596-3

DYNAMIQUE DU *PULAAKU* DANS LES SOCIÉTÉS PEULES DU DALLOL BOSSO (NIGER)
Oumarou Amadou
Cet ouvrage s'attache d'abord à identifier les conditions de variation des principaux cadres au sein desquels s'exprime le *Pulaaku* dans les sociétés peules du Dallol Bosso (Niger) et voir en quoi les pratiques socioéconomiques ou religieuses contribuent à la réinvention et/ou au maintien du système de culture peule. Il analyse ensuite le «processus de réinvention» de ce système culturel à travers les stratégies d'adaptation et d'intégration des éléments de changement dans son fonctionnement quotidien.
(Coll. Etudes africaines, 29.00 euros, 290 p.)
ISBN : 978-2-296-99466-9, ISBN EBOOK : 978-2-296-50148-5

ANTHROPOLOGIE ET ÉCOSYSTÈMES AU NIGER
Humains, lions et esprits de la forêt dans la culture gourmantché
Pedro Galhano Alves Joao
Préface de Danielle Vazeilles
Au sud-ouest du Niger des communautés humaines coexistent encore quotidiennement avec des lions et la grande faune sauvage. Cet ouvrage explore la complexité de ces cultures et de leurs relations avec la nature. Il procède à une description de la région, de ces sociétés, de leurs systèmes d'utilisation des ressources naturelles, de leurs représentations culturelles et de leurs relations avec la biodiversité. Il étudie l'ensemble de la culture et du mode de vie des Gourmantché.
(45.00 euros, 448 p.)
ISBN : 978-2-296-99197-2

OIGNON (L') DU NIGER
Etude d'une filière traditionnelle face à un marché globalisé
Tarchiani Vieri, Abass Mallam Assoumane, Robbiati Georgia
Forte d'une production annuelle de plus de 400 000 tonnes, la filière oignon représente aujourd'hui pour le Niger la principale source de recettes d'exportation après l'uranium. L'étude de cette filière ouvre des perspectives nouvelles et

contribue à redéfinir le rôle de l'agriculture sahélienne dans le développement et l'intégration régionale. En dépit de la mondialisation, la filière nigérienne reste dominante sur les marchés régionaux.
(16.50 euros, 164 p.)
ISBN : 978-2-296-56282-0

NIGER : LE CAS DU DAMAGARAM
Développement régional et identités locales
Danda Mahamadou
Comment les institutions de gestion administrative régionale s'articulent-elles à des espaces sociaux pour construire des espaces politiques essentiels à la mise en oeuvre des politiques publiques dans la perspective de la *good governance* et espérer optimiser les stratégies de réduction de la pauvreté ? L'auteur appréhende l'influence de la vitrine identitaire du Damagaram dans le fonctionnement des institutions en charge du développement en région.
(Coll. Etudes africaines, 31.50 euros, 308 p.)
ISBN : 978-2-296-96078-7

ÉCONOMIE (L') AGRICOLE AU NIGER
Boureima Moussa
L'économie agricole nigérienne se caractérise par une production dépendante des aléas climatiques et insuffisante pour assurer la sécurité alimentaire des populations, un surpeuplement des sphères productives occupant plus de 80% de la population active nationale, une faiblesse structurelle de l'épargne et de l'investissement, une balance commerciale déficitaire pour les céréales. En voici un panorama.
(Coll. Études africaines, 10.50 euros, 70 p.)
ISBN : 978-2-296-96360-3

PEULS (LES) WODAABÉ DU NIGER
Douce brousse
Kristin Loftdottir – Traduit de l'anglais par Marie-Françoise De Munck
Voici un regard très personnel sur la vie des WoDaaBé, nomades du Niger qui tentent de vivre entre la brousse et la ville. Les observations scientifiques sont entrecoupées par les réflexions plus personnelles et les analyses issues de l'expérience de l'auteur, jeune femme blanche immergée dans la vie quotidienne des WoDaaBé.
(23.50 euros, 228 p.)
ISBN : 978-2-296-96941-4

L'HARMATTAN ITALIA
Via Degli Artisti 15; 10124 Torino
harmattan.italia@gmail.com

L'HARMATTAN HONGRIE
Könyvesbolt ; Kossuth L. u. 14-16
1053 Budapest

L'HARMATTAN KINSHASA
185, avenue Nyangwe
Commune de Lingwala
Kinshasa, R.D. Congo
(00243) 998697603 ou (00243) 999229662

L'HARMATTAN CONGO
67, av. E. P. Lumumba
Bât. – Congo Pharmacie (Bib. Nat.)
BP2874 Brazzaville
harmattan.congo@yahoo.fr

L'HARMATTAN GUINÉE
Almamya Rue KA 028, en face
du restaurant Le Cèdre
OKB agency BP 3470 Conakry
(00224) 657 20 85 08 / 664 28 91 96
harmattanguinee@yahoo.fr

L'HARMATTAN MALI
Rue 73, Porte 536, Niamakoro,
Cité Unicef, Bamako
Tél. 00 (223) 20205724 / +(223) 76378082
poudiougopaul@yahoo.fr
pp.harmattan@gmail.com

L'HARMATTAN CAMEROUN
BP 11486
Face à la SNI, immeuble Don Bosco
Yaoundé
(00237) 99 76 61 66
harmattancam@yahoo.fr

L'HARMATTAN CÔTE D'IVOIRE
Résidence Karl / cité des arts
Abidjan-Cocody 03 BP 1588 Abidjan 03
(00225) 05 77 87 31
etien_nda@yahoo.fr

L'HARMATTAN BURKINA
Penou Achille Some
Ouagadougou
(+226) 70 26 88 27

L'HARMATTAN SÉNÉGAL
10 VDN en face Mermoz, après le pont de Fann
BP 45034 Dakar Fann
33 825 98 58 / 33 860 9858
senharmattan@gmail.com / senlibraire@gmail.com
www.harmattansenegal.com

L'HARMATTAN BÉNIN
ISOR-BENIN
01 BP 359 COTONOU-RP
Quartier Gbèdjromèdé,
Rue Agbélenco, Lot 1247 I
Tél : 00 229 21 32 53 79
christian_dablaka123@yahoo.fr

655321 - Mai 2016
Achevé d'imprimer par

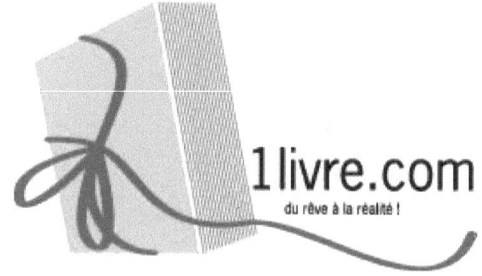